Hans Dienstknecht
Bin Ich es, den du liebst?
Das Abenteuer kann beginnen

Vom gleichen Autor und im gleichen Verlag erschienen bisher:

ALLES ENDET IM LICHT
Die Suche nach der Wahrheit *(Roman)*

VERLASSE DICH AUF DEINES HERZENS LEISEN KLANG
Vom Erblühen der Seele *(Gedichte)*

Hans Dienstknecht

Bin Ich es, den du liebst?

Das Abenteuer kann beginnen

Roman

Eine leise Ahnung stieg in mir auf, wie abenteuerlich die noch vor mir liegenden Jahre meines Lebens werden würden, hatte ich mich erst einmal voll und ganz für die Weisheiten geöffnet, die mir zuströmen wollten; wenn ich gelernt hatte, mich noch vertrauensvoller einer Führung hinzugeben, deren Fundamente Liebe und Allmacht waren. Und die mich - und einen jeden, der willens wäre - mit einer, mit nichts zu vergleichenden „göttlichen" Präzision auf den Weg nach Hause bringen würde.

1. Auflage November 2000

Druck: OFFSET DRUCKEREI POHLAND, Augsburg
Verlag: Hans Dienstknecht, Bürger-Verlag,
74196 Neuenstadt-Bürg, Gutshofstr. 7
ISBN 3-9806345-1-5

Für alle, die Gott
in sich suchen.
Er läßt sich finden.

1.

Komm mit, sagte das Licht.

Es nahm mich in seinen Strahlenmantel auf. Wir wurden, so hatte ich den Eindruck, eins. Es war das eindrucksvollste und unbeschreiblichste Erlebnis, das mir je widerfahren war. Ich blieb, wer ich war, in meiner ganzen Individualität, und wurde doch gleichzeitig Teil einer Machtfülle, in der ich mich in Nichts aufgelöst hätte, wäre sie nicht um meinetwillen auf einen Bruchteil ihrer Größe zurückgenommen worden.

Dir wird nichts geschehen. Angst und Schrecken können sich in dir nur breitmachen, wenn sie auf ihresgleichen treffen, wenn sie gewissermaßen ein Echo in dir finden. Dies wird aber jetzt nicht möglich sein, weil die Geborgenheit, in die ich dich aufgenommen habe, die Sicherheit in Gott ist. Das wird nichts daran ändern, daß die Eindrücke, die du wahrnimmst, dich erschüttern werden. Doch du wirst stark genug sein, sie zu ertragen. Ja, sie werden dich dazu bewegen, für diese Armen, die deine Geschwister sind, etwas tun zu wollen.

„Was könnte ich tun?“ fragte ich.

Was du immer und überall tun kannst: beten für diejenigen, die deiner Liebe dringend bedürfen. Doch nun komm.

Von einem Moment auf den anderen befanden wir uns in einer Gegend, die mit ihren Trümmerhaufen und Schutthalden, ihrer Kälte und Grabesstille an Traurigkeit kaum zu überbieten war. Ein unwirkliches, fahles Licht lag auf der toten Landschaft. Nein, sie war nicht ganz tot. Etwas bewegte sich im Schatten einer Mauer, lief dann geduckt über eine freie Fläche, um sich schließlich mit einem Schrei, der mir durch Mark und Bein ging, auf ein anderes Etwas zu stürzen. Da erkannte ich, daß es sich um zwei Männer handelte, die miteinander rangen.

Es geht um Drogen und um Alkohol.

Als der Angreifer mit seinem Messer einen tödlichen Stich ansetzen konnte, war der Kampf zu Ende. Er schnappte sich seine Beute und entfernte sich, gräßlich lachend.

Sei aufmerksam und schau. Du wirst es später verstehen.

Von dem Toten löste sich eine Gestalt, die aussah wie sein Doppelgänger. Sie rannte dem anderen hinterher, erreichte ihn und schlug ihn. Der jedoch bemerkte davon nichts. Auch die Flüche, die gegen ihn ausgestoßen wurden, nahm er nicht wahr. Er hatte sich inzwischen eine Ecke ausgesucht und war dabei zu untersuchen, was genau er erbeutet hatte. Vor ihm stand der Getötete, schlug mit beiden Händen auf ihn ein, griff nach seinen Haaren, seiner Kleidung und versuchte ihn hochzuziehen. Nichts, seine Hände griffen ins Leere. Das stachelte ihn nur noch mehr an. Wie besessen trat er nach dem anderen, nahm große Steine auf und bewarf ihn damit. Es gelang ihm weder, seinen Mörder zu verletzen noch seinen eigenen, grenzenlosen Haß loszuwerden. Schließlich blieb er stöhnend und ermattet liegen. Seit einiger Zeit schon beobachteten ihn zwei Männer, deren Anblick mich erschreckte. Gewalt ging von ihnen aus, die greifbar war. Sie näherten sich ihm, stellten ihn grob auf die Füße, nahmen ihn in ihre Mitte und zogen und schleiften ihn fort. Seinen schwachen Protesten begegneten sie mit Hähme: „Zier' dich nicht so. Du hast es doch so gewollt. Du gehörst hierher."

Ich schwieg noch, als sie schon lange außer Sichtweite waren.

„Konntest du nichts tun?" fragte ich schließlich.

Ich darf und kann es nicht. Nicht, weil ich diesen, meinen Bruder nicht liebe, sondern weil das Gesetz des freien Willens dagegensteht. Wenn du dieses Gesetz, das deine Freiheit gewährleistet, einmal voll erfaßt hast, wenn du es wieder bewußt in dir trägst, dann wirst du mich besser verstehen. Dann wirst du nicht anders handeln, wenn du später einmal an meiner Stelle oder in einer vergleichbaren Situation bist.

„Hat der Getötete keinen Schutzengel, keinen Fürsprecher oder irgendeinen sonstigen Helfer?"

Doch. Lenke deinen Blick in die Richtung, in die die drei gegangen sind. Siehst du etwas?

Ich sah einen winzigen Lichtpunkt, doch als ich genauer hinschaute, erkannte ich, daß es nicht nur einer, sondern unzählig viele waren. Sie hielten sich am Rand, wie im Hintergrund, auf.

Warten wir damit noch etwas. Laß uns schauen, wie es mit den dreien weitergeht.

Im nächsten Augenblick befanden wir uns inmitten einer Gruppe von gröhlenden Männern und Frauen in armseliger Kleidung, die die drei Eintretenden mehr anschrien als begrüßten. Ich zuckte unwillkürlich zusammen, als ein Schwall von Rücksichtslosigkeit und Erbarmungslosigkeit gegen mich anbrandete. Er konnte mir, das heißt uns, natürlich nichts anhaben; er konnte uns noch nicht einmal anrühren. Er brach sich schon an den äußersten Strahlen und wurde auf die Verursacher zurückgeworfen. Wir wechselten innerhalb des Raumes unseren Platz und standen jetzt auf einer Art Podest. Mein Licht bewegte sich und damit auch mich mit einer für mich traumhaften Souveränität in diesem Chaos.

Was dir unverständlich, beinahe wie ein Wunder vorkommt, ist doch nichts anderes als die Praxis eines göttlichen Gesetzes, in dem ich mich - mit dir - bewege. Es gibt keine größere Kraft als die der selbstlosen Liebe. Ihr Energiepotential oder ihre Schwingung, wenn du das besser verstehst, ist göttlich und damit nicht zu übertreffen. Alles, was nicht dieser reinsten Form der Liebe entspricht, ist gewissermaßen „unterhalb" angesiedelt, das heißt, es hat nicht diese hohe Schwingung. Es geht bis hinunter in die tiefsten Abgründe stofflicher als auch feinstofflicher Art und auch bis in die Hölle der Empfindungen in Menschen und Seelen, bis dorthin, wo es nur noch Haß und Zerstörung gibt. Auch dort ist Leben, weil es nichts anderes als Leben gibt; doch dort stellt es sich in seiner geringsten Form und damit in seiner niedrigsten Schwingung dar.

Eine höhere Schwingung kann jederzeit eine niedrigere durchdringen, ohne auf deren Niveau absinken zu müssen, während eine niedere niemals in eine höhere eindringen kann. So können sich die Himmel zur Erde und noch tiefer neigen, aber die tiefen Bereiche können nicht in die Himmel gelangen, selbst nicht in die davor gelagerten, lichten Sphären.

„Dann hätte keiner von denen da", ich wies auf das Gewimmel und Getümmel vor und unter uns, „je eine Möglichkeit, aus seinem Elend herauszufinden?"

„ ... *denen da“ sind deine und meine Brüder und Schwestern.* (Es folgte eine kurze Pause, die für mich bestimmt war.) *Doch, sie haben die Möglichkeit: Wenn sie beginnen, nach Hilfe zu rufen oder danach Ausschau zu halten. Doch schau ...*

Man hatte den Neuankömmling inzwischen auf den Boden geworfen; gemeinsam fielen die anderen über ihn her.

„Was macht ihr?“ schrie der am Boden Liegende.

„Das gleiche, was du später auch machen wirst, denn von irgend etwas mußt du ja leben“, brüllten die anderen zurück. Dann stürzten sie sich auf ihn, gleichzeitig schlugen sie aufeinander ein, stießen und zogen sich gegenseitig weg. Schließlich begruben sie ihn unter sich, um ihm - Vampiren ähnlich - die Reste seiner Energie, die er noch in sich hatte, auszusaugen. Mein Licht klärte mich unterdessen auf.

Viel ist es nicht, was sie ihm nehmen können; das meiste hat er zu Lebzeiten verbraucht. Neue, frische Energien sind ihm so gut wie nicht zugeflossen. In Ermangelung dessen hat er sich seine Energien, so gut es ihm gelang, von seinen Mitmenschen geholt. Seine Methoden waren zuerst so subtil, daß er ihren Wirkungsmechanismus selber kaum begriff. Er sah jedoch das Ergebnis, das reichte ihm. Als seine Methoden grober und direkter wurden, erkannte er zwar ihren ungesetzmäßigen Charakter, aber es war zu spät, eine Änderung herbeizuführen.

Man hatte ihn inzwischen wieder auf die Beine gestellt. Sein ohnehin schon lichtloses Wesen schien geschrumpft und noch lebloser geworden zu sein. Einer hatte sich vor ihm aufgebaut, zwei andere hielten in fest, damit er nicht umfiel.

„So, mein Freund“ (‘Freund’ klang wie Hohn, so war es wohl auch gemeint.), sagte er, „du kannst uns dankbar sein, denn wir haben dir gezeigt, wie du hier zwar nicht gut leben, aber immerhin überleben kannst. Es steht dir frei ...“, ein Riesengejohle begleitete diese Formulierung, so daß sich der Sprecher unterbrach und die schlaffe Gestalt vor ihm fragte:

„Weißt du, warum die geschrien haben? Weil ich gesagt habe ‘es steht dir *frei’*. Ich korrigiere mich: Nichts steht dir frei, du hast gar keine Wahl. Dir Energie zu holen, woher immer du sie bekommst -

von den Lebenden oder Toten -, *das* ist deine Zukunft. Und nun geh'. Wenn du uns wieder besuchen willst, weil es dir draußen zu einsam ist, dann vergiß nicht, uns was mitzubringen!" Ein irres Gelächter folgte seinen Worten, während man den kaum noch lebenden Toten zur Tür hinausstieß.

Mir war kalt, zumindest hatte ich das Gefühl. Mein Licht mußte dies gespürt haben. Ein besonders leuchtender Strahl durchdrang mich. Die Kälte schwand, doch die Bestürzung blieb.

Im Grunde genommen geht es immer nur um Energie. Du kannst die ganze, seit Äonen andauernde Auseinandersetzung zwischen Licht und Finsternis reduzieren auf diese eine Tatsache: Kampf um Energie. Göttliche Energie steht jedem Kind überreichlich zur Verfügung. Sie fließt ihm in dem Maße zu, wie es sich entsprechend dem Gesetz der Liebe verhält. So sieht es das Gesetz vor. Gegensätzliches Handeln beschneidet den Energiefluß, das heißt, der gegensätzlich Handelnde beschneidet sich selbst. Die Finsternis, abgestuft in die verschiedenen Graustufen bis hin zum Schwarz, dem Reich der Dämonen, will beides:

Sie will ihr eigenes Gesetz leben, und sie will dennoch Energie.

An diese versucht sie mit allen Mitteln und mit aller Macht heranzukommen, um nicht nur auf die Minimalenergie des unauslöschlichen Gottesfunkens, der auch im tiefstgefallenen Kind noch brennt, angewiesen zu sein. Auch jene dort - mein Licht wies mit einem Strahl auf die mitleiderregenden Gestalten - *verhalten sich so. Du hast es erlebt. Der Sprecher hat recht. Keiner von ihnen ist frei, denn ein Teil ihrer Energien wird auch ihnen genommen, von anderen, die stärker und raffinierter sind - und denen sie verpflichtet sind. So wird jeder, der gegen das Gebot der Liebe verstößt, mehr oder weniger zu einem Energielieferanten für die Kräfte, die gewissermaßen hinter ihm stehen. Sie kennen seine Schwächen, sie nutzen sie aus und versuchen auf diese Weise, den schwankenden Menschen an seiner geistigen Fortentwicklung zu hindern.*

Und der Mensch, der nicht um die überlegene Gegenkraft des Christus, die er i n s i c h trägt, weiß, ist diesen Kräften oftmals hilf- und schutzlos ausgeliefert.

Wir wandten uns ab und verließen die Gruppe. Nicht weit entfernt sahen wir die gekrümmte Gestalt des hinausgestoßenen Mannes durch das Halbdunkel torkeln. Ich wurde auf ein Licht hingewiesen, das mir zuvor schon als kleiner Punkt in der Reihe weiterer Punkte aufgefallen war. Es hatte sich dem Mann genähert, blieb aber ein Stück hinter ihm, so, als ob es sich in Bereitschaft hielte, würde man es brauchen. Aus dem Lichtpunkt war eine strahlende Gestalt geworden, meinem Lichte ähnlich.

Das Gesetz des freien Willens, das viele eurer Theologen und gläubigen Christen ablehnen, weil sie es nicht verstehen, verliert nur dort seine Gültigkeit, wo versucht wird, es im Mißbrauch gegen die Schöpfung einzusetzen. Ansonsten gewährt es den Kindern Gottes eine grenzenlose Freiheit.

„Die jedoch zwei Seiten hat, wenn ich dich früher richtig verstanden habe."

Ja, die eine Seite ist das Erleben dieser Freiheit, die kein Kind jemals mehr bewußt aufgeben wird, wenn es sie einmal in sich erschlossen hat. Die andere Seite ist die Konsequenz dieses Prinzips. Die Willensfreiheit kann auch eingesetzt werden, um Ziele zu erreichen, die nicht dem Liebegebot entsprechen. Gott hindert kein Kind daran, im Eigenwillen zu handeln. Wenn es die Verfolgung eigener Interessen höher einstuft als die Befolgung göttlicher Gesetze, so ist es in seiner Entscheidung frei. Aber - es wird mit den Folgen konfrontiert.

In manchen bis vielen Fällen, das ist relativ, wacht das Kind auf und korrigiert daraufhin seine eingeschlagene Richtung. Tut es das nicht, schränkt sich sein Bewußtsein ein. Der Kontakt zu seinem Schutzgeist bleibt zwar erhalten, aber das Kind ist für Impulse kaum noch aufnahmefähig. Es w i l l nicht, also darf es nicht-wollen. Dabei spielt es keine Rolle, ob es seine Ab- oder Auflehnung in Worte kleidet. Taten sprechen die gleiche Sprache. All das ändert nichts an der Liebe seines Lichtes zu ihm, doch das Licht wird und muß seine Entscheidung akzeptieren. Deshalb bleibt es im Hintergrund.

„Welche Chance hat mein Bruder? Wie kommt er da 'raus? Und", fügte ich nach kurzer Überlegung noch hinzu, „wo ist Gott? Weit weg?"

Sein Licht wartet auf den ersten Hilferuf seiner Seele, und sei er noch so klein, so daß du ihn gar nicht wahrnehmen würdest. Der erste Aufschrei, das erste Warum?, das erste „Hilf mir, wer immer du bist", kann die Wende einleiten. Und diese Wende kann rasch erfolgen, der Aufstieg aus dieser dunklen, unwirklichen Welt kann sofort beginnen, wenn unser Bruder dort nach Änderung, nach Erlösung aus seiner Pein ruft. Dann legt sich auch bei ihm der Teil des Lichtmantels als Schutz um ihn, der ihn unbeschadet die nächsten Stufen nach oben führt. Kein noch so großer Verführer, kein noch so abschreckender Finsterling kann ihn an seinem Weg nach oben hindern, wenn sein Wunsch und sein Bemühen ehrlich sind.

Das ist das Versprechen Gottes, der schon ein Bemühen beantwortet mit einer Liebe, die nichts erwartet und nichts verlangt.

Mein Licht machte mich aufmerksam auf eigenartige Nebelformen, die sich von hinten dem noch immer schwankenden Mann näherten, ihn schließlich einhüllten und - wie es schien - sogar in ihn eindrangen. Sie versperrten ihm die Sicht, bis er stehenblieb. Dann öffnete sich die Nebelwand an einer für ihn bestimmten Stelle. Dorthin sollte er gehen - und er ging. Auf diese Weise bugsierte man ihn in die Richtung, die man für ihn vorgesehen hatte.

Dies bedarf wohl keiner Erklärung. Ein Licht, und sei es noch so klein, hätte die Nebelwand durchdrungen. Wenn er darum gebeten oder danach gerufen hätte.

Du hast mich gefragt: „Wo ist Gott? Weit weg?" Weit weg ist menschlicher Ausdruck. Schau deinem Bruder ins Herz, dann hast du die Antwort.

Ich schaute, aber ich sah nichts. „Laß uns näher herangehen", bat ich.

Da konnte ich sie erkennen: eine Flamme, die zwar klein, aber stetig brannte. Man mußte schon genau hinsehen, um sie nicht zu übersehen. Doch sie war da, eindeutig.

Dies ist Gottes Liebekraft, die auch aus ihm einmal wieder ein mächtiges Lichtwesen machen wird, so wie wir aus den Himmeln es schon sind. Diese kleine Flamme, die nichts und niemand im ganzen Universum zum Verlöschen bringen kann, noch nicht einmal ihr Trä-

ger selbst, ist die Garantie dafür, daß keiner verlorengeht - was immer auch eure Theologen an gegenteiligen Behauptungen und Lehren aufstellen. Dieses Licht ist Gott selbst in jeder Seele und in jedem Menschen. Wie groß es wird, wie stark es leuchtet, das entscheidet jeder selbst.

Ich betrachtete eine Weile die Gestalt, bis mein Licht sagte:

Ich werde dir noch etwas anderes zeigen. Doch zuvor möchte ich dich fragen, ob du für deinen Bruder beten möchtest?

Das war keine Frage. Ich sammelte mich für einen Moment und stellte alles zurück, was mich an Eindrücken belastet hatte. Dann schloß ich die Augen und begab mich, so gut ich dies konnte, in die Stille meines Herzens, um mich dort an meinen himmlischen Vater zu wenden. Ihm schickte ich für meinen Bruder vor mir - und für all jene, die ich eben gesehen und erlebt hatte - aus meinem Inneren meine Liebegedanken, meine Empfindungen des Trostes und des Mutes und meine Bitte, Er möge in Seiner Barmherzigkeit meine Geschwister segnen.

Und jetzt sieh, was geschieht.

Ich traute meinen Augen nicht. Ich war zum Mittelpunkt einer wellenförmigen Bewegung geworden, die sich mehr und mehr ausbreitete. „Ähnlich, als wenn man einen Stein ins Wasser wirft", dachte ich. Immer weitere Kreise zog das Geschehen; ich konnte es bis an den Horizont verfolgen. Die Kreise waren von einem sonnengleichen Licht, und berührten - einer nach dem anderen - die Gestalt vor mir. Die Nebel begannen sich aufzulösen, die Gestalt blieb stehen und richtete sich auf; neue Kraft belebte sie. Das eben noch energiearme Wesen hatte wieder etwas Farbe bekommen. Es zögerte einen Augenblick, änderte dann seine Richtung und ging auf ein halb geöffnetes Tor zu, hinter dem es deutlich heller schimmerte als in der Gegend, aus der es kam. Doch auch dort, zeigte mir ein Blick, war das Grau nicht mehr ganz so stumpf. Fast hatte ich den Eindruck, als wären hier und da sogar ein paar Lichter angegangen. *So ist es*. Von Ferne hörte ich ein schwer zu identifizierendes, bösartiges Geheule, das sich aber nach und nach verlor.

Dein Gebet hat dazu beigetragen, daß wir ein kleines Scharmützel gewonnen haben. Noch nicht die Schlacht, noch lange nicht den Kampf. Doch ein Kampf besteht aus vielen Schlachten, und eine Schlacht aus unzähligen Scharmützeln.

Die Gestalt hatte sich inzwischen schon ein ganzes Stück entfernt. Das Licht hinter ihr war ihr deutlich nähergekommen. Es drehte sich zu uns herum, und ein Liebestrahl kam zu uns herüber, in den - deutlich spürbar - ein Danke hineingelegt worden war.

„Danke auch dir, daß du auf die Idee gekommen bist“, sagte ich zu meinem Licht.

Etwas möchte ich dir noch zeigen - wenn du noch magst.

„In dieser Einhüllung, die für mich die schönste Geborgenheit ist, die ich je erlebt habe - *es gibt noch eine größere, doch die hast du nicht mehr in Erinnerung* - gibt es nichts, was ich nicht mir dir gemeinsam tun möchte.“

Wo wir nun hingehen, wirst du meine Einhüllung nicht brauchen.

Wir veränderten unseren „Standort“ (auch wenn dies nicht das richtige Wort ist), und ich wurde in eine Landschaft versetzt, die genau das Gegenteil der vorigen war: hell, warm, anmutig, voller Leben. Ich stand da und schaute und staunte und erfreute mich an der Vielfalt und Harmonie der Farben, der beschwingten Atmosphäre, der Heiterkeit und Frische, mit der alles gesegnet schien.

Nach einer Weile fragte ich: „Ist das der Himmel?“

Nein, dies sind noch nicht die Himmel. Sie sind unvorstellbar viel prächtiger. Doch es ist schon eine Welt, die auf dem Weg in die Vollkommenheit den Himmeln weitaus näher ist als diejenige, von der wir soeben kommen. Auch hier gibt es Neuankömmlinge, schau, dort drüben - ein Lichtstrahl wies auf eine Stelle am Waldrand - *dort wird gerade jemand begrüßt. Wer es bis hierher geschafft hat, braucht zwar immer noch Lehrer und Führer, doch das Lernen geschieht auf dieser Stufe der Entwicklung freiwillig. Da bedarf es nicht mehr der immer und immer wieder gesetzten Impulse, bis sich jemand entschließt, seinen nächsten Schritt zu tun.*

Ich beobachtete das Leben in seiner Friedfertigkeit und Ausgeglichenheit; es schien mir fast zu schön zu sein. Für einen Augenblick dachte ich ...

Ich kann deine Bedenken zerstreuen. Was ich dir gezeigt habe, sowohl eben als auch jetzt, i s t *Realität. Man könnte es für ein Klischee halten, einen billigen Abklatsch, etwas für Kinder, denen man auf diese Weise Gut und Böse erklärt. Ich versichere dir, so ist es nicht. Die Bilder stimmen - nur: Die Wege, die sowohl in die zuerst erlebte, tiefe Astralwelt als auch in die vor dir liegenden Bereiche führen, sind andere als die, die man euch lehrt. Darin liegt letztlich der entscheidende Unterschied. Hier wurde der große Fehler gemacht.*

Du gerätst nicht deshalb zwischen Trümmerhaufen oder in ein Feuer, weil du die falsche Religion hast. Und du kommst auch nicht deshalb in himmelsnahe Bereiche oder in die Himmel selbst, weil du der richtigen Religion angehörst. Du vermeidest Trümmer und Feuer, indem du liebst. Und du gewinnst die Himmel, indem du ebenfalls liebst. Liebst, n u r *liebst.*

Nun laß uns wieder gehen. Das, was du vor dir siehst, war auch als Ausgleich gedacht für das, was ich dir eben zugemutet habe, und was zu erleben dir trotz meines Schutzes sicher nicht leicht gefallen ist.

2.

Ich war immer wieder beeindruckt, wenn ich die Arztpraxis meines alten Bekannten Bernhard Klink betrat. Zwar hatte ich in meinem Leben, das immerhin schon beinahe 56 Jahre währte, noch nicht allzuviele Praxen von innen sehen müssen; und doch glaubte ich, daß ich dieser hier eine besondere Note geben würde - sollte man mich je danach fragen. Dabei hätte ich gar nicht einmal genau sagen können, was mir hier angenehm auffiel. Die freundliche und freie Atmosphäre gehörte sicher dazu, vielleicht auch die ganze Ausstrahlung des Hauses, eines gepflegten Altbaus, in dessen Räumen man unwillkürlich an die gute, alte Zeit der „Medizin mit Herz" erinnert wurde. An den Doktor, der Spritze oder Stethoskop an die Seite legte und sich aufmerksam deine Sorgen anhörte. Und der dir dann, je nach Erfordernis mit aufmunterndem Lächeln oder freundschaftlicher Strenge, neben den notwendigen Salben und Tropfen auch ein ganz persönliches Rezept verschrieb.

Das ging mir durch den Kopf, während ich mich an der Rezeption meldete, die paar Meter bis zum Wartezimmer ging und dann beim Betreten des Raumes auf mein „Guten Morgen" auch noch eine Antwort von mehreren Seiten bekam. Auch das schien hier anders zu sein. Oder fiel mir so etwas zur Zeit nur besonders auf?

„Es könnte schon sein, daß es mit mir zu tun hat", dachte ich in Erinnerung an die letzten Wochen, die für mich so erfüllt waren wie keine anderen zuvor. Für einige Momente überließ ich mich dem wunderbaren Gefühl, glücklich und geborgen zu sein.

Als ich mich auf meinem Stuhl anders hinsetzte, erinnerte mich ein leiser, dumpfer Schmerz in meiner linken Hüftgegend an den Grund für meinen Arztbesuch: Eine Arthrose, die mir seit Jahren zu schaffen machte, die sich aber dennoch entgegen aller ärztlichen Voraussagen bisher in erträglichen Grenzen hielt. Bis auf die letzten 14 Tage.

Ja, und dann freute ich mich einfach darauf, Bernhard Klink mal wiederzusehen.

Wir kannten uns schon seit unserer frühen Kindheit, besuchten ein paar Jahre die gleiche Grundschule - damals hieß sie noch Volksschule - und hatten uns in all den vielen Jahren nicht aus den Augen verloren. Da lag es auf der Hand, daß ich sein Patient wurde, als er seine Praxis eröffnete. Wie lange lag das jetzt schon zurück? Es mußten - ich rechnete kurz nach - etwa 27 Jahre sein; denn ich erinnerte mich noch, wie ich ihn damals mit meiner künftigen Frau bekannt gemachte hatte, das für mich strahlendste Wesen, das ich mir vorstellen konnte. Auch heute noch, vier Jahre nach ihrem Tod.

„Das ist Judith", hatte ich entsprechend stolz gesagt, „ich habe dir von ihr erzählt." Und dann hatte er, nachdem er sie auf eine für ihn so typische Weise angeschaut hatte, mit einem schalkhaften Lächeln geantwortet: „Aber du hast mir nicht gesagt, daß sie aus dem Himmel kommt."

Ich weiß noch, wie ich ihn verdutzt anschaute. Er hatte sich sofort korrigiert: „Ich meine, daß sie ein Engel ist ...", und doch glaube ich noch immer, daß er das gesagt hatte, was er hatte sagen wollen.

Natürlich wurde er Judiths Arzt ebenso wie der unserer Tochter Anne, die ein Jahr später zur Welt kam.

Der Aufruf des nächsten Patienten holte mich in die Wirklichkeit des Wartezimmers zurück. Ich überlegte, wie ich die Zeit überbrükken könnte. Es wäre mir sicherlich nicht schwergefallen, mit einem der Anwesenden ein Gespräch zu beginnen. Aber irgendwie war mir nicht danach.

Vor wenigen Augenblicken hatte ich mich kurz meinen Empfindungen hingegeben, die mich nun schon eine Weile begleiteten. Ich beschloß, dort wieder anzuknüpfen und gedanklich noch einmal einzutauchen in meine „neue" Welt. Daher machte ich die Augen zu und bat die Anwesenden in Gedanken dafür um Verständnis, daß ich mich für eine Weile mit mir selbst beschäftigte. Die Unterhaltung im Wartezimmer und auch die entfernten Geräusche des Straßenverkehrs nahm ich noch eine Weile wahr, dann glitt ich weg, ließ mich treiben von Erinnerungen an das einschneidendste Erlebnis meines bisherigen Lebens - an die Begegnung mit meinem Licht.

*

Nichts von dem, was in den letzten Wochen im Zusammenhang mit der Erscheinung des Lichtes geschehen war, hatte ich vergessen. Das schien mir auch überhaupt nicht ungewöhnlich zu sein, obgleich ich ansonsten kein übermäßig gutes Gedächtnis besitze. Das majestätische Auftreten des Lichtes, seine souveräne, von größter Weisheit geprägte Gesprächsführung, seine liebevolle, wenn es sein mußte auch direkte, ab und zu sogar humorvolle (obwohl - manchmal war ich mir da nicht so ganz sicher) Art der Unterweisung, vor allem aber seine bedingungslose Liebe - das alles schien mir einen Zuschuß an Energie für mein Erinnerungsvermögen zu geben.

Unsere erste Begegnung hatte sich besonders tief in meine Seele eingebrannt. Eines Nachts war vor meinen Augen dieses Licht erstrahlt, das mich - obwohl es heller schien als alles, was ich kannte - nicht blendete. Verblüfft, aber nicht erschrocken, hatte ich in dieses Strahlen geschaut, bis ich nach langen Momenten des Staunens mich meiner Fähigkeit erinnerte, sprechen zu können und den mir in dieser Situation scharfsinnigst-möglichen Satz aussprach:

„Wer bist du?“

Damit begann ein Abschnitt meines Lebens, der in keiner Weise zu vergleichen war mit dem, was sich an Höhen und Tiefen davor abgespielt hatte. Es war, als wäre ich neugeboren worden, was seelisch oder geistig (das konnte ich noch nicht so richtig auseinanderhalten) gewiß auch der Fall war.

Die Antwort des Lichtes - *meines* Lichtes, wie ich es schon bald darauf zärtlich nannte - auf meine Frage ist noch deutlich in mir:

Mein Wesen ist Liebe. Ich bin aus dem Ursprung allen Seins und lebe in der Unendlichkeit. Liebe, Licht und Leben sind meine Natur, die aus Gott ist. Da alles eine Einheit ist, bin ich ein Teil von dir, so wie du ein Teil von mir bist. Ich kenne dich seit ewigen Zeiten - und ich liebe dich.

Daß mein Weltbild „aus den Fugen“ geriet, ist sicher nachvollziehbar. Im positiven Sinne, versteht sich, denn ich nahm dieses Geschenk des Himmels ohne Zaudern und Zögern an. Zwar verstand ich zu diesem Zeitpunkt noch nicht viel von den Hintergründen und Zusammenhängen dessen, was sich da um mich herum abspielte, doch in einem Punkt war ich mir absolut sicher: Ich war der Liebe begegnet, nicht irgendeiner, sondern *der* Liebe. Sie war nicht fern, irgendwo in unerreichbaren Sphären, sie war konkret da, sie „stand“ mir gegenüber, war ein Teil von mir. Sie hatte es eben selbst gesagt. Und ich hegte nicht den geringsten Zweifel, daß dem so war.

Das Ende unserer ersten, nächtlichen Begegnung steht noch genauso klar vor meinen inneren Augen wie alles andere, was in der Folgezeit geschah. Mein Licht hatte mir die Worte *Gebrauche deinen Verstand* mit auf den Weg gegeben. Oder sollte ich besser sagen: in meine geistige Wiege gelegt? Und gerade diese Worte waren es, die mich anspornten, auf die Suche zu gehen, um zu finden. Und ich fand.

„Jeder hätte finden können, ja, jeder *kann* finden“, dachte ich. „Wenn er denn auf die Suche gehen *will*. In dem Punkt war und bin ich nichts Besonderes, höchstens was mein Nicht-so-schnell-Aufgeben und Nachhaken betrifft. Das artete aber leider ab und zu in Penetranz aus, wovon Judith oft genug ein Lied gesungen hatte. Mit Recht, leider.“

Dieses *Gebrauche deinen Verstand* fuchste mich aber auch oft genug und ließ mich aufbegehren, wenn ich nicht vorankam, weil ich entweder an der falschen Stelle ansetzte oder aber mein *Herz* bei meiner „Arbeit“ vergaß. Hatte mir doch mein Licht inzwischen bei vielen Gelegenheiten klargemacht, daß trotz aller Klarheit und Logik, trotz aller Schlüssigkeit der Argumentation das Herz an erster Stelle stehen muß. So wie ich es einmal gelesen hatte: „Laß nie zu, daß sich dein Verstand verselbständigt. Seine Aufgabe erfüllt er optimal als ausführendes Organ deines Herzens."

Auch wenn ich nicht sofort weiterkam, so war ich doch nie alleingelassen bei meiner Suche, bei meinem Voranschreiten auf dem Weg zur Wahrheit. Immer konnte ich auf die Weisheit meines Lichtes zurückgreifen, stets bekam ich *die* Impulse oder Hinweise, die nötig waren, um das nächste Mosaiksteinchen für das Bild vom „Sinn des Lebens“ zu finden. Oft genug aber waren es keine fertigen Antworten, sondern Fragen. Das waren die Strecken unserer Gespräche und meiner Unterweisungen, die ich zu Anfang nicht so recht mochte. Ganz einfach deshalb nicht, weil sie mich herausforderten, die richtigen

Schlußfolgerungen selbst zu ziehen. Das geschah selbstverständlich niemals drängend und zeichnete sich oftmals durch einen beinahe sportlichen Charakter unseres Frage- und Antwortspiels aus. Dennoch: Wenn man so etwas ein Leben lang kaum geübt hat, dann regt sich ein ganz natürlicher Widerstand in einem (so empfand ich es wenigstens und brachte es meinem Licht gegenüber einmal zum Ausdruck). Und das besonders dann, wenn man sich ansonsten zwar nicht für den Allergrößten hält, aber auch nicht weit davon entfernt ansiedelt.

Aber mein Licht hatte es auf eine unnachahmliche Weise verstanden, mir diesen Zahn - genauer: einen Teil davon - zu ziehen. Es ließ sich auf keine Kompromisse ein. Seine Führung war klar und konsequent und dabei von so bedingungloser Liebe, daß es für mich nicht zur Debatte stand und nie stehen würde, seine Kompetenz selbst in kleinsten Ansätzen in Zweifel zu ziehen.

Schon nach wenigen Tagen unseres Zusammenseins war mir klargeworden, daß ich fertige Antworten wohl kaum auf dem „Silbertablett" würde präsentiert bekommen. Damals hatte das Licht mir prompt auf entsprechende Gedanken geantwortet. (Ich muß mich heute noch daran gewöhnen, daß meine Gedanken und darüber hinaus mein ganzes Wesen für mein Licht wie ein aufgeschlagenes Buch sind.) Es sagte gleich in der zweiten Nacht: *Du hast es richtig erkannt. Ich werde dir da helfen, wo du nicht weiterkommst, wo du Informationen oder Denkanstöße brauchst. Aber ich darf und kann dir den Gebrauch deines Verstandes nicht abnehmen.*

Mein Licht hatte mich daran erinnert, daß wir alle in der Schule des Lebens sind, also etwas gelernt werden soll. Ich höre noch den Satz: *Sich selbst ein Ergebnis zu erarbeiten, ist etwas völlig anderes, als das fertige Ergebnis vorgesetzt zu bekommen.*

Und dann die Worte, die für mich entscheidend waren:

Was du selbst durchdacht, erlebt, angewendet, oftmals genug auch korrigiert hast, das wird dir helfen, in eine geistige Freiheit hineinzuwachsen. Einen anderen Weg gibt es nicht. Wenn du bereit bist, deinen Verstand zu gebrauchen und in gleichem Maße dein Herz sprechen zu lassen, kann ich dir helfen, deinen Weg mit weniger Schmerz und Kummer zu gehen als bisher. Du hast den freien Willen, und damit liegt die Entscheidung bei dir.

Wie hätte ich mich anders entscheiden können, als dieses selbstlose Angebot anzunehmen? Mit einem Herzen, das sich vor Freude beinahe bis ins Unendliche ausdehnte, sagte ich „ja" und gab meiner neuen Liebe meine Hand. Seitdem, wie soll ich es ausdrücken, bin ich zwar immer noch der Ferdinand Frei, verwitwet, mit einer Tochter namens Anne, Vertreter, religiös nicht gebunden, ein halbwegs freier Geist und gesundkritischer Mensch - aber ich bin gleichzeitig ein anderer geworden. Das streckenweise doch sehr intensive Miteinander unserer brüderlichen Verbindung hat mich schon verändert. Und ich weiß, daß noch eine lange, lange Periode des inneren Wachstums, der geistigen Reife vor mir liegt, bis an das Ende dieser Inkarnation - und vermutlich, wenn nicht sogar ganz sicher, auch darüber hinaus. Denn so viel hatte ich inzwischen begriffen: „Wer wieder in den Himmel eintreten will, muß den Himmel in sich erschlossen haben".

Solche Gedanken, wenn ich sie mir denn überhaupt gemacht hätte, wären mir früher wenig mutmachend erschienen. Das hatte sich grundlegend geändert. Ich hatte „meinen Draht zum Himmel" gefunden. Und ich wußte inzwischen, daß jeder der Milliarden von Menschen und auch der unzähligen Seelen in den jenseitigen Bereichen diese Verbindung hat, weil die Liebe Gottes auch nicht eines ihrer Kinder allein läßt; daß kein Kind blind, unwissend, verzweifelt und scheinbar oftmals verloren seinen Erdengang beschreiten muß; daß jeder sein Ja sagen kann; daß die Liebe alle ihre Kinder wieder zurückholt - und daß das Ende einer unendlich langen Irrfahrt, die sich jedoch nie mehr wiederholen wird, nur heißen kann: „Alles endet im Licht".

War es da ein Wunder, daß ich mich gerne meinen Empfindungen des Glücks und der Geborgenheit hingab? Diesen Erinnerungen, die ja nur der Beginn eines Lebensabschnittes waren, der voller Licht und Freiheit erst noch auf mich wartete? Denn wir - mein Licht und ich - hatten ja gerade erst angefangen, die ersten Steine der zugeschütteten Quelle an die Seite zu räumen. Was also die Zukunft bringen würde, müßte viel mehr sein als die bisher gewonnenen, grundsätzlichen Erkenntnisse [1]. Das Wasser würde auf seinem Weg wieder in den richtigen Bahnen fließen, es würde klarer und klarer werden, bis die Quelle des Lebens wieder voll zu sprudeln begänne. So wurde ich durch mein Licht belehrt. „Was immer darunter zu verstehen ist", hatte ich mir gesagt und mich der Vertrautheit unserer Zweisamkeit hingegeben.

*

Durch das laute Schlagen einer Tür wurde mir von einem Augenblick auf den anderen wieder bewußt, wo ich war. So schön es war, ab und zu unbeschwert in der Vergangenheit zu weilen, so sehr war ich mir jedoch auch darüber im klaren, daß sich das Leben im Hier und Jetzt abspielte. Doch gerade dieses „Leben im Hier und Jetzt" ließ noch einmal meine Gedanken kurz zurückschweifen.

Mein Licht war der beste Lehrmeister, den man sich vorstellen konnte. Und etwas stand auf unserem Lehrplan ganz vorne. Es stellte praktisch die Grundlage unserer ganzen Arbeit dar: Daß nämlich der Weg zu Gott im Alltag gegangen werden muß. Vorschnell war mir damals die Bemerkung herausgerutscht: „Das ist doch eigentlich klar. Wo sollte das denn sonst stattfinden?"

Nachsichtigkeit, das erlebte ich bei dieser Gelegenheit nicht zum ersten Mal, gehörte zur Wesensart des Lichtes, sie war quasi Teil seiner Liebe. Deshalb wurde ich auch nicht direkt korrigiert, sondern durch eine Gegenfrage dazu gebracht („ermuntert", würde mein Licht wahrscheinlich sagen), ein bißchen schärfer nachzudenken.

Was hältst du beispielsweise von einem Rückzug in den Himalaja? Oder von einem jahre- und jahrzehntelangen Studium religiöser Schriften, vielleicht sogar irgendwo abgesondert, der Ruhe und Erleuchtung wegen?

Ich brauchte nicht lange nachdenken.

„Also gut, du hast gewonnen. Ich meinte ja auch nicht, daß es ... ich dachte nur ... ich ..."

---

[1] davon erzählt ausführlich „Alles endet im Licht", Hans Dienstknecht, 1997

Ich wußte nicht so recht, wie ich den Satz beenden sollte, denn die Falle des Hochmuts hatte sich schon deutlich erkennbar geöffnet. Und wenn ich sie schon einmal erkannte, dann mußte ich ja nicht auch noch in sie hineintappen.

Du wirst lernen, dein Be-Urteilungsvermögen zu schärfen. Dies ist unumgänglich, um Spreu vom Weizen unterscheiden zu können. Denn nicht alles, was auf den ersten Blick als Spreu erscheint, ist auch Spreu. Das gilt für den Weizen in gleichem Maße. Wenn du dieses Tun immer mit einigen Tropfen Liebe „würzst", wirst du feststellen, daß dein Blick von Mal zu Mal klarer wird. Und du wirst darüber hinaus bemerken, daß deine Feststellungen immer freier werden von Vorurteilen und Bewertungen. Es könnte allerdings sein, daß bis dahin ... floß da auf einmal ein Hauch liebenswerter Ironie mit ein? ... *noch eine „ganze Menge Wasser den Bach hinunterfließt" - um es mit euren Worten auszudrücken.*

Ich gab mich noch nicht geschlagen.

„Du selbst hast mich doch belehrt, daß der Weg zu Gott im Alltag, das heißt in der Ehe, in der Familie, in der Nachbarschaft, im Beruf, einfach überall gegangen werden muß ..."

Ich habe diese Aussage ja auch nicht zurückgenommen. Meine kleine Ansprache galt dir persönlich.

„Also, wenn das keine Liebe ist ...", dachte ich. Aber dann wurde ich doch ein bißchen nachdenklich.

Eigentlich müßte man mit ein wenig Überlegen von selbst draufkommen, daß das *Leben* des Liebegebotes nur im Umgang mit dem Nächsten möglich ist. Heißt es doch im Hauptgebot der Liebe: „ ... und deinen *Nächsten* wie dich selbst". Wenn man dies erfüllen möchte, wird es einerseits ein ständiges Bemühen mit der Tendenz hin zum besseren Gelingen sein, und andererseits wird man dafür jemanden brauchen: seinen Nächsten.

„Wenn man die vergleichsweise geringe Zahl derjenigen abzieht, die in den Himalaja gehen, religiöse Schriften studieren oder für sich selbst den Weg zu Gott auf ihre eigene Art und Weise suchen", so ging es mir durch Kopf, „dann verbleibt doch eine unübersehbare Zahl von Menschen, die anscheinend ihre Religion *nicht* in der Abgeschiedenheit, sondern in den Ereignissen ihres Alltags leben."

Leben sie ihren Alltag, oder leben sie ihre Religion in ihrem Alltag?

Wie man doch mit einer einzigen, kleinen Frage eine Antwort beinahe überflüssig machen kann! Ehe ich noch den nächsten Gedanken formulieren bzw. den Mund öffnen konnte, ergänzte das Licht:

Nicht viele Menschen haben die Fähigkeit gewonnen, den Hintergrund eines Sachverhaltes klar zu erkennen, ihn vielleicht sogar durchschauend zu analysieren und, weil sie dies mit dem Herzen tun, kein Urteil über den oder die Verursacher auszusprechen. Und sei es auch nur in Gedanken. Wer dies jedoch gelernt hat, muß nicht mehr aus Angst vor seiner eigenen Intoleranz ein schlechtes Werk als gut ansehen. Er kann den Diebstahl sehen, ohne den Dieb zu verdammen. Ja, er wird ihn trotz seiner Tat lieben.

Jesus von Nazareth hat diese Geistes- und Herzenshaltung vorgelebt und euch aufgefordert: „Folget Mir nach".

Du hast angefangen, diesen Weg vorsichtig zu beschreiten. Ich werde dir helfen, und ich werde dir dort die Augen öffnen, wo du in Liebe sehen lernen sollst.

Das alles aber darf niemals dazu dienen, aus einer scheinbar „höheren" und „besseren" Position auf das noch Unvollkommene herabzuschauen. Es ist einzig und allein dazu da, dem Nächsten zu helfen - sofern er diese Hilfe annehmen möchte.

Betrachte unter diesem Aspekt meine Frage: „ ... oder leben sie ihre Religion in ihrem Alltag?" Dann wirst du die Wahrheit erkennen und gleichzeitig wissen, was du - a u c h du - dazu beitragen kannst, daß mehr und mehr sich redlich darum bemühen. Sie werden dies mit einem Gottes-Verständnis tun, das sich von einem theologischen Modell, einer nicht-erklärbaren und strafenden Distanz hin zu einem Gott der Liebe, der in jedem wohnt und mit jedem spricht, gewandelt hat.

Und das im Hier und im Jetzt!

Ich hatte staunend und mit weit geöffneten, inneren Ohren zugehört. „Wie kann i c h dazu beitragen?"

Indem du zuerst schwimmen lernst ...

„Bitte?“

... denn wie willst du einen Ertrinkenden retten, wenn du nicht schwimmen kannst?

*

Mein Alltag holte mich ein, als eine freundliche Arzthelferin ihren schwarzgelockten Kopf durch die Tür steckte. „Herr Frei?“ Ich stand auf. „Kommen Sie bitte mit?“

Bernhard Klink machte gerade die letzten Eintragungen in eine Patientenkartei, als ich sein Sprechzimmer betrat. „Setz' dich“, sagte er mit einem kurzen Aufblicken, „es dauert nicht mehr lange.“

Ich blieb jedoch stehen und schaute mich um. Was mir zuerst auffiel war, daß auf seinem Schreibtisch noch kein Bildschirm stand. Vor ein paar Monaten, als ich das letzte Mal wegen einer Darmgrippe bei ihm war, hatte er mir auf meine Frage geantwortet:

„Weißt du, ich versuche meinen Patienten das Gefühl zu geben, daß sie einen lebenden Doktor vor sich haben, der zuhört, mitfühlt, und der für die Zeit des Gespräches voll bei der Sache ist. Ich weiß, daß viele meiner Kollegen das anders sehen und aus Zeitersparnis, noch während der Patient seine Beschwerden schildert, anfangen, in den Computer einzugeben. Das ist nicht mein Ding.“ Er hatte, wie um das Gesagte zu unterstreichen, den Kopf geschüttelt. „Nein, nein. Mir reicht es, wenn meine Helferinnen damit arbeiten müssen, denn ohne Computer ist eine Kassenabrechnung und eine saubere Datenverwaltung leider nicht mehr zu machen.“

Ich wußte ja, warum ich zu ihm und nicht zu einem anderen Arzt ging. Das, was er da soeben gesagt hatte, war unter anderem einer der Gründe. Damals hatte ich ihm zur Antwort gegeben, daß ich gespannt sei, wie lange er das noch durchhalten würde, bei der rasanten Entwicklung heute. Und ob er auch bedenke, daß er doch bitte die Evolution nicht behindern dürfe. Er hatte gelacht und gesagt: „Leg' dich mal auf die Behandlungsliege, damit wir deine Evolution begutachten können.“

Ich kehrte von meinem Gedankenausflug zurück. Bernhard hatte sich inzwischen erhoben. Er kam um seinen Schreibtisch herum, nahm meine ausgestreckte Rechte und hielt sie mit beiden Händen. Seine hochgewachsene Gestalt, sein volles, schon leicht ergrautes Haar, seine braunen Augen und seine angenehme Stimme - all das vermittelte einem sofort das Gefühl: Hier bin ich richtig. Einen anderen Beruf als den des Arztes hätte er auch kaum ergreifen können, zumindest dann nicht, wenn Beruf zugleich Berufung sein sollte.

„Schön, dich mal wiederzusehen. Ich hoffe, es geht dir gut", sagte er.

Ich gab seinen festen Händedruck zurück. „Du bist mir ein Doktor", antwortete ich mit einem angedeuteten Grinsen, „hoffst, daß es deinen Patienten gut geht! Wie willst du da je auf einen grünen Zweig kommen?"

So oder so ähnlich begann es oft, wenn wir uns trafen. „Wie gut", dachte ich, „daß es Menschen gibt, mit denen man bei aller notwendigen Ernsthaftigkeit zum richtigen Zeitpunkt auch mal flachsen kann." In diesem Punkt - und auch sonst - war unsere Bekanntschaft beinahe vergleichbar mit der zu Peter Spengler, meinem langjährigen Freund und Geschäftskollegen: aufrichtig, verläßlich, humorvoll manchmal bis fast hin zum Übermut, doch ebenso nachdenklich, tiefschürfend und hilfsbereit, wenn es die Situation erforderte.

Er lachte. „Komm, setz dich."

Nachdem wir uns beide gesetzt hatten, fragte er: „Also im Ernst, was führt dich zu mir? Du kommst ja sicher nicht nur so zum Spaß. Obwohl es mal wieder schön wäre, nicht über Krankheiten sprechen zu müssen, sondern einfach nur so zu plaudern."

Mir fiel ein, daß wir schon des öfteren vorgehabt hatten, uns bei einem Bier zusammenzusetzen. Meistens war bei ihm etwas dazwischengekommen. Wir sollten vielleicht gelegentlich einen neuen Versuch wagen.

Da er meine Krankengeschichte (oder besser die meiner linken Hüfte) kannte, konnte ich mich darauf beschränken, den neuesten Stand der letzten Tage und Wochen zu schildern. Seinem geschulten Blick war mein Hinken nicht entgangen. Ich bemühte mich zwar immer, so gut es ging aufrecht und gleichmäßig auftretend zu gehen, aber die drei Meter bis zu seinem Schreibtisch hatten mich bereits verraten.

Wir wurden durch das Läuten seines Telefons unterbrochen. „Ja, stellen Sie durch", sagte er, um sich dann konzentriert seinem Gesprächspartner zu widmen. Die Unterredung dauerte länger, so daß ich Zeit fand, meine Augen wandern zu lassen. Sie blieben schließlich an einem Buch auf seinem Schreibtisch hängen. Ich beugte mich ein wenig vor, weil ich den Titel lesen wollte. Bernhard bemerkte dies, und da er wohl den Eindruck hatte, noch nicht so schnell zu Ende kommen zu können, nickte er mir stumm zu, lächelte dabei spitzbübisch und schob das Buch zu mir über den Tisch.

Als ich den Titel las, wußte ich, was es mit seinem leichten Grienen auf sich hatte. „Was Ärzte Ihnen nicht erzählen", stand da; und im Untertitel „Die Wahrheit über die Gefahren der modernen Medizin" [1]. Ich blätterte flüchtig im Inhaltsverzeichnis. Das war anscheinend ganz schön starker Tobak. Überschriften wie „Neue Krankheiten durch Impfungen", „Menschliche Versuchskaninchen", „Der Cholesterin-Trugschluß" und ähnliches mehr fielen mir ins Auge. Für einen Moment wunderte ich mich, daß ein solches Buch auf dem Schreibtisch eines Arztes lag.

„Und doch paßt es irgendwie zu ihm", dachte ich, „eigentlich ist das sogar typisch für ihn." Er würde es mir nachher sicher erklären. Beim weiteren Durchblättern stieß ich auf ein Kapitel mit der Überschrift „Verantwortung übernehmen". Ich las:

„Egal, ob Sie ein Krankenschein- oder Privatpatient sind, Sie haben ein ganz klares Recht, alles über die vorgeschlagene Behandlung zu erfahren. Sie würden ja auch nicht ein Auto oder einen Videorecorder kaufen, ohne die Vor- und Nachteile sorgfältig überprüft zu haben. Warum sollte es bei so etwas Lebenswichtigem wie Ihrer Gesundheit oder der Ihrer Familie anders sein?" Dieser letzte Satz sprang mir förmlich in die Augen. Ich wunderte mich selbst darüber, konnte aber im Moment keine Erklärung dafür finden. Aber wie bei einer von diesen alten Schellack-Schallplatten, wenn einmal die Nadel aus einer Rille nicht herauskam, und immer wieder die gleiche Stelle ge-

---

1) Linnen McTaggart, Sensei Verlag, 1998

spielt wurde, tönte es in meinem Kopf: „ ... bei so etwas Lebenswichtigem wie Ihrer Gesundheit ...“

Schließlich las ich ein paar Zeilen weiter: „Ganz im Gegenteil, durch Fragen werden Sie nicht das Vertrauensverhältnis zwischen Ihnen und Ihrem Arzt schwächen, sondern eher dahingehend festigen (natürlich nur, wenn es sich um einen guten Arzt handelt), daß Sie gemeinsam die Verantwortung teilen wie zwei intelligente Erwachsene ... Es gibt auch keinen Grund dafür, daß Sie eine Meinung als das Evangelium betrachten sollten. Holen Sie eine zweite Meinung (oder eine dritte oder vierte) ein, bis Sie sich im Hinblick auf die vorgeschlagene Behandlung sicher und zufrieden fühlen. Denken Sie aber auch daran, daß Sie all Ihre Heiler als Techniker betrachten und nie die Kontrolle über alle Entscheidungen verlieren sollten.“

Ich war überrascht und nickte zustimmend, drückte doch hier jemand präzise das aus, was ich, ohne es je so deutlich formuliert zu haben, auch empfand. Es betraf dabei weniger meine Person oder meine Gesundheit, geschweige denn mein Verhältnis zu Bernhard. Es betraf eher die allgemeine Ärzte-Patienten-Situation. Die Medizin hatte sich von denjenigen, die von ihr abhingen oder dies zumindest glaubten, nur allzugern auf den Sockel heben lassen. Und sie dankte es ihren Bewunderern, indem sie ihnen das Gefühl gab, daß diese bei ihr als *der* Kompetenz bestens aufgehoben waren. Mehr, als ihren Anweisungen zu folgen, konnte und brauchte man da nicht mehr zu tun.

„Mit großen Abstrichen“, rief ich mich selbst zur Räson, denn ich wollte ja nicht ungerecht sein. Da schob sich noch ein Gedanke nach: „ ... wie Schafe, die sich willfährig führen lassen.“

Das Bild der Schafe war ausschlaggebend für den nächsten gedanklichen Schritt - hin zum Hirten. Doch nicht *der* Hirte - der einzige, dem ich mich anvertrauen würde - kam mir in den Sinn, sondern die vielen selbsternannten Hirten, die mit ihren Kirchenschäfchen ähnlich umgingen wie viele Mediziner mit ihren Patientenschäfchen. War meine Betrachtung einigermaßen sachlich und fair? War es nicht so, daß sich die meisten der Christen in der - in meinen Augen falschen - Sicherheit wogen, daß sie nicht mehr tun konnten und brauchten, als das, was die theologische Kompetenz ihnen vorgab? Der Vergleich war zu auffallend, als daß ich ihn einfach zur Seite schieben konnte. Doch hier war nicht der Ort und die Zeit (obwohl, vielleicht hätte da mein Doktor gerne mitgemacht, so wie ich ihn kannte), den Gedanken weiter zu verfolgen. Ich nahm mir vor, dieses Thema mit meinem Licht zu erörtern, da ich mir sicher war, daß es dazu einiges Interessante zu erfahren, vor allem aber zu lernen gab.

Bernhard hatte inzwischen sein Telefonat beendet und sah mich fragend an.

„Was schaust du so fragend? Wenn einer Grund zum fragen hat, dann bin ich es.“ Ich hielt das Buch hoch. „Was macht ein solches Buch auf dem Schreibtisch eines gestandenen Arztes?“

„Das ist leicht zu erklären. Ich lerne daraus. Schließlich bin ich nicht so alt und nicht so klug, um nicht noch neue Erkenntnisse zu gewinnen. Ein Kollege, der allerdings mehr Wissenschaftler als Heilkundiger ist, hat es mir empfohlen. Er hat dies wohl mit anderer Absicht getan als der, mit der ich mich des Buches angenommen habe.“ Er machte eine kleine Pause und lächelte dann. „Er wird sich sicher über meine Meinung wundern, wenn wir uns mal wieder treffen.“

Ich hätte gerne mit ihm das Thema vertieft. Wir hatten so etwas im übrigen auch des öfteren schon getan. Dann aber war ich - anders als heute - meistens der letzte Patient, und es mußten keine weiteren Patienten wegen unserer Fachsimpelei warten. Einmal hatten wir uns ausführlich über einen neuen Zweig der Medizin unterhalten, der von einem anderen Ansatzpunkt ausgeht als die herkömmliche, schulmedizinische Betrachtung: Indem er nämlich das Immunsystem in den Mittelpunkt rückt und damit im Falle einer Krankheit die Frage: „Was ist mit meinem Immunsystem los, daß es seine Aufgabe nicht erfüllen konnte?“ Mir wurde schnell klar, daß hier eine der zentralen Fragen angesprochen war, wenn nicht gar *die* Frage schlechthin. Wir waren uns auch rasch darüber einig, daß die Anteile, die ein gesundes Immunsystem ausmachen, nicht nur Bewegung, Stoffwechsel, Sauerstoff, gesunde Umwelt und weitere äußere Faktoren sind, sondern in erster Linie (Bernhard legte Wert auf die Betonung „erster Linie“) die seelische Komponente.

„Wenn du so richtig verliebt bist“, hatte er gesagt, „dann kannst du mit deiner Freundin stundenlang im Regen spazierengehen, und du wirst dich nicht erkälten. Den entscheidendsten Beitrag zur Gesunderhaltung , ich sage bewußt ‘entscheidendsten’, leistet ein ausgeglichenes, mit Harmonie und Frieden erfülltes Inneres.“ Er hatte mir zugezwinkert. „Dann kannst du auch ruhig mal ein bißchen länger auf deiner Couch liegen und den Jogginganzug im Schrank lassen. Deine Psyche gleicht vieles aus, wenn du in deiner Mitte ruhst. Nur glauben das die Leute leider nicht. Dabei ist das die beste Voraussetzung, um gesund zu bleiben oder zu werden.“

Wieder klingelte das Telefon. Diesmal dauerte das Gespräch nicht lange. Bernhard machte sich ein paar Notizen. „Ich komme so schnell wie möglich. In den nächsten Minuten fahre ich los. Und machen Sie sich keine Sorgen. Bis dann.“

Da war mir klar, daß mein Besuch für heute beendet war.

„Ferdinand, wir müssen deine Untersuchung auf später verschieben“. Er stand auf. „Es ist etwas dazwischen gekommen. Ich kann auch schlecht abschätzen, wie lange ich weg bin.“ Wie entschuldigend hob er die Hände. „Das hat jetzt Vorrang.“

„Ist doch selbstverständlich“, antwortete ich. „Ich mache mit deiner Sprechstundenhilfe einen neuen Termin aus.“

Das Buch hielt ich noch immer in meinen Händen. Er sah es und meinte: „Du bezeichnest dich doch manchmal als Hobby-Mediziner.“ (Hatte ich das wirklich mal gesagt? Aber ein bißchen was war da schon dran.) „Ich schlage dir vor, du nimmst es leihweise mit. Du kannst es mir ja bei deinem nächsten Besuch wieder mitbringen.“ Und dann fügte er, während er seine Tasche aus einem Schrank nahm, noch hinzu: „Deine Augen haben so verdächtig geleuchtet.“

3.

Auf meinem Weg ins Büro machte in noch bei einem kleinen Tabak- und Zeitschriftenladen halt, um mir ein neues Päckchen Tabak zu kaufen. Zwar hatte ich das Pfeifenrauchen stark eingeschränkt, aber ganz aufgeben wollte ich es noch nicht. Es gab hin und wieder Abende, da machte ich es mir mit einem Buch in meiner Couchecke bequem, und dann gehörte auch eine in Ruhe gerauchte Pfeife dazu, in der ein Tabak brannte, der nach einer Mischung aus Vanille und Früchten roch. Judith hatte diesen Duft so gerne gemocht, und ich hatte in den Jahren seitdem die Marke nicht gewechselt.

Da ich etwas warten mußte, weil sich ein weiterer Kunde und der Verkäufer nicht sogleich über die Abwicklung einer Beanstandung einigen konnten, warf ich einen Blick auf die ausliegenden Zeitschriften. Eine mit dem Namen „Universum“ nahm ich in die Hand, blätterte sie flüchtig durch und öffnete sie dann an einer Stelle, an der mir die Überschrift „Evolution ohne Ende?“ ins Auge fiel. (An nichts, was ich bisher über den sogenannten Zufall gelernt hatte, erinnerte ich mich in diesem Moment. Dazu war ich noch zu ungeübt in diesen Dingen.) Hatte mich nicht heute morgen schon einmal etwas an den Begriff „Evolution“ erinnert? Sicher doch, als ich über meine Bemerkung nachdachte, ob die Evolution wohl je in das Sprechzimmer meines Arztes einziehen würde.

Ich überflog den Inhalt, las einige Zwischenüber- und Bildunterschriften und erfuhr, daß es eine kosmologische, teleologische, thermische, kosmogonische, chemische, geologische und biologische Evolution gibt. Nichts von dem verstand ich. „Ob es keine seelische Evolution gibt?“ dachte ich. „Oder so etwas Ähnliches wenigstens? Irgend etwas in der Richtung, damit auch das Innere vorankommt?“

Doch, da stand was! Es wird auch unterschieden in eine Evolution des Kosmos, eine des Lebens und eine des Menschen, die auch die Entwicklung des Geistigen (wie Sprache und Bewußtsein) und des Sittlichen (wie Kultur) umfaßt. Ich las quer und stellte dann, kaum überrascht, fest: Es war nicht das, was ich meinte.

Das Thema interessierte mich schon, und doch überlegte ich, ob es sich lohnen würde, die Zeitschrift zu kaufen. Wahrscheinlich würde ich das Allermeiste nicht begreifen können. Und meine Frage, die während des kurzen Überfliegens nach der Evolution des inneren Menschen aufgetaucht war, schien mir ohnehin nicht aufgeworfen zu sein.

Ich legte die Zeitschrift zurück, nahm mir aber vor, bei Gelegenheit mit meinem Licht über diesen Punkt zu sprechen, der mir auf einmal zu einem besseren Verständnis des mir immer noch nicht ganz klaren Mensch-Seele-Geist-Komplexes sehr wichtig zu sein schien. Das Problem der Reklamation war in der Zwischenzeit gelöst worden, so daß ich meinen Tabak kaufen und mich auf den vor mir liegenden Arbeitstag konzentrieren konnte.

*

Als ich an diesem Vormittag ins Büro kam, hatte Eva schon einiges für mich vorbereitet. Es lagen eine paar kleine Kartons bereit, die ich - außerhalb der wöchentlichen Lkw-Anlieferungen - zu meinen Kunden mitnehmen sollte. Außerdem waren noch drei Anrufe zu tätigen und ein Angebot durchzusprechen.

Eva Längerer war die gute Seele unserer kleinen Abteilung, zu der außer uns beiden noch mein Arbeitskollege und Freund Peter gehörte. Auszubildende kamen manchmal für drei oder vier Monate zu uns (im Moment hatten wir keinen), und sie kamen gern. Denn es hatte sich herumgesprochen, daß bei uns „ganz gut lernen läßt", und weil „die offen und ehrlich sind und Herz haben", wie es mal einer zu unserer Freude ausgedrückt hatte. Er hatte recht, denn wir arbeiteten Hand in Hand, halfen einander, achteten uns, waren alle drei mit Humor gesegnet und auch keine Minutenfuchser, denen z.B. die Einhaltung gesetzlich zuerkannter Pausenzeiten wichtiger war als die aktuell anstehende Bearbeitung eines Kundenwunsches oder eines Problems.

Für Peter und mich wäre solch ein Ich-achte-auf-meine-Rechte-Denken ohnehin gegen unsere Natur gewesen. Beide waren wir überwiegend im Außendienst tätig, und schon allein deshalb liefen unsere

Tage meistens anders ab. Nicht selten war ich zehn und mehr Stunden unterwegs, bei Peter war es ebenso. Wir konnten - und wollten - unsere Arbeit nicht nach detailliert vorgegebenen Auflagen verrichten; zum einen, weil dies bei einer individuellen Kundenbetreuung nicht möglich ist, und zum anderen wegen eines wohl angeborenen Freiheitsdranges, der eine enge Einbindung nicht zuläßt. Unser Chef hatte die Zusammenhänge erkannt und ließ uns weitgehend freie Hand („von Weisheit erleuchtet", hatte Peter einmal kommentiert), sehr zum Nutzen aller Beteiligten.

Würde mich einmal jemand fragen, ob ich in meinem Beruf zufrieden und glücklich bin, ich würde dies ohne zu zögern bejahen. „Und nicht nur in meinem Beruf", dachte ich noch, um mich dann den Briefen und Zetteln auf meinem Schreibtisch zuzuwenden.

Die Post war schnell durchgeschaut, die Telefonate waren rasch geführt. Nichts stellte sich als so dringend heraus, als daß es noch hätte erledigt werden müssen, bevor ich das Haus verließ. Das meiste konnte ich sowieso Eva überlassen. Mit ein paar Sätzen hatte ich ihr das Nötigste erklärt, und ich konnte fahren.

*

Vor einigen Wochen erst war mein Licht in mein Leben getreten. Manchmal schien mir seitdem eine kleine Ewigkeit vergangen zu sein, so viel hatte sich ereignet, so reich war ich mit neuen Erkenntnissen beschenkt worden in den Stunden unserer gemeinsamen Gespräche.

„Was heißt ‘geworden’?" dachte ich. „Es ist ja nicht vorbei; es wird hoffentlich noch lange, lange so bleiben." Wie lange noch? Bis ich ausgelernt hatte! Wo? Hier? Wohl kaum.

Das Licht hatte mir schon in der zweiten oder dritten Nacht gesagt: *Ich werde dich begleiten, bis du wieder dahin zurückgekehrt bist, woher du gekommen bist.*

Wo mein Ursprung und der eines jeden Menschen und einer jeden Seele lag, das hatte ich inzwischen erfahren: in den für mich unvorstellbaren Himmeln in ihrer Raum- und Zeitlosigkeit. Sie waren die Quelle allen Lebens, der Ausgangspunkt aller Wesen, die diese reinen, ewigen Lichtsphären verlassen hatten. Gleichzeitig waren sie auch das Ziel für alle, ohne Ausnahme. Sie waren Anfang und Ende zugleich, das A und Ω - Gott.

Zu den Veränderungen, die mein Leben betrafen, gehörte auch, daß ich versuchte, die Stunden des Tages sinnvoller zu nutzen als früher. Oftmals waren dies nur Kleinigkeiten, doch sie schenkten mir schon jetzt mehr und mehr das Gefühl, daß da ein geistiges Guthaben zu wachsen begann. Ähnlich wie auf einem Sparbuch, schien mir: langsam aber sicher. Zu einer dieser Kleinigkeiten gehörte, daß ich immer öfters auf den manchmal doch recht langen Strecken darauf verzichtete, das Autoradio einzuschalten. Stattdessen erlaubte ich meinen Gedanken dort, wo der Straßenverkehr dies zuließ, sich mit den vielen Eindrücken, Impulsen und Weisheiten zu befassen, die in der letzten Zeit Herz und Verstand überfluteten.

Eine leise Ahnung stieg in mir auf, wie abenteuerlich die noch vor mir liegenden Jahre meines Lebens werden würden, hatte ich mich erst einmal voll und ganz für die Weisheiten geöffnet, die mir zuströmen wollten; wenn ich gelernt hatte, mich noch vertrauensvoller einer Führung hinzugeben, deren Fundamente Liebe und Allmacht waren. Und die mich - und einen jeden, der willens wäre - mit einer, mit nichts zu vergleichenden „göttlichen“ Präzision auf den Weg nach Hause bringen würde.

Eine gute halbe Stunde hatte ich bis zu meinem ersten Kunden zu fahren, vorwiegend auf Nebenstraßen. So tat auch an diesem Tag mein Mensch meiner aufnahmebereiten Seele den Gefallen, ein äußeres Hören zurückzustellen zugunsten eines inneren Lauschens. Das Radio blieb aus.

Was hatte sich nicht alles getan! Und dabei standen wir erst am Beginn unserer gemeinsamen Arbeit. Nicht, daß sichtbar etwas anders geworden wäre. Das mußte wohl auch gar nicht sein. Nein, äußerlich war alles beim alten geblieben. Und trotzdem glaubte ich, daß Eva etwas spürte. Sie hatte ein feines Gefühl. Manchmal schaute sie mich so komisch an, und einmal fragte sie:

„Ferdinand, mal ehrlich, machst du einen Yoga-Kurs oder was Ähnliches? Oder hast du ein Fernstudium 'Wie finde ich meine Mitte wieder?' angefangen?“

Ich weiß nicht mehr genau, was ich entgegnete. Ich konnte jedoch ihre Frage auf eine Art und Weise beantworten, die sie wohl im Moment zufriedenstellte, ohne daß ich hatte lügen müssen - auch wenn ich die volle Wahrheit verschwieg. Was hätte ich auch erzählen sollen? Von einem nächtlich erscheinenden Licht, das sich als ein uralter Bekannter und sogar als mein Begleiter vorstellte? Das anfing, mein Herz zu weiten und meinen Verstand zu schärfen, und das mir immer wieder seine selbstlose Liebe zeigte? Hätte ich ihr dann nicht auch von meiner Suche nach der Wahrheit berichten müssen? Und daß ich mit Hilfe meines Liebe-Lichtes fündig geworden war? [1)]

Das alles *schien* mir nicht nur unmöglich, es *war* auch unmöglich. Denn soviel hatte ich auf Grund der bisherigen Belehrungen schon begriffen: *Rede nur, wenn du gefragt wirst. Lebe jedoch so, daß man dich fragt. Aber auch dann gehe sehr behutsam vor, damit du deinen Nächsten nicht überforderst, erschreckst oder gar abschreckst.*

Der einzige, mit dem ich mein Licht-Erleben ziemlich regelmäßig teilte, war Peter. Selbst meiner Tochter Anne, die runde 200 km entfernt als Krankenschwester arbeitete, hatte ich bisher nach gründlichem Abwägen nichts erzählt. Das war mir nicht leichtgefallen, zumal wir uns bei ihrem letzten Besuch vor etwa zwei Monaten sehr nahe waren. Sie glaubte ebenfalls, eine Art „Erneuerung“ an mir entdeckt zu haben und schrieb dies, fragend und spitzbübisch, einer möglichen Verliebtheit zu. Damit lag sie nicht einmal so sehr daneben. Nur war es eben eine anders geartete Verliebtheit.

Peter gegenüber hatte ich mich gleich nach dem ersten Erscheinen des Lichtes entschlossen, mein ansonsten gehütetes Geheimnis in wichtigen Punkten preiszugeben. Dafür gab es mehrere Gründe: Er war der einzige in meiner Nähe, an den ich mich vertrauensvoll wenden konnte, nachdem meine erste Verwunderung zwar abgeklungen, ich jedoch noch nicht in der Lage war, das Geschehen richtig einzuordnen. Vor allem aber hatte er eine ruhige, dem Licht eigenartigerweise

---

[1)] Die Details dieser Suche und der Erkenntnisse finden sich in „Alles endet im Licht“.

sehr ähnelnde Art, mehr fragend als Antwort gebend an eine Sache heranzugehen. So waren wir beide bei so mancher unserer geistigen Erkundungen gemeinsam ein ganzes Stück vorangekommen. Das geschah, hatte ich den Eindruck, sehr zur Freude meines geistigen Lehrers aus dem Licht, der mich ohnehin anscheinend gerne an seine Lieblingsaufforderung zur Benutzung meines gottgegebenen Denkvermögens erinnerte. Wenn nötig, zeigte er mir den nächsten Schritt auf. Er tat ihn aber nicht für mich (oftmals allerdings begleitete er mich, so wie man einem Invaliden stützend zur Seite steht), denn schließlich arbeiteten wir an *meinem* Wachstum.

„Entschuldigung“, hatte ich, als es wieder einmal um das verflixte Nachdenken in Selbstverantwortung ging, gesagt, „ich vergaß, daß *ich* was lernen soll. *Du* weißt es ja schon.“ Und in Gedanken hinzugefügt: „Das ist wie im richtigen Leben; ob das jemals aufhört?“

Inzwischen war ich bei meinem Kunden eingetroffen. „Hallo, Herr Frei.“ Wir reichten uns die Hand. „Haben Sie was dabei für mich?“

„Aber sicher, Herr Klein, bei der Zuverlässigkeit unserer Frau Längerer!“ Er stimmte mir sofort zu, kam aber dann über die Wertbegriffe Pflichtgefühl, Ordnungsliebe und „die gute, alte Zeit“ recht schnell auf die überall anzutreffende Unwahrhaftigkeit, das sich abzeichnende Chaos in vielen gesellschaftlichen Bereichen, die Bestechlichkeit in Wirtschaft und Politik und anderes mehr zu sprechen.

Ich bin meistens ein recht guter Zuhörer, das war auch jetzt der Fall. Ich versuchte, ihn durch Fragen und Einwürfe von seiner negativen Schiene wegzubringen, auf der er sich - nicht zum ersten Mal - befand. Es gelang mir nicht. Hinzu kam, daß ich ihm in manchen Dingen durchaus recht geben mußte. Nur weigerte ich mich schon von jeher, in einen bereits überlaufenden Topf pessimistisch und voller Verzagtheit zusätzlich negative Energie hineinzugeben. Dadurch wurde eine an sich schon schlimme Sache in aller Regel nur noch schlimmer gemacht.

Das bedeutete für mich nicht, mit geschlossenen Augen durch die Welt zu laufen. Denn ein Problem hat sich noch niemals dadurch in Luft aufgelöst, daß man es ignoriert hat. Und die fast überall in vermehrtem Maße anzutreffenden Verfallserscheinungen stellten und stellen mehr als nur ein Problem dar. Gleichwohl konnte es nicht die Lösung sein, nur mutlos, anprangernd und ohne Perspektive in die vor uns liegenden Jahre zu gehen. Wenn es nicht möglich sein sollte, an der jetzigen Situation etwas grundlegend zum Positiven hin zu verändern - und das schien in der Tat kaum vorstellbar zu sein -, dann mußte es einen anderen Weg geben. Ich ahnte ihn bereits: die Übergabe des Schicksals in die Hände einer mächtigeren, einer allmächtigen Kraft.

Ich fand schließlich Gelegenheit, meinen Kunden doch für einen Moment zum Innehalten und Nachdenken zu bringen. Ich überlegte kurz, ob ich das, was in mir aufgestiegen war, aussprechen sollte oder nicht. Im Hinblick auf unsere lange, fast freundschaftliche Beziehung tat ich es.

„Wir kennen uns nun schon so lange, Herr Klein, da erlaube ich mir mal, ohne daß Sie mir bitte böse sind, eine Frage: Glauben Sie an Gott?„

„Warum sollte ich Ihnen böse sein?“ Er fuhr sich mit einer Hand durch die Haare. „Ich glaube schon, daß ich an einen Gott glaube. Nur habe ich seit langem die Hoffnung aufgegeben, daß sich durch meinen Glauben in dieser Welt etwas ändern wird.“

Im Grunde genommen hatte er recht. Durch den Glauben allein würde sich nichts ändern, das hatte ich inzwischen gelernt. Konnte ich ihm das sagen? Nein, entschied ich. Das würde uns nur in eine weitere, end- und fruchtlose Diskussion führen. Aber etwas in mir sprach zu ihm. Ich vermutete plötzlich, daß mein Licht seinen gehörigen Anteil an meiner Antwort hatte.

„Sicher können Sie nicht verhindern, was um Sie, um uns herum geschieht. Aber es kann Sie auch nichts und niemand daran hindern, eine ganz persönliche Entscheidung zu treffen: Sich nämlich nicht mehr herunterziehen zu lassen von dem, was da beginnt, sich an Negativem aufzubauen.“

Ich war über mich selbst mindestens ebenso erstaunt wie er. Einen Satz schien ich noch sagen zu müssen: „Und es kann Sie auch keiner davon abhalten, es einmal mit ein bißchen Vertrauen in die Kraft zu versuchen, an die Sie doch glauben. So probiere ich es wenigstens.“

„Ab und zu mal", fügte ich in Gedanken hinzu; denn ich wollte ehrlich sein.

Ich glaube, das brachte ihn ein wenig zum Nachdenken. Auf jeden Fall schien er mir beim Abschied, nachdem wir das Geschäftliche besprochen hatten, etwas freier zu sein als bei meinem Kommen. Wo nahm ich nur den Mut und die Worte her, so zu reden? Ich kannte mich kaum wieder. Nicht, daß ich je mundfaul gewesen wäre, aber doch nicht *so* ...! Mein Licht begann wohl, die allerersten, klitzekleinen Schritte mit mir zu üben. Das würde was werden.

Abends auf der Rückfahrt mußte ich des öfteren an dieses Gespräch denken. Was mir immer wieder vor Augen kam war der Ausdruck von Hilflosigkeit und Resignation, der alle seine Äußerungen wie ein Grundmuster durchzog. Und nicht nur seine. Er war nicht der einzige, der so empfand, und ich lief ja nicht blind durch die Weltgeschichte. Eine allgemeine Unsicherheit schien sich breitzumachen. Ängstliche Fragen wurden gestellt, nichtssagende Antworten wurden gegeben. Und das Gefühl eines immer rascher um sich greifenden Wo-wird-das-enden? war nicht mehr von der Hand zu weisen. Das war die eine Seite.

„Auf der anderen Seite ...", überlegte ich. Oder war es gar nicht die andere Seite? War es vielleicht nur das dazu gehörende Spiegelbild, das mit dem Anwachsen der ersten Seite einherging? Was immer es auch war, es zeichnete sich durch nicht minder erschreckende Merkmale aus: Oberflächlichkeit, dafür aber „Leben pur", eine Rückwärtsentwicklung auf vielen Gebieten der Kultur, fun, fun und nochmals fun („jetzt fängst du auch schon an", dachte ich), eine zunehmende Bewertung von Geld, Gut, Schönheit, Jugend und, und, und ...

Ich war auf einmal nahe daran, meinem Kunden Klein zuzustimmen und sein trostloses Weltbild - und sei es nur für Minuten - zu übernehmen. Doch ich wurde davor glücklicherweise bewahrt.

Hast du nicht selbst vor ein paar Stunden von einer möglichen Lösung gesprochen?

Anscheinend hatte mein Licht es für erforderlich oder vielleicht sogar für dringend erforderlich gehalten, mit seiner Frage meine Gedankengänge zu stoppen. Das gelang ihm. Aber mir zeigte es nicht zum ersten Mal, wie anfällig ich noch war gegenüber negativen Einflüssen. Später erarbeiteten wir dann gemeinsam die geistigen Gesetzmäßigkeiten, die solchen und ähnlichen Geschehnissen zugrunde liegen. Ich erfuhr, was eine Zulassung ist und lernte so die „Spielregeln" bzw. einen Teil davon kennen, nach denen diese Angriffe aus dem Unsichtbaren geführt wurden. Aber mein Licht brachte mir auch bei, wie man sie abwehren konnte - wenn man wachsam war und dies wollte.

„Ich danke dir", sagte ich. „Wenigstens einer von uns ist bei der Sache."

Ich wußte inzwischen, daß mein Licht mir meine Art von Humor nicht im geringsten übelnahm. Wie auch - war es doch Liebe! Außerdem war ich in der Lage, nötigenfalls sofort umzuschalten und wieder sehr ernsthaft bei der Sache zu sein, ein aufmerksamer und gelehriger Schüler, der die - zumeist nächtlichen - Unterredungen genoß und nie mehr missen wollte. Das wußten wir beide.

Bisher erschien mein Licht ausschließlich nachts. War es angezeigt, bekam ich auch tagsüber Hilfe; dann aber zeigte sich dieses strahlende Wesen nicht als Licht, sondern es „sprach" lediglich auf eine mir unbegreifliche Weise zu mir. In meinem Herzen? Über mein Gewissen? Lauschte ich mit meinen „inneren" Ohren, oder - wie ich manchmal glaubte - hörte ich auch mit meinen äußeren Ohren? Wie es auch war: Ich vernahm einfach das, was ich vernehmen sollte; und stets war es Unterstützung, Fingerzeig, Gedankenanstoß oder auch Mahnung im richtigen Moment.

*

Zu Hause erwartete mich ein Anrufbeantworter mit drei aufgezeichneten Gesprächen: eine kurze Kunden-Information, ein Gruß von Anne („einfach nur so, Papa") und die Bitte meiner alten Lehrerin um Rückruf oder noch besser gleich um einen Besuch. Dieser Anruf überraschte mich; wir hatten uns zuletzt vor knapp drei Wochen gesehen. „Was hat sie wohl auf dem Herzen?" dachte ich. Es mußte etwas Wichtiges sein, denn sie war nicht der Typ für seichte Unterhaltung. Ganz im Gegenteil.

Vor jetzt beinahe 50 Jahren waren wir uns an einem regnerischen Morgen in einer Schule, die noch die Spuren des Krieges trug, begegnet. Es war Liebe auf den ersten Blick. Von meiner Seite aus zumindest, denn ich weiß noch, wie ich nach der Einschulung aufgeregt in die Arme meiner Mutter lief und ausrief: „Die Frau Scheffler, das ist unsere Lehrerin, die ist Spitze. Die hat mir sogar über den Kopf gestreichelt!“ Und dabei wurde ich ein wenig rot.

Viele Jahre später, ich war inzwischen ein junger, erwachsener Mann geworden und sie eine reife Frau, erzählte ich ihr anläßlich eines Klassentreffens diese kleine Geschichte. Sie hatte kurz überlegt, ob sie mir das, was ihr anscheinend auf der Zunge lag, sagen sollte. Dann hatte sie sich selbst zugenickt und mit einem kleinen Lächeln gemeint:

„Die Zeiten, da ihr meine Schüler wart mit dem Anspruch auf Gleichbehandlung, sind vorbei, und ich habe gegen dieses Prinzip auch hoffentlich nie verstoßen. Jetzt kann ich es dir ja sagen: ‘Mir ging es mit dir ähnlich’.“

Da war ich wegen der gleichen Sache zum zweiten Mal rot geworden. Sie hatte so getan, als bemerke sie das nicht, und erklärt: „Sicher war es keine Liebe, so wie man das versteht. Aber es war Zuneigung, denn du erinnertest mich sehr stark an meinen verstorbenen, jüngeren Bruder. Das betraf sowohl dein Aussehen als auch deine Art, eher ein bißchen zurückhaltend, manchmal opponierend und meistens fröhlich.“

Ich glaube, ich nahm sie an dem Abend von allen am meisten in Beschlag. Für uns war es damals eine Selbstverständlichkeit, daß die Lehrer oder Lehrerinnen uns gegenüber - zumal dann, wenn sie uns einige wichtige Jahre unseres Lebens begleitet hatten - beim „du“ blieben. Keiner von uns hätte gewagt oder auch nur im Traum daran gedacht, sich mit der gleichen vertrauten Anrede zu revanchieren, nur weil wir uns jetzt als Erwachsene gegenüberstanden.

Bei der Verabschiedung hatte sie mich aufmerksam angeschaut. „Es würde mich freuen, Ferdinand, wenn wir in Verbindung blieben.“

„Und ob, Elisabeth Scheffler“, hatte ich gedacht, um dann weniger dreist zu sagen: „Da bin ich sogar ganz sicher, Frau Scheffler. Ich versprech’s“. Ich hatte mein Versprechen gehalten. Heute, nach drei Jahrzehnten, trafen wir uns mehr oder weniger regelmäßig immer noch. Wir hatten eine tiefe Achtung voreinander entwickelt, und auch als Erwachsener war sie mir Lehrerin geblieben.

Sie war, kam es mir plötzlich in den Sinn, im Laufe der Jahre für mich zu einer Art Kleinausgabe meines Lichtes geworden. Nicht ganz so weise, auch nicht so vorausschauend und ständig präsent, dafür *fast* so gütig und einfühlend.

„Du schwärmst ja immer noch von ihr, Ferdinand“, sagte ich zu meinem Spiegelbild, das mich aus der Scheibe meines Wohnzimmerschrankes heraus anschaute. Dann rief ich sie an und vereinbarte für den morgigen Spätnachmittag meinen Besuch. Ich würde dann zwar etwas früher aufhören müssen zu arbeiten, aber einen Abendbesuch wollte ich ihr nicht zumuten.

*

Nach einem rasch zubereiteten Abendessen nahm ich das Buch zur Hand, das mir Bernhard Klink mitgegeben hatte. Weil mich so viele Themen darin ansprachen, las ich entgegen meiner sonstigen Gewohnheit hier ein bißchen und da ein bißchen und entdeckte dabei viel Erstaunliches und Erschreckendes. Doch schließlich mahnte mich mein Ordnungssinn, doch bitte vorne zu beginnen. Und in der Einleitung, in der die Autorin kurz ihren Lebensweg mit dem Schwerpunkt ihrer Krankheit beleuchtete, fand ich dann etwas, das mich bei allem Interesse für die medizinische Aufklärung mindestens ebenso fesselte. Dabei waren es nur wenige Sätze, aber sie brachten genau die Saite in mir zum Klingen, die auch die Brücke von den Patientenschäfchen zu den Kirchenschäfchen geschlagen hatte. Wieder ging es um die Verantwortung.

„Wenn ich wieder gesund werden wollte“, stand da, „mußte ich selbst die Verantwortung für alles übernehmen - von der Diagnose bis zur möglichen Heilung ... Daß ich mich selbst um meine Gesundheit kümmern mußte, fing an Sinn zu machen, da wohl kaum ein anderer sich über das Ergebnis so leidenschaftlich Sorgen machen würde."

Wieder betrat, wie der Hauptdarsteller seine Bühne, der Begriff „Verantwortung" die Bühne meiner Gedanken. Heilung, hieß es an einer anderen Stelle, sei ein komplexer Prozeß, in dem man die Verantwortung für sein eigenes Leben übernimmt. Auch die Arzt-Patienten-Beziehung wurde angesprochen und die Vermutung geäußert, daß Patienten schneller genesen würden, „ ... wenn sie in den Entscheidungsprozeß über die Art ihrer Behandlung einbezogen werden. Eine wirkliche Heilung konnte nur dann beginnen, wenn es zwischen dem Arzt und Patienten einen Dialog gäbe, sozusagen eine Demokratie mit geteilter Verantwortung."

Was mich trotz des fortgeschrittenen Abends innerlich so hellwach werden ließ war der Vergleich, der sich mir aufdrängte. Man konnte die Aussagen problemlos für ein anderes Bild übernehmen, in dem es nicht um die Eigenverantwortung gegenüber dem sterblichen Körper, sondern gegenüber der unsterblichen Seele ging! Dann würde einer der Sätze z.B. so lauten:

„Daß ich mich selbst um meine S e e l e kümmern mußte, fing an Sinn zu machen, da wohl kaum ein anderer sich über das Ergebnis so leidenschaftlich Sorgen machen würde."

„Phantastisch", dachte ich. Das traf mitten ins Schwarze. Es fiel mir nicht schwer, auch in der *Lehrer-Schüler-Beziehung* zwischen meinem Licht und mir eine Parallele zur *Arzt-Patienten-Beziehung* zu erkennen; und daß eine wirkliche Heilung nur dann beginnen konnte, wenn es zwischen Lehrer und Schüler einen Dialog gäbe, das hatte ich schon am eigenen Leib erfahren. Die Notwendigkeit des Dialogs und der Übernahme geteilter Verantwortung paßte ebenso ins Bild: Ich trug einen Teil auf Grund meines freien Willens, den anderen Teil trug mein Licht, seit es sich aus selbstloser Liebe bereit erklärt hatte, meine geistige Führung zu übernehmen. Daß das Licht seinen Beitrag fehlerfrei und mustergültig leistete, darüber brauchte ich erst gar nicht nachzudenken.

Etwas anderes tauchte plötzlich in meinen Gedanken auf. Ich war, wie es mir schien, in einer privilegierten, aber nicht selbstverdienten

Position durch die Verbindung zu meinem Licht. Was war mit all den vielen anderen Menschen? Mußten sie ein Leben lang ohne diese innere und innige Führung auskommen? Sie konnten sich doch nicht einfach hinsetzen - falls sie überhaupt auf die Idee kämen! - und bitten: „Lieber Gott, kannst du nicht auch mit mir reden oder wenigstens jemanden abstellen, der das für dich tut?" Inzwischen wußte ich zwar, daß jeder Mensch seinen Schutzengel und, wenn es die Aufgabenbewältigung mitunter erfordert, auch weitere geistige Helfer hat, aber kaum jemand hatte bisher von ähnlichen Beziehungen wie meiner oder besser unserer gehört.

„Ich habe ja, außer Peter, auch keinem davon erzählt", sagte ich mir. „Na ja, stimmt", gab ich zögernd zu. Dennoch ...! Ich mußte mit meinem Licht bei nächster Gelegenheit darüber sprechen.

Ich las noch weitere schöne Sachen. Der erste Satz der Einleitung lautete beispielsweise: „Dieses Buch verdankt seine Geburt einer großen Leidenschaft, die ich einmal hatte, nämlich gesund zu werden." Die Gleichheit lag so klar auf der Hand: *„ ... einer großen Sehnsucht, die ich habe ... nämlich auch an meiner Seele gesund zu werden."*

Und bei der folgenden Betrachtung von Lynne McTaggart ergab sich die Analogie fast ohne eigenes Dazutun:

„Fragen Sie nur oft genug *warum?,* und früher oder später werden Sie den Abgrund des Glaubens erreichen. Ihr Arzt wird sich dann auf die Tatsache berufen, daß Sie all die Wunder, die ihm zur Verfügung stehen, nicht kennen oder nicht verstehen. *Vertraue mir ganz einfach* ... Und wenn Sie einmal erkannt haben, wieviel Kitsch sich in den Schubladen ihres Arztes befindet und wieviel Medizin auf blindem Vertrauen, erhaltenem Wissen, selektiven Fakten und nicht auf Vernunft, Wissenschaft oder gesundem Menschenverstand basiert, dann können Sie dem falschen Schamanen die Macht entreißen und damit anfangen, die Kontrolle für Ihre Gesundheit wieder selbst zu übernehmen."

Ich war müde geworden, darum bereitete ich mich für die Nacht vor. Im Bett liegend überdachte ich noch einmal kurz den Tag, zog eine kleine Bilanz und richtete mein Augenmerk nach innen. Wenn ich nicht zu müde war, gelang mir dies meistens für einige Minuten.

Sie waren dann angefüllt mit einem Dank dafür, daß es mir gut ging, und mit einer Bitte für diejenigen, die Hilfe benötigten und mir gerade einfielen. Manchmal kam auch schon eine Art holpriger und völlig unzulänglicher Liebeserklärung an meinen ewigen und großen, himmlischen Vater zustande. Aber, weil sie so ehrlich wie möglich war, schien sie Ihm zu gefallen - hatte ich den Eindruck.

Meine letzten Gedanken gehörten oft auch meinem Licht. In der ersten Zeit unseres Beisammenseins erlebte ich sein glanzvolles Auftreten fast jede Nacht. Das hatte sich geändert. Nachdem ich in den Augen des Lichtes anscheinend genügend Wissen angesammelt und Informationen erhalten hatte, um den Sinn des Erdenlebens zu verstehen, kam eines Nachts die Nagelprobe. Jetzt ging es um die Frage des Umsetzens. Es galt zu erkennen, daß eine Veränderung a) notwendig ist und b) im Alltag Schritt für Schritt vollzogen werden muß. Ich erinnere mich an jedes Wort.

Gehen wir morgen an die Arbeit?

Was für eine Frage! „Natürlich“, hatte ich geantwortet. Mußte ich mich vorbereiten?

Nein, was du benötigst ist dein Bemühen. Den Rest steuert dein Tag bei. Und dann vergiß nicht: Gebrauche deinen ...

„Ja, ja. Ich weiß ...“

Und während mein Licht schwächer geworden war und mich meinem Schlaf überlassen hatte, war mein Herz bis an seine Grenzen aufgegangen, und ich hatte gesagt:

„Ich liebe dich.“ [1)]

[1)] Beinahe - aber nur eben beinahe - so endet „Alles endet im Licht“. Zum besseren Verständnis: Alle noch folgenden Rückgriffe auf Erinnerungen an Gespräche und Ereignisse dieser und ähnlicher Art beziehen sich ebenfalls darauf, auch wenn in der Folge nicht mehr ausdrücklich darauf hingewiesen wird.

4.

Mit der Frage *Gehen wir morgen an die Arbeit?* war ein erster wichtiger Abschnitt abgeschlossen, vielleicht sollte ich besser sagen „umrissen“ worden. Denn abgeschlossen würde alles erst wieder im Himmel sein. Diese erste Etappe meiner bewußten „Heimreise“ hatte zum Ziel gehabt, mich aufzuklären über die Schöpfung, den Fall und die Entstehung der Materie, aber auch zu den Fragen nach dem *Woher?, Warum?* und *Wohin?*. Mir war völlig klar gewesen, daß es nur Bruchstücke einer unendlich großen Weisheit waren, weil ich mehr als diese kleinen Glieder einer nicht überschaubaren Kette gar nicht hätte aufnehmen können.

So blieben wir aus der Sicht meines Lichtes an der Oberfläche, doch selbst diese Oberfläche hatte für mich so viel Tiefe, daß ich nur schrittchenweise dort hineingeführt werden konnte, weil ich mich sonst heillos verirrt hätte. Aber ein Lehrer wie mein Licht dosiert auf das Gramm genau.

Das Leben nach dem Tod wurde für mich ebenso zur Realität wie die Wiederverkörperung oder Reinkarnation. Ich erfuhr, was es mit dem Karma - einer anderen Bezeichnung für „Seelenbelastung“ - auf sich hat, und daß es nicht nur keinen Widerspruch zur Gerechtigkeit Gottes darstellt, sondern sich nahtlos in das Gesetz der Liebe einfügt. Ich bekam eine leise Ahnung davon, wie die Gnade Gottes wirkt, und was die Erlösertat Christi bewirkt hat. Das erste Verständnis für die oft so unterschiedlich verwendeten Begriffe von Körper, Seele und Geist wurde geweckt. Und manchmal, wenn es mir wie Schuppen von den Augen fiel, und ich endlich nach vielen Jahren der geistigen Blindheit die ersten Zusammenhänge sehen konnte, reihte sich ein Aha-Erlebnis an das andere.

Vor allem aber wurde mir zur Gewißheit, daß Gott die Liebe ist und in mir, in jedem lebt. Das war für mich das Wichtigste.

Es wäre völlig sinnlos gewesen, ohne diese Grundbausteine in einen weiterführenden Abschnitt zu gehen. Das wäre so, also wollte man einen Brief schreiben, ohne vorher das Alphabet gelernt zu haben. Die Notwendigkeit einer Grundaufklärung leuchtete mir ein; ja, ich brauchte sie sogar. Das mag an der Struktur meiner Psyche oder meines Denkens liegen, weil ich trotz aller Bereitschaft zur Hinwendung an eine höhere Macht meine Schritte nicht im Unverständnis und in der Unlogik tun konnte und wollte. So saugte meine Seele, einem trockenen Schwamm gleich, die wunderbaren Weisheiten aus dem Geist regelrecht auf und begann zu erblühen.

Im nachhinein kann ich klar erkennen, wie sich das Bild zusammensetzte. Die ganzen Belehrungen, unsere gemeinsamen Gespräche, mein Suchen, jede Antwort und jedes Finden - all das war logisch aufeinander aufgebaut und zielgerichtet. Es war einer Wanderung vergleichbar, die nach Kompaß durchgeführt wird. Ich traf am Ende des ersten Abschnitts gewissermaßen „im Ziel" ein.

Wenn ich wollte, könnten wir nun gemeinsam den nächsten Abschnitt erschließen. Das verbarg sich hinter der Frage *Gehen wir morgen an die Arbeit?*. Ich war gespannt gewesen auf das, was auf mich zukommen würde. Mein Licht hatte mich nicht im unklaren gelassen.

Die vor uns liegende Teilstrecke ist der hinter uns liegenden ähnlich. Deine Erkenntnisse werden natürlich andere sein, und dein Horizont wird sich weiten. Das Prinzip aber, nach dem wir vorgehen, wird das gleiche sein, auch wenn die direkte Steuerung auf das Ziel hin nicht immer gleich so deutlich zu erkennen ist wie zuvor. Das liegt an der neuen Materie, die ein erheblich breiteres Spektrum hat.

Das Beispiel eines Puzzles scheint mir jetzt angebracht. Aufbauend auf dem, was du in dir erschlossen hast, werden wir einen Ausschnitt nach dem anderen dort anfügen, wo er hingehört - nicht unbedingt immer an das zuletzt gelegte Teil, aber immer dem Großen und Ganzen dienend.

„Und wenn das Bild dieses zweiten 'Bauabschnitts' langsam zu erkennen ist und schließlich als Ganzes vor uns liegt?"

Dann wirst du feststellen, daß es vom ersten Bild gar nicht getrennt ist, sondern beide Bilder, ohne daß du es bemerkt hast, zu einem verschmolzen sind.

„Geht es dann noch weiter? - Stop", hatte ich gerufen, „ich nehme die Frage zurück, weil ich sie mir selbst beantworten kann." Aber auch, wenn es noch weiterginge, so würde doch dieser Abschnitt ebenfalls eine Art Ziel, vielleicht etwas Ähnliches wie einen vagen Abschluß.

Hast du eine Sehnsucht oder eine Vorstellung? Was würdest du gerne entwickeln? Und mit welchem Ziel?

Die Frage war für mich überraschend gekommen. Es war mir nicht möglich gewesen, sie auf Anhieb zu beantworten. Es sollte ja auch etwas Realistisches sein ... Meinem Vater in meinem Inneren näherzukommen, das gehörte sicher zu meinen Sehnsüchten. Aber das erschien mir zu allgemein. Es würde sich als Folge sowieso einstellen, nahm ich mal an. Und als Zwischenschritt? Schließlich hatte ich gesagt:

„Ich würde gerne einige Zusammenhänge besser verstehen lernen, ein wenig Einblick erhalten in das Wirken der unsichtbaren Kräfte und vielleicht erkennen oder noch besser erfahren, wie die Führung durch Christus erfolgt. Denn damit, glaube ich, steht und fällt das Vertrauen."

Dann laß uns gemeinsam an diesem Bild arbeiten, einen Schritt nach dem anderen tun. Schon während des Zusammenstellens unseres Puzzles wird vieles von dir abfallen, vor allem die Reste deiner Ängste. Am Ende dieses Wegabschnittes wird ein besonderes Geschenk für dich bereitstehen, etwas, das du ein Leben lang ersehnt hast.

Was mochte das sein? Ich hatte überlegt, aber keine Antwort gefunden. Daß mein Licht um meine Sehnsucht wußte, war wieder einmal ein Beweis für mich gewesen, wie gut es mich doch kannte. „Was wird am Ende auf mich warten?" hatte ich gefragt.

Deine Freiheit.

*

Etwa von diesem Zeitpunkt an änderte sich der Zyklus des Erscheinens. Mein Licht trat nicht mehr regelmäßig auf den Plan. Es hatte mir vorgeschlagen, die Intervalle den jeweiligen Erfordernissen anzupassen. Das war gewiß auf der Weisheit gegründet, den von jeher in mir vorhandenen Wunsch nach Wissen nur insoweit zu erfüllen, als dies mit meinem geistigen Wachstum vereinbar war. Außerdem, so war ich aufgeklärt worden, sei immer die Gefahr gegeben, daß meine Liebe zu meinem Licht für mich zu einer Bindung werden könnte. Ein Übermaß an persönlicher Zuneigung sei aber nicht das Ziel unseres brüderlichen Zusammenseins. *Dieses besteht in der freiwilligen Hinwendung und Hingabe an den Einzigen, dem alles gebührt - an Gott, deinen, meinen, unser aller Vater.*

Als Ziel konnte und wollte ich dies gerne akzeptieren, aber es schien für mich noch in weiter Ferne zu liegen. Doch ich verstand ein wenig die Beweggründe für diese Entscheidung und stimmte - mehr oder weniger freiwillig - unserer neuen Vereinbarung zu. Mein Licht würde wissen, wann Neues zu lernen erforderlich war, neue Erkenntnisse vorbereitet werden mußten, für mich unlösbare Fragen im Raum standen, oder ich auch einfach nur seine Nähe und Wärme, seinen Trost und seine Liebe vermißte.

Unabhängig von dem, was wir abgesprochen hatten, konnte ich selbstverständlich immer dann mein Licht um Beistand bitten, wenn ich das Gefühl hatte, dringend himmlische Hilfe zu benötigen. *Ein Gedanke, und wenn du mich wirklich brauchst, bin ich da. Ich bin ohnehin an deiner Seite.*

Es geschah, kaum daß ich eingeschlafen war. Vor meinen geistigen Augen begann ein Strahlen, das größer und größer wurde und die Wände meines Schlafzimmers zu sprengen schien. Nichts blendete mich. Einige der äußeren Spitzen dieses sonnengleichen Lichtes berührten mich zart, streichelten mich gleichsam und öffneten - so meinte ich - mein Herz. Oder sie weiteten vorsichtig mein Bewußtsein. Oder wie und was auch immer. Ich war glücklich.

Die Liebe Gottes segnet dich durch mich. Sein Friede hüllt dich ein, und in dem Maße, in dem du ihn aufzunehmen vermagst, bleibt er bei dir.

Mein anfänglicher Übereifer hatte sich etwas gelegt. Er hatte einer ab und zu schon erkennbaren Zurückhaltung Platz gemacht, so daß ich nicht mehr unbedingt der erste sein mußte, der unseren Gesprächsreigen eröffnete. Ich wußte inzwischen ohnedies, daß ich alles sagen und fragen konnte, was ich manchmal so drängend auf dem Herzen hatte. Verlorengehen konnte nichts, höchstens etwas an mir vorbeigehen, wenn meine Aufmerksamkeit von einer Pseudo-Dringlichkeit überlagert wurde. Später würde es erneut auf mich zukommen, dank der Geduld meines Lehrers und Freundes.

So wartete ich auch diesmal ab. Als jedoch nach einiger Zeit mein Licht immer noch schwieg, begann ich.

„Ich freue mich, daß du da bist, und ich danke dir."

Die Antwort war lediglich ein leichtes Pulsieren seiner Strahlung. Nun gut, dann müßte ich wohl weitermachen. Ich ging in Gedanken durch, was ich in den letzten Tagen und heute erlebt hatte. Ein wenig fiel mir ein, das zu besprechen sich lohnen könnte; beispielsweise die Sache mit der direkten Kommunikation, über die ich eben noch nachgedacht hatte. Daß ich meine frühere Lehrerin besuchen würde, war sicher kein Thema (wobei ich wieder einmal völlig vergaß, daß mein Licht dies längst wußte).

Schließlich gab es da noch einen Impuls vom letzten Mal - eigentlich war es mehr eine als Aufklärung verpackte Aufgabe:

Wenn du einer Sache auf den Grund gehen willst, dann versuche, soweit das dein Bewußtsein erlaubt, nach Möglichkeit den Anfang zu finden. Und der liegt sehr oft noch viel weiter vorn, als du glaubst.

Ich mußte nicht sehr intelligent geschaut haben; vielleicht nahm ich auch an, das wäre schon alles gewesen. Was sollte ich damit anfangen? Doch es ging weiter.

Jedes Geschehen läßt sich in einzelne Abschnitte zerlegen. Kein Abschnitt steht für sich allein da. Das Prinzip der Kausalität verbindet sie. (Seit ich dieses Prinzip begriffen hatte - es wird auch das Gesetz von Ursache und Wirkung oder von Saat und Ernte genannt -, hatte sich mein Weltbild gewaltig verändert. Vor allem aber mein Verständnis von der Gerechtigkeit Gottes.) *Fällt dir nun ein Zustand ins Auge, der dir zu denken gibt, oder den du besser verstehen möchtest, dann gehe in der Kette ein Glied zurück und noch eines und noch eines und so weiter, bis du nicht mehr weiter zurück kannst - weil du vermeintlich glaubst, am Anfang angekommen zu sein. Doch das ist selten der Fall. Fast immer ist es so, daß deine Fähigkeit zu weiterem Erkennen, zum Durchschauen noch davor gelagerter Ursachen, nicht ausreicht.*

An dieser Stelle schien es angebracht, mir ein wenig Mut zu machen. ... *n o c h nicht ausreicht.*

Diese kleine Analyse-Methode gebe ich dir als Hilfe an die Hand. Mit ihr kann man ähnlich arbeiten wie mit dem Warum-warum-warum?-Verfahren. Sie läßt sich im übrigen nicht nur auf die sich verschlimmernden Zustände in eurer Welt anwenden, auf die wirtschaftlichen, gesellschaftlichen und sozialen Mißstände und die Verarmung des Inneren. Genauso kann man mit ihr eine positive Entwicklung untersuchen. Und sie funktioniert nicht nur vom Ist-Zustand aus zurück, sondern ebenso vom Ist-Zustand aus nach vorn, Richtung Ziel.

Das war damals der Schwerpunkt der nächtlichen Unterweisung gewesen. Es folgten dann noch einige Details, aber nicht sehr viele. Ich sollte ja lernen, meinen eigenen Blick hinter die Kulissen zu werfen. „Aus der himmlischen Trickkiste", hatte ich gedacht und es erst bemerkt, als es schon gedacht war. Mein Licht war davon unbeeindruckt geblieben; mir hatte es leid getan.

Daß ich mich an diese Aufgabe nicht richtig herangewagt hatte, lag nicht an einer mangelnden Ernsthaftigkeit. Ich hielt mich einfach noch für unfähig, solche Überlegungen oder Beobachtungen mit einem halbwegs zufriedenstellenden Ergebnis abschließen zu können. Mein hoher Anspruch an mich selbst, dem ich nicht würde gerecht werden können, stand mir im Weg. Wieder einmal.

Es war wirklich eine Gnade, einen geistigen Lehrmeister wie mein Licht zu haben. Natürlich war ihm längst bekannt, daß ich mich noch nicht wirklich mit meiner Übung befaßt hatte. Und genauso wußte es um die Gründe. Während ich immer noch überlegte, wo und wie ich anfangen sollte, nahm das Licht die Sache in die Hand.

Du hast dich gerade an unsere letzte Unterredung erinnert. Sie machte auf dich den Eindruck, sehr tiefsinnig und gewichtig gewesen zu sein. Und das Gehörte einmal - und sei es nur probeweise - anzuwenden, schien und scheint dir nicht leicht. Ich nickte. *Dann laß uns, bevor du dir darüber bei Gelegenheit deine Gedanken machst, gemeinsam einige kleinere Schritte in eine andere Richtung tun. Ich bin sicher, daß du die nächsten, etwas größeren, dann selbst tun kannst.* (War das eine Freude!) *Laß uns mit dem heutigen Tag beginnen.*

Ich ging den Tag noch einmal gedanklich durch. Dabei fielen mir auf und ein: mein Arztbesuch und der Anstoß bezüglich *Verantwortung*, den ich nochmals am Abend beim Lesen des Buches bekam, der Begriff *Evolution*, der mir beim Durchblättern der Zeitschrift regelrecht ins Auge sprang, die *Verfallserscheinungen* im Zusammenhang mit dem Gespräch bei meinem Kunden Klein, mein Nachdenken über die Frage der *Kommunikation* für jedermann und ... war da noch etwas?

Ja, du hast auch noch einmal über euer Gespräch nachgedacht, in dem es um das „Immunsystem" ging.

„Richtig, danke."

Wir können diesen Begriff bzw. das, was er für Mensch und Seele bedeutet, zurückstellen. Aber er kann später einmal der Ansatzpunkt für eine hochinteressante Überlegung sein, die nicht nur akademischer, sondern ganz praktischer Natur ist, nämlich der Frage nach deinem „geistigen Immunsystem".

Was sollte ich dazu sagen? Ich schwieg deshalb erwartungsvoll in der Hoffnung, bald einen neuen Baustein für meine geistige Entwicklung gezeigt zu bekommen. Ich wurde nicht enttäuscht. Ich wurde *nie* enttäuscht.

Das Wissen darüber, daß und wie dein Tag zu dir spricht, konnte ich dir bereits vermitteln. Es auch anzuwenden und einen Nutzen daraus zu ziehen, fällt dir noch schwer. Doch das soll dich nicht verzagt machen, es wird sich ändern. Du wirst lernen, in allem, was dir begegnet, die Hilfe und Führung zu erkennen. Sie stellt so etwas wie einen „himmlischen Dolmetscher" dar, um die Ausdrucksweise zu gebrauchen, die du manchmal bevorzugst.

Das, was es h e u t e anzuschauen gilt, oder was für dich zu lernen ansteht, was dir aber noch nicht direkt vermittelt werden kann, wird auf diese Weise in die Sprache des Tages verpackt. Du kannst sicher sein, daß nichts - absolut nichts - ohne Grund auf dich zukommt.

„Das hatten wir schon mal", dachte ich. Ich wußte ja, daß auf dieser Basis ein unerschütterliches Vertrauen aufgebaut werden konnte. Ein bißchen traurig war ich nur, weil ich meine Schwierigkeiten sah. Wie lange würde es bei mir wohl noch dauern, bis diese Überzeugung sich so fest in mir verankert hatte, daß sie zu einem Teil meines Wesens geworden war? Und bis ich gelernt hatte, in der Sprache des Tages die Hinweise und Anstöße für eine nächste Erkenntnis oder eine neue Erfahrung zu sehen?

Dann laß uns in die Praxis gehen.

„Nur zu gerne."

Nach der Sammlung von Wissen und der Erarbeitung grundsätzlicher Betrachtungen, die die Plattform deines geistigen Weiterschreitens bilden, gilt es nun, auch andere Zusammenhänge und feiner verzweigte Aspekte zu erfassen. Der Himmel hat dich im Verlauf des Tages an „Verantwortung, Evolution, Verfallserscheinungen und Kommunikation" herangeführt ...

Ich unterbrach kurz: „Vermutlich war noch viel mehr in den kleinen und größeren Ereignissen des Tages enthalten; ich konnte es aber nicht aufnehmen."

So ist es. Doch es reicht, das Wichtigste nicht zu übersehen. Jeder der vier Begriffe stellt eine Fundgrube herrlicher Schätze dar, wenn du bereit bist, in sie hineinzusteigen. Das muß nicht jetzt geschehen. Du wirst dies sicher in der kommenden Zeit einmal tun. Doch haben diese vier Begriffe auch etwas gemeinsam? Lassen sich Zusammenhänge erkennen? Kann man sie z.B. unter den Überbau eines einzigen Themas bringen? Denk nach.

Ich versuchte es, mit mehr als mäßigem Erfolg. Schließlich gab ich auf und bat um Unterstützung.

Hängen nicht alle Begriffe mehr oder weniger direkt mit der Urfrage des Menschen nach seinem Ursprung zusammen? Nimm das Wort „Evolution". Du hast heute darüber etwas gelesen, und ich habe dich zu dem Gedanken inspiriert, ob es wohl eine seelische Evolution oder so etwas Ähnliches gibt. Evolution bedeutet Weiterentwicklung, und das im Wechsel eines vorübergehenden Werdens und Vergehens, wie es dir die Natur vormacht. So gehört auch das, was sich als Verfallserscheinung darstellt, dazu. Sieh nur das Beispiel des Herbstes und das Ablegen des irdischen Körpers, von euch fälschlicherweise als Tod bezeichnet. Alles ist nur der Ausdruck eines ständigen Wandels, in den schon vor Urzeiten das Endziel hineingelegt wurde: die

Vollendung im Angesicht des Schöpfers, die Wiedererlangung der bewußten Kindschaft Gottes.

Doch die Evolution ist damit nicht beendet, denn Gott und Seine Schöpfung sind unendlich.

Ich war mucksmäuschenstill. Das hätte mir noch gefehlt, daß eine solche Weisheitsvermittlung durch irgend etwas - und sei es nur die allerkleinste, dumme Gedankenregung in mir - gestört worden wäre.

Nahtlos fügt sich hier die von dir angefragte Kommunikation ein. Sie ist nicht das Thema dieser Stunde, doch soviel vorab: Sie steht auf meinem Lehrplan für dich als die Endstufe unserer Arbeit - noch in diesem Leben, wenn du es wirklich möchtest. Es ist die sogenannte „Innere Stimme" oder das „Innere Wort". Damit führt der Vater - oder die Liebe des Vaters, die in Jesus Christus in die Welt kam - Sein Kind selbst. Zwar ist meine Aufgabe als dein Begleiter dann nicht beendet, aber wenn dieser Kontakt hergestellt ist, trete ich zurück.

„Wie Johannes der Täufer in seiner Demut", dachte ich dann doch. „Er verwies auf den, der nach ihm kommen sollte, und dessen Schuhriemen zu lösen er sich nicht für würdig empfand."

Ich habe ein wenig vorgegriffen, um dir eine Freude zu bereiten. Denn was kann es Schöneres geben als zu w i s s e n *- nicht nur zu glauben - und es dann auch zu erleben, daß die Liebe unseres himmlischen Vaters und damit Er selbst* i n d i r *lebt? Schick deine Sehnsucht so oft wie möglich voraus, und laß dich anziehen von dieser Liebekraft.*

Die Frage nach dem Ursprung umfaßt also auch die Kommunikation, denn das Woher? beinhaltet auch das Wohin?: zurück zu Gott. In diesen großen Bogen, der sich in den Himmeln wieder schließt, ist auch dein Zwiegespräch mit Gott eingebunden. Es ist direkt und beidseitig, wie es das Wort „Zwiegespräch" schon ausdrückt; es ist klar, deinem Bewußtsein angepaßt und kann von nichts und niemanden gestört oder verhindert werden, wenn du es nicht zuläßt.

Ein stiller Jubel, der schier nicht aufhören wollte, brach aus meinem Herzen hervor. Darüber, daß der Mensch der Tempel des Heiligen Geistes ist, Gott daher in ihm wohnen *muß,* hatten wir in der Vergangenheit schon gesprochen; auch über die Bibelstelle: „Ich bin euch näher als eure Arme und Beine." Daß daraus aber - eigentlich völlig logisch, absolut folgerichtig - auch geschlossen werden durfte, Ihn in sich zu vernehmen, das hatte mein Licht mir bisher noch nicht gesagt. Der Grund dafür war ganz sicher darin zu suchen und zu finden, daß die Liebe nur in dem Maße vorgibt und führt, wie es der Lernende aufnehmen kann.

Daraus ergab sich dann auch, daß ein Zurückhalten von Erkenntnissen und Wissen kein Vorenthalten darstellt, sondern - sofern es von Liebe getragen ist - dem Schutz des Heranreifenden dient.

„Sehe ich das richtig? Ist das bei jedem so?" fragte ich.

Es ist bei jedem so, den das göttliche Gesetz führt. Auch die Entwicklung in den reingeistigen Bereichen verläuft nicht anders. Niemals wird die Liebe eines ihrer Kinder überfordern. Es geht Schritt für Schritt, Stufe für Stufe, bis zur vollen Entfaltung des Bewußtseins.

„Bitte", sagte ich, „laß uns für einen Moment abschweifen." Da kein Einwand kam, bat ich:

„Erzähle mir mehr davon. Wie geht das vor sich? Wie war es bei mir? Wie war es bei dir? Hören die Kleinen Ihn so wie die Großen? Niemand sagt einem etwas darüber. Bitte!" Fast flehend schaute ich mein Licht an, angeregt durch seine Worte, aufgeregt wie ein kleines Kind.

Eine nicht zu beschreibende Geduld flutete zu mir herüber, hüllte mich ein und ließ mich wieder etwas ruhiger werden. Ganz feine Strahlen, in die zarte Pastelltöne eingewebt schienen, streichelten mich zärtlich, und unendlich nachsichtig bekam ich zur Antwort:

Mein kleiner, lieber, ungestümer Bruder. Sehnsucht hat sich in deinem Herzen breitgemacht - zur Freude der Himmel. Wie gleichst du doch einem Fohlen, das voller Tatendrang die Wälder und Weiden erkunden und erleben möchte, die noch außerhalb seiner Koppel sind. Laß dich niemals einschränken, was deine Liebe betrifft. Doch laß zu, daß sie vorsichtig in die richtigen Bahnen gelenkt wird, die wir aus dem Lichte vor uns sehen.

Lichtstrahlen kamen mir entgegen und formten sich zu einer Muschel. Ich legte meine Hand hinein und fühlte mich wie ein Kind, das sich voll und ganz seiner Mutter oder seinem Vater anvertraut.

Die Schöpfung ist aufgebaut auf Gesetzen, die unveränderlich sind, und in denen alles trotz größtmöglicher Freiheit des einzelnen nach einem Entwicklungsplan abläuft, den Gott in Seiner für keinen zu ergründenden Weisheit festgelegt hat. Auch im Himmel, auf einem Lichtstern oder einer Lichtsonne, muß ein Kind heranreifen. Es hat seine Familie, seine Verwandten, seine Freunde, seine Lehrer. Ein Engel wird also nicht gleich als strahlende Schönheit in seiner vollen Größe geschaffen oder geboren. (Auf die Ausnahmen, die es schöpfungsbedingt zu Anfang geben mußte, würde ich gerne verzichten - schien mir ein besonderer Strahl sagen zu wollen. Ich nickte sofort. Ich hätte alles akzeptiert. „Mach nur weiter.")

Das Heranwachsen eines Kindes wird von vielen Seiten liebevoll begleitet. In dem Maße, in dem das Kind an Hingabe, Weisheit und Erfahrung zunimmt, verändert sich seine Strahlung. Einerseits muß es ganz ähnliche Wesensmerkmale wie ein Menschenkind entwickeln oder verfeinern, andererseits geht es um den rechten Erwerb der Schöpfungskräfte, was für dich aber noch nicht zu verstehen ist, weil es Vergleichbares auf der Materie nicht gibt.

„Du sprachst gerade von den ähnlichen Wesensmerkmalen ...?"

Die sieben Grundprinzipien der Schöpfung müssen durch jedes Himmelskind erschlossen werden. Das sind Ordnung, Wille, Weisheit, Ernst, Geduld, Liebe und Barmherzigkeit. Zwar sind diese Kräfte schon in jedem angelegt, doch die Entscheidung, sie zu entwickeln und zur vollen Blüte zu bringen, trifft jedes Kind selbst. Die Liebe zu Gott, seinem Vater, ist dabei die treibende Kraft. Keiner handelt aus Ehrgeiz heraus oder um der Größte sein zu wollen. „Groß" wirst du erst dann, wenn die Demut voll und ganz zu dir gehört. Und deine größte Freiheit hast du erreicht, wenn deine Liebe-Hingabe an deinen Schöpfer, Gott und Vater vollkommen ist.

Mit dem geistigen Wachstum geht auch dein „energetisches" Wachstum einher, denn dein Körper ist höchste Energie, reinstes Bewußtsein. Deine Ausstrahlung wird größer, deine Schöpfungskräfte wachsen, deine Kenntnis und Einsicht nehmen scheinbar grenzenlos zu, und du kommst der unendlichen Liebe in dir näher und näher.

Du meinst jetzt vielleicht, du wärst ihr doch schon so nahe wie möglich, wie könntest du ihr da noch näher kommen? (Genau das hatte ich gedacht.) *Schau, die Liebe und der gute Wille sind unverzichtbare Voraussetzungen, doch sie können gewisse, ihr würdet sagen „Fertigkeiten" nicht ersetzen. Und so kann auch kein Kind den Vater in sich vernehmen oder sehen, wenn das energetische Potential dazu noch nicht ausreicht. Es kann Ihn sehen, Ihn hören, Ihn besuchen, es kann Ihn liebkosen, es kann jederzeit zu Ihm kommen. Doch die Fähigkeit, Ihn* *i n s i c h* *zu schauen und dort auch mit Ihm zu sprechen und zu leben, hat es noch nicht entwickelt. Das ist erst noch sein Ziel.*

Hat es dieses Ziel erreicht, ruht es auf ewig voll bewußt in Gott.

Lange Zeit schwiegen wir beide. Hatte ich schon einmal etwas Schöneres gehört? Ich konnte mich nicht entsinnen. Was konnte es Erstrebenswerteres geben, als für immer in diese Liebe einzutauchen?

„Achtung, du bist noch nicht wieder im Himmel", sagte etwas in mir. „So schön es ist, und so sehr es sich lohnt, für diese Aussicht einiges auf sich zu nehmen, so schnell wird dich auch wieder der Alltag mit deinem Menschsein konfrontieren."

„Ich weiß", gab ich zur Antwort, „mit dem Herzen im Himmel und mit den Beinen auf dem Boden."

So war's richtig, und so wollte ich es auch halten. Neben meiner Sehnsucht hatte mein Licht auch ein wenig - nur ein ganz klein wenig - meine Neugierde geweckt. Ob es mir eine persönliche Frage beantworten würde? Böse würde es sicher nicht sein. *Wer nicht wagt, der nicht gewinnt*, fiel mir ein, und deshalb sagte ich:

„Du bist aus den Himmeln. Du hast es mir selbst gesagt." Und dann *wußte* ich es. Ich brauchte nicht mehr zu fragen, sondern konnte sagen: „*Er* spricht auch in *dir*!"

Mir war plötzlich klargeworden, daß es so sein *mußte*. Deshalb brauchte ich die Antwort auch gar nicht. Daß ich sie indirekt trotzdem in Form einer strahlenden Umarmung bekam, machte mich sehr glücklich.

Noch nie hatte unser nächtliches Zusammensein so lange gedauert. Von mir aus konnte es noch weitergehen. „Ich habe Zeit", dachte ich, „und einigermaßen frisch bin ich auch noch."

Morgens war ich trotz der nächtlichen Gespräche niemals müde. Ich fühlte mich im Gegenteil immer gestärkt, und das Geschehene hatte sich stets so tief eingeprägt, daß es auch im Wachzustand jederzeit abrufbar war. Was dem einen oder anderen meiner Freunde oder Kunden an mir vielleicht auffiel, war eine Lebensfreude und Zuversicht, die man früher an mir so nicht gekannt hatte. Um morgen früh brauchte ich mir also keine Gedanken zu machen, höchstens um meine momentane geistige Kondition und Aufnahmefähigkeit. Aber die konnte das Licht besser beurteilen.

Da du dich noch konzentrieren kannst, kommen wir nach unserem Ausflug zurück auf die Betrachtung deiner Tagesimpulse. Etwas steht noch aus: die Verantwortung. Sie paßt, wie alles andere, ebenso in das Bild. Sie gehört zur Evolution genauso wie die Unverantwortlichkeit zu den Verfallserscheinungen. Vor allem aber ist sie untrennbar mit der besprochenen Kommunikation verbunden, weil die Erfüllung dieser Sehnsucht unter anderem an die Voraussetzung geknüpft ist, daß der Mensch Verantwortung für sich selbst übernimmt. Du hast heute abend in einem anderen Zusammenhang darüber gelesen und dir deine Gedanken dazu gemacht.

„Das mit der Verantwortung geht mir schon seit langem durch den Sinn. Da liegt noch viel drin, spüre ich. Ich habe ja gerade erst die Oberfläche angekratzt."

Ist es nicht erstaunlich, daß sich so wenige Menschen die Frage nach der Eigenverantwortung stellen?

Für mein Licht war dieser Aspekt gewiß nicht erstaunlich. Es gab keine Frage, die im Lichte seines Bewußtseins keine Antwort fand. Also konnte dies nur ein Anstoß für mich sein, in diesen Komplex hineinzuschauen, der mir auf einmal eine Schlüsselrolle zu spielen schien. Es wäre vorschnell gewesen, das Vergnügen, die Trägheit, die Reizüberflutung, die Unwissenheit, das Desinteresse, die Ablenkung und vieles mehr als Begründung heranzuziehen. Das war nur ein ganz kleiner Teil der Wahrheit, und würde ich mich damit zufrieden geben, so würden andere sich ins Fäustchen lachen. Gefahr gebannt. Denn wieder einmal hätte einer zu früh mit dem Fragen aufgehört und sich nach den ersten, viel zu schnell gegebenen Antworten der dringend anstehenden Urlaubsplanung, einem oberflächlichen Fernsehprogramm oder den längst fälligen Renovierungsarbeiten zugewendet.

An welche anderen hatte ich gerade gedacht? Welche Kräfte waren da am Werk? Was spielte sich vor unser aller Augen ab? Es mußte doch einen Grund dafür geben, daß die von mir aufgezählten Einflüsse so massiv auftraten. *Wer* setzte sie in die Welt und *warum*?

Gehe noch einen Schritt.

Wer hätte ihnen Einhalt bieten können? Warum war die Barriere, welche die innere Verarmung hätte verhindern können, in den Herzen der Menschen nicht vorhanden? Wer hatte den Menschen die Liebe Gottes vorenthalten? Warum war das Ziel so ungenau und wenig attraktiv beschrieben, daß sich kaum einer ernsthaft auf den Weg machte? Warum gab es keine ernstzunehmende Gegenwehr?

Noch einen Schritt.

Warum konnte Blech als Gold verkauft werden?

Ich machte eine Pause.

Ist es nicht schön zu erleben, was eine kleine Frage auslösen kann? Du siehst, wie einfach es im Grunde ist. Und dies waren nur F r a g e n - und noch nicht einmal die Antworten! Dennoch bist du schon ein kleines Stückchen eingedrungen in den Dschungel, den wir gemeinsam lichten wollen.

Die Methode des Fragens-im-Rückwärtsgang, die ich dir vor kurzem vorschlug, war dies zwar noch nicht. Aber auch so wirst du vorankommen. Du wirst überrascht sein, daß die Antworten in vielen Fällen klar auf der Hand liegen. Und dann wirst du dich fragen, warum du sie nicht schon viel früher gesehen hast.

Es war etwas Herrliches, auf diese Weise miteinander umzugehen, und es war viel, was ich erfahren hatte. Gab es noch etwas?

Willst du deinen Tag zusammenfassen?

Ich konnte es versuchen. Mein Licht hatte mich auf Zusammenhänge aufmerksam gemacht, auf den Überbau, unter dem mir ein Aspekt besonders auffiel: die Frage nach dem *Woher?* und *Wohin?*.

„Ich glaube, der Tag sollte mir helfen, meine Sinne zu schärfen für einen zentralen Punkt: für das in Vergessenheit geratene Thema der Unvergänglichkeit“, sagte ich. „Wir sind nur dem äußeren Schein nach sterbliche Wesen. Unser Geist, der unser wahres Leben darstellt, ist unsterblich. Wir haben einen Ursprung, und wir haben ein Ziel. Wir sind von oben ausgegangen und unten angekommen. Wir werden das Unten wieder verlassen, um in das Oben wieder einzutreten. Mir diesen Kreislauf ins Bewußtsein zu rufen, der noch viele zu ergründende Tiefen hat, scheint mir der Sinn des vergangenen Tages zu sein."

Ich dachte kurz nach: „Ja, und weil es mit dem Wissen darum auch leichter fällt, Entscheidungen zu treffen ... wenn man möchte", fügte ich noch an, weil mir der freie Wille einfiel.

Anscheinend konnte man das so stehen lassen, denn die Antwort bestand in einem kurzen Aufleuchten, was ich als ermunternde Zustimmung deutete. In dem Moment fiel mir ein, daß ich auf meine Bitte „Erzähle mir mehr davon. Wie geht das vor sich?" zwar eine wunderbare Antwort erhalten hatte, die Frage „Wie war es bei mir?" aber noch offen war. Hatte mein Licht vergessen, darauf einzugehen? Sollte ich trotz der vorgerückten Stunde auf die Frage noch zurückkommen? Ich war natürlich an der Antwort stark interessiert, falls ich sie überhaupt erhalten würde. Doch langsam schlich sich auch das Gefühl ein, daß es im Moment reichen würde.

Ich habe nichts vergessen

Keine Ungehaltenheit, kein Vorwurf, keine Erklärung, einfach nur: „Ich habe nichts vergessen." Ob ich das jemals schaffen würde?

„Danke für deine Liebe, es war schön und reichlich diesmal. Ich bin froh, daß nicht alle Tage so vollgepackt sind."

Dir wurde viel gezeigt. Nun hast du Zeit und Gelegenheit, daraus etwas zu machen. Ich werde dir mit meinen Möglichkeiten dabei helfen. Nun aber werde ich gehen, obwohl ich bei dir bleibe.

Eine kleine Pause entstand.

Du benötigst also wirklich nichts mehr aus der himmlischen Trickkiste?

Mein Licht war unschlagbar. Ich winkte ab. „Danke."

Dann überließ es mich den weiteren Stunden der Nacht. Ich war nicht absolut sicher, was es mir noch in meinen Schlaf hinein sagte, aber es hörte sich an wie: *Viel Freude bei deiner alten Lehrerin.*

5.

Ich hatte mir angewöhnt, meine Mittagspausen auf Parkplätzen im Wald zu machen, sofern ich solche fand, und es das Wetter zuließ. Manchmal verband ich diese mittäglichen Unterbrechungen mit kleinen Spaziergängen, auf denen ich oft genug bei meinen Überlegungen ein Stück vorankam. Dazu trug sicher auch die Natur ihren Teil bei, und dann natürlich mein Licht, ohne dessen Hilfe ich kaum fähig gewesen wäre, zwei und zwei zusammenzuzählen. (Wie hatte es doch einmal in seiner unnachahmlichen Art gesagt? ... d*eine Vorstellung von Gott und der Größe Seiner Liebe entspricht - um es mit euren Worten auszudrücken - in etwa der Entwicklung eines Kindes im Vorschulalter, gemessen an seinen späteren Fähigkeiten ...)*

Heute war ein schöner Spätsommertag. Ich hatte eine knappe Stunde Zeit, fand einen Waldparkplatz und schließlich auch eine Bank im Schatten. Ich hätte es kaum idyllischer antreffen können: vor mir Wiesen und Felder, direkt hinter mir der Wald und zu meiner Linken das Murmeln eines Baches. Und dann diese Ruhe ...

Seitdem ich es erlebte, daß sich in einer solchen Atmosphäre wichtige Erkenntnisse auftun konnten, hatte ich immer etwas zu schreiben bei mir. So ging mir nichts mehr verloren.

Was hatte es mit der Methode des Fragens-im-Rückwärtsgang auf sich? Sollte ich mal einen Versuch machen? Welche Thematik sollte ich mir aussuchen? Ganz frisch waren noch die Eindrücke der letzten Nacht in mir, vor allem die Aussagen über das Innere Wort. Daß damit der Komplex erst angeschnitten war und es noch viel, viel mehr dazu zu sagen gab, war mir klar. Aber allein das wenige, was ich dazu erfahren hatte, reichte aus, um mich aufmerksam damit zu beschäftigen.

Ich begann, die ersten Worte zu notieren: *Inneres Wort.* Was war die Voraussetzung dafür?

„Klick", dachte ich, „da haben wir es doch", und schrieb *Voraussetzung*. Das war mit Rückwärtsschreiten beim Fragen gemeint: Was ging dem voraus, oder was *mußte* dem gar vorausgehen?

Die geistige Führung war unverkennbar, denn es ging auf einmal ganz schnell.

Davor mußte die *Anerkennung* erfolgen, daß so etwas überhaupt geschehen kann. Vor der Anerkennung mußte die *Führung* stehen, denn ohne Führung konnte keiner von sich aus bis zu diesem Punkt gelangen. Vor der Führung das *Vertrauen* in diese Führung, und vor dem Vertrauen die *Liebe* zu Gott. Die ehrliche Liebe zu Ihm bedingt aber ein *Ja,* überlegte ich. Ja sagen zu können zu Ihm setzt aber auch *Wissen* von und über Ihn voraus, das ein klar anzustrebendes Ziel vorgibt, auf das hinzuarbeiten Freude macht und Fortschritte bringt. Wissen wiederum wird nur angenommen, wenn es verständlich und nachvollziehbar angeboten wird und nicht abstrakt und schwammig ist. Und natürlich muß die *Bereitschaft* zur Annahme bestehen. Inwieweit diese geweckt werden kann, hängt stark von der *Art der Vermittlung und Aufklärung* ab, deren idealste Form das *Vorleben* des Liebegebotes im täglichen Leben darstellt.

Doch selbst dann, wenn alle diese Erfordernisse gegeben wären, würde das Wichtigste fehlen: die *Entscheidung* eines jeden einzelnen, diesen Weg zu gehen. Um sie zu treffen, bedarf es der Bedingung der *Motivation*, die ganz tief aus dem Herzen kommen muß. Und dort liegt, verborgen aber hochwirksam, als letzte Voraussetzung der *Liebekern*, der unzerstörbare Funke, unsere Göttlichkeit - gleichzeitig die erste Voraussetzung, um unser himmlisches Ziel überhaupt erreichen zu können.

Anders könnte es nicht sein. *Kann* es nicht sein, verbesserte ich mich. Denn ohne diesen Funken, dieses unauslöschliche Gottesfeuer in mir - in jedem - wäre es gar nicht möglich, die Flamme der Sehnsucht lodern zu lassen. Wo nichts ist, kann auch nichts vergrößert werden. Also mußte etwas da sein!

Ich hatte das Gefühl, in diesem Beispiel jetzt so weit zurückgegangen zu sein, wie es mir möglich war.

Wendete man nun auf das gleiche Beispiel den Umkehrschluß an und ginge Schritt für Schritt nach vorn, so sähe das Ergebnis so aus: Wenn ich weiß, daß Gott in mir lebt, dann muß ich am Ende meiner Überlegung zu der Überzeugung kommen, daß Er zu mir spricht. Und ich müßte auch die Voraussetzungen erkannt haben, die eine Kommunikation mit Ihm ermöglichen.

Gar nicht so schlecht für den Anfang.

Noch vor kurzem hätte ich mich umgedreht und geschaut, ob da einer was gesagt hätte. Jetzt passierte mir das nicht mehr; jetzt schloß ich für einen Moment die Augen, schickte Empfindungen der Liebe zu meinem unsichtbaren Begleiter und sagte: „Danke." Ohne ihn - das hatte ich schon seit langem eingesehen - hätte ich diese Gedanken nicht fassen können.

Der Nachmittag verlief ein wenig turbulent. Das hing mit einigen Mißverständnissen, berechtigter Kundenverärgerung (die sich aber aus der Welt schaffen ließen) und einem Unfall auf dem Nachhauseweg zusammen, in den ich beinahe verwickelt worden wäre. Wie schon des öfteren wurde mir bewußt, wie schmal doch der Grat zwischen einer trügerischen Sicherheit und einem unmittelbar darauffolgenden Chaos sein kann. Manchmal geht es nur um Sekunden oder um Millimeter, die den Unterschied zwischen Leben und Tod ausmachen, sinnierte ich. Sicherheit schien mir einmal mehr etwas überaus Fragwürdiges zu sein. Wirkliche Sicherheit gab es wohl nur in Gott. War das die „richtige" Sicherheit? Und was geschah und geschieht in den Fällen, wo Gottvertrauen dich nicht davor bewahrt, Fehler zu machen, einen Verlust zu erleiden und Not erdulden zu müssen?

Das, dachte ich, wäre gelegentlich eine Anfrage bei meinem Licht wert: die Sache mit der Führung und dem Vertrauen. Allerdings dämmerte mir sofort, daß ich womöglich die - für mich inzwischen klassische - Antwort erhalten würde: *Gebrauche deinen Verstand.* Da könnte ich ihn auch ebensogut sofort einsetzen, ohne erst zu fragen.

Doch dann war nicht mehr die Zeit dazu, der Verkehr wurde dichter, er erforderte meine volle Aufmerksamkeit. Pünktlich um 17.00 Uhr klingelte ich bei meiner ehemaligen Lehrerin Elisabeth Scheffler.

*

Unsere Begrüßung war herzlich wie immer, doch ich spürte bei ihr einen Hauch von Erschöpfung. Sie hatte, solange ich sie kannte, diesen aufrechten Gang. Das weiße Haar war zurückgekämmt und bildete einen anziehenden Kontrast zu ihrer noch immer frischen Hautfarbe. Ihre Augen blickten genauso wach und forschend wie eh und je, und doch lag in ihnen etwas, das ich nicht einordnen konnte. Schweiften sie in weite Fernen? Oder schauten sie nach innen? Sahen sie mehr als ich und andere?

„Ferdinand, guck nicht so, setz dich."

Sie bot mir einen Sessel an, während sie sich selbst auf das Sofa setzte. Ich merkte, daß sie sich dabei abstützen mußte; es ging nicht mehr so leicht wie noch vor Wochen. Wie alt war sie wohl? Ich überschlug schnell die Jahre und schätzte dann ihr Alter auf knapp 80.

Wir unterhielten uns kurz über die letzen drei Wochen, sprachen über ein paar Geschehnisse in der Stadt und ein bißchen über die Weltlage. Schließlich sagte sie:

„Ich muß etwas mit dir besprechen. Das hast du dir sicher auf Grund meines Anrufes auch schon gedacht."

Sie blickte mich dabei für einen Moment prüfend an, so als ob sie überlegen müßte, ob sie weitersprechen sollte oder nicht. Aber sie hatte sich natürlich längst schon entschieden, mir das zu sagen, was sie sich vorgenommen hatte. Dafür kannte ich sie viel zu gut.

Sie war für mich immer noch so etwas wie eine Art Respektsperson. Beinahe mußte ich grinsen, als ich das dachte. Ich und Respekt! Ein bißchen mehr hätte mir sicher nicht geschadet. Ich hatte meine eigene Auslegung. Das Wort „Achtung" schien mir in fast allen Fällen viel eher angebracht, und zwar nicht nur vor jenen Menschen, die dies offensichtlich verdienten, sondern vor jedem. Sogar vor Tieren und Pflanzen (wie konnte man vor einer uralten Eiche oder einem Pferd mit edlem Charakter keine Achtung haben?).

„Aber gib zu, daß du noch übst", wandte mein Gewissen ein.

„Das weiß ich selbst", antwortete ich und hörte meiner alten Lehrerin wieder zu.

„Wenn du noch so gut im Rechnen bist wie früher, dann weißt du, daß ich 81 Jahre alt bin. Und das ist ein Alter, in dem man anfängt, sich so seine Gedanken zu machen."

Das war die größte Untertreibung, die ich je gehört hatte. Elisabeth Scheffler gehörte gewiß zu denen, die nicht erst aufgefordert werden mußten, ihren Kopf zu benutzen. Das hatte sie mir in vielen Fällen gezeigt, in denen sie mir an Erkenntnis und Weisheit um Längen voraus war.

Ich meinte, einen vorsichtigen Einspruch erheben zu müssen, doch sie unterbrach mich.

„Ich weiß, daß ich noch gesund aussehe und mich auch noch so fühle, von Kleinigkeiten abgesehen, die mich aber nicht stören. Doch mich beschäftigt etwas."

Für einen Moment nahm ihr Blick wieder jenen Ausdruck an, der mir schon bei unserer Begrüßung aufgefallen war.

„Du weißt, daß ich weder Angst vor dem Sterben noch vor dem Tod habe." Überflüssigerweise nickte ich. „Deshalb fällt es mir auch nicht schwer, an diesen Zeitpunkt zu denken; und nicht nur zu denken, sondern mich mit ihm vertraut zu machen."

Ich zog im stillen meinen Hut vor ihr. Natürlich wußte ich von Menschen, die zusammen mit einem Bestattungsinstitut ihre Beerdigungsfeier festlegten, die im Vorhinein den Grabstein aussuchten und Geld an die Seite legten. Doch was meine geschätzte Lehrerin da vorhatte, war etwas anderes. Das spürte ich. Nur: Was hatte ich damit zu tun? Dann kam's.

„Ich möchte mit dir über mein Begräbnis reden."

Ich muß ziemlich perplex geschaut haben, weil sie meinte:

„Du mußt keine Angst haben! Es ist doch *meine* Beerdigung und nicht deine!"

Dann fiel ihr auf, daß wir noch immer ohne Kaffee da saßen. „Heute bin ich eine schlechte Gastgeberin, entschuldige. Magst du welchen? Dann wird uns Maria einen bringen." Ich nahm das Angebot dankend an und kurze Zeit darauf kam ihre Tochter Maria aus der Küche und schenkte uns den Kaffee ein.

Maria Gollberg war einige Jahre jünger und etwa einen halben Kopf kleiner als ich, schlank und dunkelhaarig. In ihren grünen Augen war manchmal jenes Funkeln, das mir an einem Menschen so gefällt, der auch einmal über sich selbst lachen kann und mit sich im reinen ist.

Mir hatte schon immer ihre freie, unkomplizierte und ungekünstelte Art gefallen, mit der sie auftrat. Wenn ich mich recht erinnerte, war sie halbtags in einer städtischen Bücherei tätig und seit einigen Jahren geschieden. Wir kannten uns schon lange, nicht näher, aber doch so, daß wir uns immer angeregt unterhielten und auch Spaß miteinander hatten, wenn wir uns gelegentlich bei ihrer Mutter trafen. Sie wohnte etwa 20 km von hier entfernt und kam in der letzten Zeit des öfteren vorbei. Aus den Besuchen, die früher mehr den Charakter von Geplauder und Erholung hatten, war zwar noch kein regelmäßiges Betreuen geworden, doch nahm sie ihrer Mutter anscheinend so nach und nach die schweren und zeitaufwendigen Arbeiten ab.

Maria und ich wechselten ein paar Worte miteinander, dann verschwand sie wieder in der Küche, wohl um unser Gespräch nicht zu stören.

Elisabeth nahm den Faden wieder auf.

„Du hattest für einen Moment so verdattert geschaut, daß ich glaubte, du hättest mich falsch verstanden. Es geht um *meine* Beerdigung und darum, daß ich mir wünsche, daß du die Rede hältst, damit die Trauerfeier nicht gar so traurig wird."

Mit nichts hätte sie mich mehr überraschen können. Ich spürte, wie in mir alles auf Abwehr ging. Ich, aus der Kirche ausgetreten und in puncto Jenseitsverkündigung ein völlig unbeschriebenes Blatt, sollte vor womöglich mehreren hundert Trauergästen die Abschiedsworte sprechen? „Alles, Frau Lehrerin", dachte ich, „darfst du verlangen, nur so etwas nicht."

Kaum hatte ich zu einer Antwort angesetzt und „Liebe Frau Scheffler" gesagt, da wurde ich unterbrochen.

„Ferdinand, was bist du für ein eigensinniger Mensch." Sie hob kurz die Hand, um sie dann mit einer Geste, die wohl „was soll ich da noch machen" ausdrücken sollte, beinahe ratlos wieder fallenzulassen. „Du hast nun zum wiederholten Male 'Frau Scheffler' zu mir gesagt. Fällt es dir so schwer, zu einer alten Dame, die dich mag, 'Elisabeth' zu sagen?"

Sie hatte recht. Ich hatte wieder die Anrede benutzt, mit der ich sie fast 50 Jahre lang angesprochen hatte. Bei meinem letzten Besuch hatte sie mich gefragt, ob ich mich für ein Kind Gottes hielte? Ja, hatte ich gesagt. Und ob ich glaubte, daß sie auch eines wäre? Wieder ein Ja. Und warum diese beiden Kinder zu ihrem Vater „du“ sagen würden, zueinander aber „Sie“? Da war ich ziemlich sprachlos, obwohl ich wußte, daß sie für Überraschungen immer gut war. Ich hatte mich über ihr „du“ gefreut, wenngleich ich es als völlig in Ordnung angesehen hätte, wenn jeder bei seiner Anrede geblieben wäre. „Es stimmt“, dachte ich, „wir sind Freunde geworden. Da spielt das Alter keine Rolle mehr.“ Doch ich mußte mich erst daran gewöhnen.

„Entschuldige“, erwiderte ich, „das ist noch so neu für mich.“

„Ist es das wirklich? Habt ihr nicht schon als Kinder hinter meinem Rücken ‘Lisbeth’ gesagt und gemeint, ich würde das nicht hören? Hast nicht sogar du einmal, im Alter von stolzen zehn Jahren, nach einer dir ungerecht erscheinenden Korrektur einer Arbeit deinem Banknachbarn zugeflüstert: ‘Ich glaub’, der Lisbeth brennt der Kittel’?“

Daran konnte ich mich zwar nicht erinnern, doch jetzt mußte ich lachen. Wenn sie es sagte, würde es wohl stimmen. Zuzutrauen wäre es mir gewesen.

Sie kam auf ihr Anliegen zurück.

„Wenn ich mir vorstelle, wie bei meinem Begräbnis alle in ihrer pechschwarzen Kleidung dasitzen, mit ihren Trauermienen und gesenkten Häuptern ... Wie viele von den Trauernden werden wohl wirklich verstehen, was da vor sich geht? Nein.“ Sie schüttelte den Kopf. „Und dann soll ich mir auch noch eine Rede anhören, mit der ich schon zu Lebzeiten nicht einverstanden gewesen wäre, geschweige denn, wenn ich drüben bin und es besser weiß!? Nein.“

Das war meine geschätzte Lehrerin und Freundin. Aber so sehr ich sie bewunderte für ihre Einstellung und Haltung, so sehr wünschte ich mir jetzt, da ich persönlich gefordert war, daß sie sich in Sachen Beerdigung doch mehr wie ein ganz „normaler“ Mensch verhalten würde. Doch der Wunsch würde mir wohl nicht erfüllt werden.

„Ich habe mir das sehr genau überlegt“, fuhr sie fort. „Ich weiß um das Getuschel und die Gerüchte, die vermutlich entstehen werden. Genauso aber weiß ich auch, daß du derjenige bist, der in der Lage ist, mich in meinem Sinne 'unter die Erde zu bringen'." Sie machte eine kleine Pause und sah mich bittend an. „Und ich wünsche mir, daß du das für mich tust."

Sie ließ mir Zeit. Ich legte mir meine Antwort zurecht.

„Mir fehlt einfach das Vorstellungsvermögen, wie so etwas ablaufen soll. Wie stellst du dir das vor? Ich sehe mich schon im Geiste vorne in der Trauerhalle neben deinem Sarg stehen, von vielen Anwesenden verständnislos, vielleicht sogar ablehnend angeschaut - dann fange ich an, ein Loblied auf die Liebe Gottes und seine Tochter Elisabeth zu singen."

„Ferdinand ..."

„Verzeih, das habe ich nicht wörtlich gemeint. Nein [jetzt war ich mit meinem Nein an der Reihe], ich bin nicht der Geeignete dafür. Und außerdem - wo hat man so etwas schon mal gehört oder gesehen: ein ehemaliger Kirchenangehöriger als Ersatz für einen richtigen Pfarrer!"

Mir fiel ein, daß ihr Sohn Volker Mitglied im Kirchengemeinderat einer Pfarrei irgendwo in einem nördlichen Stadtbezirk war. „Wäre das nicht eher was für deinen Sohn Volker? Und überhaupt", das kam mir jetzt erst, „was würden deine Kinder dazu sagen? Vor allem aber dein Volker, dem dies ganz bestimmt nicht recht wäre?"

„Waren das alle deine Argumente? Dann will ich dir etwas sagen. Sicher wird Volker etwas dagegen haben, aber ich bin ein Mensch, der selbst und frei entscheidet. Maria wird es verstehen, sie wird dich sogar unterstützen. Du bist außer ihr der einzige Mensch, mit dem mich so etwas wie eine Seelenverwandtschaft verbindet. Freunde und Bekannte habe ich genug, aber verabschieden kann mich keiner von denen. Bei dir aber habe ich in den letzten Jahren gespürt, daß in dir etwas lebt, daß *du lebst*. In dir brennt das gleiche Feuer wie in mir. Haben wir uns nicht manchmal über Dinge unterhalten, die anderen keine Minute ihrer Zeit wert gewesen wären? Hast nicht *du* mir von deiner Sehnsucht und Liebe erzählt? Und jetzt willst du einen Rückzieher machen? Stimmt denn das alles nicht mehr?"

Jetzt hatte sie mich, und sie wußte es. Ich spürte, wie eine innere Bewegung meine Augen feucht werden ließ (hoffentlich merkte sie nichts!), und mein Widerstand mehr und mehr nachließ. Schließlich gab ich auf.

„Was soll ich denn an deinem Grab sagen ...?“

Sie lächelte, und gleichzeitig blitzten ihre Augen. „Ferdinand Frei, wenn du das nicht weißt, dann waren mein Bemühen als deine Lehrerin und unsere langen Gespräche umsonst.“

Wie hatte doch mein Licht gesagt, sofern ich das richtig verstanden hatte? *Viel Freude bei deiner alten Lehrerin ...*

*

Wir vereinbarten noch, daß sie ihren Wunsch schriftlich niederlegen sollte. Es war damit zu rechnen, daß ihr Sohn Volker und möglicherweise auch andere Verwandte den Versuch unternehmen würden, eine Beerdigung durch mich zu verhindern. Zwei Tage später bekam ich die Kopie ihrer Willenserklärung.

Nach einem Abendessen in meinem italienischen Lieblingsrestaurant in der Nähe meiner Wohnung (nur die Pizza dort war nicht ganz so gut wie die, die ich ab und zu meinen Freunden auftischte) entschloß ich mich noch zu einem kleinen Spaziergang durch den nahe gelegenen Park. Hier hatte die Begegnung mit „Willi, dem Penner“ dazu gedient, daß mir eine Lektion in Sachen Einfühlungsvermögen erteilt werden konnte. Meine Gedanken gingen zurück zu dem Gespräch mit Elisabeth, von der ich mich bald verabschiedete, nachdem ich ihr meine Zusage gegeben hatte.

Mein Ja war ein freiwilliges; etwas anderes wäre bei mir kaum in Frage gekommen. Ich wollte ihr diesen letzten Liebesdienst tun, weil es ihr Herzenswunsch war. Und ich würde ihn gerne erfüllen, wenn es soweit war, trotz all meiner vorgebrachten Bedenken. „Wer weiß, wann es dazu kommt“, sagte ich mir, „und ob überhaupt. Schließlich bin ich auch nicht mehr der Jüngste.“

Daß sie keinen traurigen Abschied haben wollte, hatte mich nicht sehr überrascht. (Ich mußte ihr übrigens versprechen, keinen schwarzen Anzug zu tragen. Ein grauer, noch besser ein hellgrauer, wären ihr am liebsten.) Den meisten Verstorbenen wäre es sicher egal gewesen, ob und wie niederdrückend und leidgeprägt ihre Bestattungsfeierlichkeiten abgehalten würden. Ich hatte mir über meine eigene Beerdigung noch wenig Gedanken gemacht. Jetzt, nachdem mein Licht da war, und ich in den zurückliegenden Wochen so vieles über das Leben nach dem Tod erfahren hatte, schien es mir erst recht nicht mehr wichtig zu sein. Aber vielleicht war das ein Fehler. Vielleicht sollte ich doch vorbeugen, schon im Hinblick auf Anne, die dann ganz sicher ein wenig hilflos sein würde. Ich wußte auch schon, wen ich bitten würde, meine Abschiedsrede zu halten: meinen Freund Peter. Für mich stand außer Zweifel, daß er zusagen würde, und zwar ohne sich zu drehen und zu wenden, wie ich es bei Elisabeth getan hatte.

„Schäm' dich ein wenig, Ferdinand", sagte ich.

Der Abend war lau, und es war noch nicht sehr spät. Da mir noch etwas durch den Kopf ging, und ich in der freien Natur mit meinen Gedanken ganz gut zurechtkam, entschied ich mich, meinen Spaziergang fortzusetzen. Er war inzwischen zu einem großen Rundgang geworden.

Es ging noch einmal um das von Elisabeth empfundene und angesprochene Bedrücktsein auf einer Trauerfeier, um die unbefriedigenden Antworten und um die wenig erklärenden Ausführungen, obwohl in den Danksagungen immer von „trostreichen Worten von ..." zu lesen war. Wurden die Hinterbliebenen wirklich mit hoffnungsvollen Aussichten aufgerichtet, die ihnen Mut machten und sie darin bestärkten, sich auch selbst mit Freude auf dieses Ereignis vorzubereiten?

„Jetzt übertreib' nicht", dachte ich, „'Freude' ist da wohl nicht das richtige Wort. Vielleicht 'Zuversicht'?

Gut, Zuversicht. Aber wo fand sich denn wirkliche Zuversicht? Wo wurde denn das Gefühl vermittelt, daß es eine Freude sein kann, mit der Führung Gottes auf Erden zu leben? Daß aber noch ganz andere, mit nichts zu vergleichende Aussichten im Jenseits auf uns warten? Richtig: Warten! Sie *warten* auf uns, doch erst wenn wir uns ihnen nähern, erschließen sie sich uns nach und nach; bis sich uns auch der Himmel erschließt, weil wir ihn in uns erschlossen haben. Womit schon im Diesseits begonnen werden sollte - denn dafür sind wir schließlich hier.

Ich konnte die Flut der Überlegungen kaum bremsen. Gleichzeitig verspürte ich die Gefahr, in das alte Fahrwasser meines Hochmuts zu geraten. Ich dachte an den Geist der Liebe und Toleranz in mir und wurde wieder ruhiger.

Es ging ja nicht darum, die berechtigte Traurigkeit über den Verlust eines geliebten Menschen in Abrede zu stellen. Nein, was ich meinte, war etwas anderes. Mir kam plötzlich die Kraftlosigkeit der verschiedenen christlichen Kirchen und Gruppierungen in diesem Punkt ins Bewußtsein. Sie brachten den Suchenden und Fragenden keinen wirklichen Trost, keine Ermutigung, keinen Ansporn. Sie verstärkten in vielen noch die Hilflosigkeit und den Fatalismus, die doch mit Hilfe des christlichen Glaubens überwunden werden sollten. Wie konnte das auch anders sein, wenn Gleiches wiederum Gleiches gebiert. Die meisten würden dies, darauf angesprochen, jedoch weit von sich weisen - und dennoch an der Gerechtigkeit Gottes zweifeln.

Die unterschiedlichen, abstrakt dargestellten und deshalb von fast allen nicht verstandenen Perspektiven eines jenseitigen Lebens und eines jenseitigen Zieles waren wenig geeignet, mutig und voller Vertrauen auf den *Einen* voranzuschreiten, an den sie doch glaubten. Waren nicht oft Unwissenheit und Angst die Wurzel für die fehlende Freudlosigkeit? Verbarg man sie nicht selten vor sich selbst mit der Aussage: „Wieso, ich glaube doch an Gott“? Und gingen nicht Freudlosigkeit und Unfreiheit Hand in Hand? Was war übrig geblieben von Luthers *Freiheit eines Christenmenschen*?

Ich müßte mich gelegentlich noch mehr mit dieser Frage befassen, denn hier schien ein wichtiger Schlüssel zu liegen: Das Christentum war unattraktiv geworden! Andere Religionen und Ideologien drängten auf den Plan, die die Schwäche des zeitgenössischen Christentums erkannt hatten: den fehlenden Magnetismus. Östliche Weltanschauungen waren auf dem Vormarsch, Selbstverwirklichung und -erlösung wurden angeboten, Wiederverkörperungslehren - wenn auch nicht korrekt, so doch zufriedenstellender als das Schulterzucken unserer Theologen - wurden anerkannt, östliche Meister und Gurus hatten regen Zulauf zu ihren Meditationskursen, Buddha-Armbänder als Hilfe zur inneren Harmonisierung waren der letzte Renner und wurden einer Hinwendung zum innewohnenden Christusgeist vorgezogen und, und, und ...

„Merkt denn niemand mehr, was da passiert?“ rief ich in Gedanken. „Ihr habt das Leben und die Lehre Jesu beschnitten, verdreht und zu einer Sonntagspflicht werden lassen, so daß sie sich heute kaum noch attraktiv darstellt! So mancher Theologe ist nicht einmal mehr davon überzeugt, daß sie sich in ihrer Konsequenz überhaupt leben läßt.“ Dabei mußte ich an das Gebot der Feindesliebe denken. „Ist es da ein Wunder, wenn die Leute massenweise ihr Heil zuerst in der Flucht und dann bei anderen Religionen suchen?“ Gerade dazu hatte ich vor wenigen Tagen etwas gelesen.[1)]

Du hast einen wichtigen Punkt erkannt, mein Freund. Nun versuche, bei aller Richtigkeit deiner Überlegungen wieder in deine Mitte zu finden. Die Gefahr des Verurteilens besteht immer, auch und gerade dann, wenn man die Wahrheit erkannt hat. Der „Heilige Zorn“ ist das Vorrecht des einzig und ewig Heiligen - wobei ich dir zugestehe, daß bis zum Zorn bei dir noch ein wenig gefehlt hat. Doch du weißt ja: Man kann den Anfängen nicht früh genug wehren.

Ich atmete tief durch, sagte „danke, mein Bruder, daß du mich daran erinnerst“ und beschloß, nach Hause zu gehen. Inzwischen war es auch fast dunkel geworden. Ein Satz kam mir noch einmal in den Sinn: „Merkt denn niemand mehr, was da passiert?“

Zu Hause fand ich die Antwort. Doch, das steigende Desinteresse war bemerkt worden! Die Schlüsse jedoch, die man daraus zog, wiesen nicht auf eine tiefe Einsicht hin. Sie schienen mir eher der Gegenseite in die Hände zu spielen.

Ein kleiner Zeitungsartikel[2)] mit der Überschrift „Umfrage der Landeskirche: Musikvideos im Gottesdienst sind jugendgemäß“ zeigte sowohl die Tendenz als auch die Misere auf:

---

1) „Wir können das Rad nicht mehr zurückdrehen und das Interesse an östlichen spirituellen Schulungswegen auslöschen, warum auch? Der Pazifismus des Buddhismus und die Toleranz des Hinduismus haben viele westliche Menschen anders und vor allem großzügiger und weniger materialistisch denken gelehrt.“ Dr. Rosina Sonnenschmidt, „Das große Praxisbuch der englischen Psychometrie und der Atemenergetik“, Ehlers-Verlag, 1999

2) Heilbronner Stimme vom 4. 9. 2000

Mehr als jeder zweite evangelische Jugendliche in Württemberg wünscht sich den Einsatz von Videoclips im Gottesdienst. Dies ergab eine Umfrage der Landeskirche. 58 Prozent der 1000 gefragten Jugendlichen plädierten für Musikvideos zur Auflockerung der Liturgie. Fast zwei Drittel gaben an, daß die Gottesdienste von einer Band begleitet werden sollten. Ein Drittel will dabei auch tanzen können ... Die meisten wünschen sich unter anderem eine kürzere Predigt: Nur 13 Prozent der Befragten sind bereit, dem Pfarrer 15 Minuten lang zuzuhören. Nach Angaben der Landeskirche kommt die Umfrage insgesamt zu folgendem Schluß: „Der traditionelle Gottesdienst sei unüberbrückbar weit von einem jugendgemäßen Gottesdienst entfernt".

Schien es nur eine Lösung zu geben: den *Rahmen* anziehender zu gestalten? Ob wohl einer auf die Idee käme, den *Inhalt* zu verändern? Oder richtigerweise den veränderten Inhalt wieder ins Lot zu bringen?

6.

Am Samstag abend war ich bei Peter und seiner Frau Katharina zum Essen eingeladen. Dazu fühlte sich Katharina ab und zu verpflichtet, weil sie anscheinend glaubte, ohne ihre gute Küche bestände bei mir die Gefahr, „vom Fleisch zu fallen". Ich ließ sie gerne gewähren; beide waren mir sehr ans Herz gewachsen.

Später setzten wir Männer uns in eine Ecke des Wohnzimmers, nachdem Peter ein Schachspiel aufgebaut hatte. Katharina holte einen Stapel Kataloge und Prospekte her, die sie sich von verschiedenen Reisebüros besorgt hatte, um eine Vorauswahl für den Winterurlaub zu treffen. Peter hatte eine Flasche Wein geöffnet und schenkte uns dreien ein; uns ging es gut.

Schon nach den ersten Zügen merkte ich, daß ich nicht richtig bei der Sache war. Mir unterliefen Fehler, Peter nutzte sie freundschaftlich aus. Nach weniger als einer halben Stunde hatte mein König so gut wie keine Chance mehr.

„Gibst du auf?"

„Aber nur, wenn du mir eine Revanche gibst."

Die zweite Partie lief nicht besser für mich. Das konnte auch nicht anders sein, bei all den nicht zum Spiel gehörenden Gedanken, die sich gegen mein Bemühen immer wieder ins Bewußtsein drängten. Schach spielen kann eine wunderbare Entspannung, wenn erforderlich auch Ablenkung sein, sofern man es schafft, sich auf das Spiel zu konzentrieren. Gelingt einem dies nicht, sollte man lieber gleich zur Tagesordnung übergehen. Schließlich nahm Peter fast liebevoll meinen weißen König in die Hand und streichelte ihn.

„Armer Kerl, was hast du denn heute für einen Feldherrn? Trägt die Verantwortung für dich und die ganze Armee, kümmert sich nicht richtig um euch und läßt sich das ganze Spiel aus der Hand nehmen."

Er schaute mich an, den Schalk im Nacken.

„Komm, wir tun ihn in die Kiste und die anderen auch. Das gibt nichts mehr. Du hast ja deine Gedanken ganz irgendwo anders."

Peter ahnte mit Sicherheit schon, daß es etwas mit meinem Licht zu tun hatte. Er wußte aber auch, daß er im Beisein von Katharina nicht mit mir darüber sprechen konnte. Meine Unkonzentriertheit hing natürlich mit dem letzten nächtlichen Erscheinen zusammen. Doch auch die Eindrücke des Gesprächs mit Elisabeth waren überraschenderweise noch ganz frisch, obwohl das schon ein paar Tage her war. Außerdem hatte ich das unbestimmte Empfinden, daß es ihr nicht gut ging. Ich nahm mir vor, morgen früh ihre Tochter anzurufen.

„Du hast recht. Es gibt da etwas, das mich beschäftigt. Es sind keine Sorgen, es bedrückt mich auch nichts, aber es ist doch allerhand passiert."

Und dann erzählte ich ihm von meinem Nachmittag bei Elisabeth Scheffler, von ihrem Wunsch und meiner Unsicherheit, die trotz meiner Zusage noch vorhanden war. Was dann kam, war ganz typisch für Peter - sachlich, realistisch, schnell.

„Das finde ich eine gute Idee, so gut, daß ich sie sofort aufgreife. Machst du das gleiche bei mir?"

Ich fiel aus allen Wolken. Was war denn auf einmal los? Wenn alles etwas zu sagen hat, was auf einen zukommt, mußte auch da etwas dran sein.

„Vielleicht sollte ich ein Bestattungsunternehmen aufmachen", sagte ich. „Ich muß mir nur noch die ernste Miene zulegen und dann natürlich auch einen schwarzen Anzug."

Ich tat für einen Moment so, also müßte ich über seine Bitte nachdenken. „Also gut, ich mach's, wenn du es auch für mich tust."

Wir hoben unsere Gläser und stießen darauf an. Ich hätte es auch ohne seine Gegenleistung getan, das wußte er. Doch so etwas gehörte bei uns einfach dazu.

„Abgemacht. Nur weiß ich nicht genau, wie das gehen soll."

„Wieso? Das ist doch ganz einfach. Ich beerdige dich, und du beerdigst mich. Wer zuletzt stirbt, hat gewonnen. "

Wir lachten beide. Katharina ließ sich aus ihrer Ecke vernehmen. „Ihr seid richtige Kindsköpfe, zwar liebenswert, aber das ändert nichts daran, daß man mit so einem Thema respektvoller umgeht." Sie schaute uns über ihre Brille hinweg an und mußte trotz der Strenge ihrer Worte selbst lachen.

Diese kleine Blödelei hatte mir gutgetan; da hatte sich ein bißchen was gelöst. Wir kamen dann noch einmal ernsthaft auf die Sache zurück und bestätigten uns beide unsere Versprechen. Sollte Elisabeth vor mir sterben, was anzunehmen war, so würde Peter mit zur Beerdigung gehen. Er hatte sie auch gekannt und würde sich bei der Gelegenheit einen Eindruck verschaffen, „ ... wie du mit deinem großen Herzen das machst." Das war ihm Ernst.

Katharina hatte die Fernsehzeitung in die Hand genommen. Sie suchte nach einer bestimmten Sendung.

„Da steht es ja! 'Schwarzwald, wie bist du so schön'." Sie wandte sich uns zu.

„Macht es euch etwas aus, ins Eßzimmer zu gehen? Dann könnte ich mir in Ruhe einen Film über meine alte Heimat anschauen."

Sie ahnte gar nicht, wie gelegen mir das kam. Ich nahm die Gläser, Peter den Wein; Katharina hatte von ihrem Glas kaum etwas getrunken. Wir begaben uns ins Nebenzimmer.

„Du hast vorhin beim Schach spielen im Scherz das Wort 'Verantwortung' gebraucht", begann ich. „Es paßt genau in das hinein, was mich seit meinem letzten Gespräch mit dem Licht beschäftigt. Ausgangspunkt war der Begriff 'Evolution'. Ich wurde an den großen Bogen erinnert, der mir in früheren Belehrungen schon mehrmals aufgezeigt worden war: die Spanne vom *Woher?* über das *Warum?* hin zum *Wohin?*. Eigentlich ist es mehr ein Kreislauf ..."

Ich unterbrach mich, weil mir ein Gedicht einfiel, das mich stark beeindruckt hatte. „Nimm dir, geliebtes Kind, für Mich ein wenig Zeit" [1], so fing es an, und die vier Strophen, die den Kreislauf schilderten, hatte ich parat.

„Hör dir das an, Peter, es paßt wunderbar dazu." Ich begann, aus dem Gedächtnis zu zitieren:

„Denn du bist Geist, seit eh geschaut durch Meine Macht,
aus dieser einen Quelle, die das Leben ist.
Dann gingst du, und der Schattenwelten dunkle Nacht
umringte dich und höhnte: Weißt du, wer du bist?

---

[1] aus „Verlasse dich auf deines Herzens leisen Klang", Hans Dienstknecht, 1998

Du gabst dich hin - und das Vergessen fing dich ein.
Was bist du? Menschenwerk? Des blinden Schicksals Streich?
Was soll, das du in deinem Spiegel siehst, denn sein?
Geschöpf der Erde und doch Himmelskind zugleich?

Du bist und bleibst Mein Kind, ganz gleich, was man dir sagt,
und Ich verliere nicht, was Meine Liebe schuf.
Ich warte. Und wenn deine Seele weint und klagt,
weil sie geknebelt ist, dann höre Ich den Ruf.

Der Anfang ist dem Ende gleich und Ursprung Ziel,
und keine Zeit bedrängt das Werden und Vergeh'n.
Du kommst, du gehst, du kommst - wie der Gezeiten Spiel;
doch dann erwachst du und beginnst, Mich zu versteh'n."

Für einen Augenblick schwiegen wir. Dann wiederholte Peter: „'Der Anfang ist dem Ende gleich und Ursprung Ziel, und keine Zeit bedrängt das Werden und Vergeh'n'. So habe ich es früher schon empfunden, und durch dich habe ich's erfahren."

„Nicht durch mich, ich war und bin nur der Büttel auf dem Marktplatz. Die Texte macht ein anderer. Dieser andere hat mich auch die Frage nach einer seelischen Evolution oder etwas Ähnlichem stellen lassen."

Dann erzählte ich ihm kurz von meinem Durchblättern der wissenschaftlichen Zeitung „Universum".

„Was mich seitdem beschäftigt ist die Frage, warum alle möglichen Formen von Evolution angenommen oder erkannt werden bzw. worden sind, sich jedoch keiner darüber Gedanken macht, ob nicht auch die Seele möglicherweise einer Evolution unterliegt. Denn, wenn *alles* sich entwickelt, ist auch ein fortwährendes Wachstum der Seele nicht nur möglich, nicht nur wahrscheinlich; es müßte im Schöpfungsplan festgeschrieben sein."

„Wir könnten auch Bewußtsein sagen oder Reife oder innere Größe oder Erkenntnis. All das drückt das Nicht-Materielle aus, das, was den Menschen vom Tier unterscheidet", ergänzte er. „Wir können davon ausgehen, daß es im Schöpfungsplan vorgesehen sein *muß.* Das steht für mich außer Zweifel. Gott gibt keine Entwicklung für den Kosmos, den Menschen, die Tier- und Pflanzenwelt vor, ohne an das Wichtigste zu denken. Und das Wichtigste ist Ihm bestimmt das Vorwärtskommen, die Höherentwicklung Seiner Erdenkinder." Peter hielt kurz inne.

„Es *muß* so sein", wiederholte er, „denn Gott macht keine halben Sachen."

Es machte mir immer wieder Freude, mit ihm Gespräche dieser oder ähnlicher Art zu führen. Er gehörte zu jenen Menschen, denen man einen Sachverhalt nicht zusätzlich noch von dieser und jener Seite aus beleuchten mußte, bis er mit Mühe und Not akzeptiert wurde. Im Gegenteil. Er erkannte manchmal das Bild schon, obwohl erst wenige Mosaiksteinchen vor ihm lagen. Vor ein paar Tagen hatte ich das alles noch mit einem Fragezeichen versehen, jetzt lag die Antwort vor uns. Oder wenigstens ein Teil davon. Mit himmlischer Hilfe, nahm ich an. Also kein Schulterklopfen.

„Wenn dem aber so ist", nahm ich den Faden wieder auf, „dann taucht die große Frage auf: Warum wird das Geistige im Menschen nicht mehr gefordert? Warum wird es nicht entwickelt? Wird überhaupt die Möglichkeit in Betracht gezogen, daß ein fast unbegrenztes Potential im seelisch-geistigen Bereich des Menschen liegen könnte? Überall werden Riesenfortschritte gemacht - ich brauche dir nicht zu sagen, auf welchen Gebieten -, nur der Mensch bleibt klein, unwissend, unerschlossen. - Oder wird er bewußt so gehalten?" fragte ich, einer plötzlichen Eingebung folgend.

„Laß uns mal folgendes überlegen." Peter nahm einen kleinen Schluck. „Wenn - halt, nicht wenn, sondern weil es so ist, daß nur im Äußeren Fortschritte angestrebt werden, die inneren aber nicht gefördert, im schlimmsten Fall sogar unterdrückt werden, stellt sich die Frage: Wer hätte die Entwicklung darstellen oder aufzeichnen können oder müssen? Wer wäre überhaupt imstande gewesen, sie den Menschen nahezubringen, sie ihnen als ein leuchtendes Ziel vor Augen zu stellen?"

„Es hat den gegeben, nach dem du fragst: Jesus von Nazareth, in dem die Liebe Gottes inkarniert war."

„Sicher, aber dann?"

„Dann wurde, nach etwa 200 - 300 Jahren blühender, innerer Religiosität der Mantel der Erstarrung und Seelenblindheit darüber gedeckt und die Form wurde wichtiger als ihr Inhalt."

„Und heute wird ausgelacht und als falscher Prophet verschrien, wer daran erinnert, daß unter dem Mantel ungeahnte Kräfte schlummern, die darauf warten, geweckt und befreit zu werden. Dabei werden gerade sie am dringendsten benötigt, weil sie kaum noch anzutreffen sind - Liebe, Weisheit und Treue", beendete Peter diesen Gedankengang.

Wir saßen eine Weile nachdenklich da, gemeinsam schweigend, wie schon so oft. Ich malte mit meinem rechten Zeigefinger ein unsichtbares Muster auf die Tischdecke und brach dann das Schweigen als erster.

„Wer was versäumt und später verhindert hat und auch jetzt nicht mehr in der Lage ist, eine grundlegende Wende herbeizuführen, liegt auf der Hand." Bevor ich weitersprach, überlegte ich kurz, ob ich mich in den Gefahrenbereich der Verurteilung begab, konnte dies aber nicht feststellen. Es war gewiß nicht verboten, „Blech und Gold unterscheiden zu dürfen", wie ich es meinem Licht gegenüber sinngemäß ausgedrückt hatte. Im Gegenteil: Wer nicht in die Falle gehen wollte, mußte sich ein wachsames Auge und Empfinden bewahren. Oder er mußte versuchen, es sich anzueignen, wenn es noch unterentwickelt war.

„Auch das gehört zur Evolution", dachte ich.

„Ich weiß, was du überlegst", unterbrach Peter meinen Gedankengang.

„Nun denn, mein hellsichtiger Freund ...", witzelte ich.

„Du willst nicht ungerecht oder anmaßend sein oder gar den Richter spielen, und dennoch willst du die Dinge beim Namen nennen." Ich schaute ihn überrascht an. Also doch hellsichtig, zumindest sehr einfühlsam. Er war noch nicht ganz fertig. „Wo ist das Problem?"

Ja, wo war das Problem? Es bestand unter anderem darin, zwischen einer Organisation mit ihrem Gedankengut und dem einzelnen Menschen, der darin eingebunden war, zu unterscheiden - obwohl die Organisation wiederum aus Menschen bestand. Ich hatte oft erlebt, wie ernsthaft und voller Wärme so manche Ordensschwester und auch so mancher Geistliche als Seelsorger seiner Gemeinde ihre Aufgaben erfüllten. Das waren die 'Bernhard Klinkes' der Theologie. Da war Beruf zur Berufung geworden. Und überall auf der Welt wurde das Gebot der Nächstenliebe in kirchlichen Einrichtungen wie Kindergärten, Altenheimen und Krankenhäusern erfüllt.

Um die alle ging es nicht, auch nicht um die vielen Gläubigen, die sich nach Kräften bemühten. Es ging darum ...

„Es geht darum", meinte Peter, „die Person von der Sache zu trennen. Wenn du ... entschuldige, wenn wir das schaffen, haben wir gewonnen. Und es geht schon besser als früher."

Ich nickte. „Also werden wir bei unseren Betrachtungen darauf verstärkt unser Augenmerk richten; dann geraten wir nicht in Versuchung. So nach dem Motto: 'Ich stelle fest, daß du ein Dieb bist, aber das ändert nichts an meiner Liebe zu dir'."

„Und es ändert leider auch nichts daran, daß man diese Unterscheidung nicht wahrhaben will und wird. Intoleranz und Voreingenommenheit werden dir dennoch unterstellt werden."

Das, was wir da gerade besprochen hatten, war für mich insofern von ganz praktischer Bedeutung, als ich in Zukunft verstärkt auf das Auseinanderhalten von Person und Sache achten wollte. *Das Herz ist unerläßlich, doch eine falsche Demut darf den Verstand nicht vernebeln.* Ich war also auch hier, im Kreis meiner Freunde, nicht allein.

„Wir waren ein paar Sätze zuvor stehengeblieben bei dem Gedanken ...", ich überlegte und suchte den Ansatzpunkt. Dann hatte ich ihn. „ ... wer was versäumt und verhindert hat. Das aber, glaube ich, ist nur die eine Seite. Es muß mehr dahinterstecken."

„Du meinst, andere Kräfte? Andere Interessen?"

„Es muß etwas sein, das ganz andere, für uns nicht überschaubare Dimensionen hat. Was wir sehen, ist nur die Wellenbewegung, der

Schmutz, der an der Oberfläche schwimmt, an den man sich gewöhnt hat. Darunter wird etwas vorbereitet, da braut sich was zusammen."

„Und dich beschäftigt die Frage, was das ist, und wo die Kraft zu suchen oder abgeblieben ist, die sich dem erfolgreich entgegenstellt." Peter stellte damit keine Frage, er stellte fest.

„Ja. Wie sagtest du doch eben? Liebe, Weisheit und Treue! Das wäre ein Bollwerk! Da könnte es schon einmal stürmen, ohne daß gleich alles ins Wanken gerät oder zusammenbricht."

Im stillen wiederholte ich noch einmal „Liebe, Weisheit und Treue" und spürte ihrem Klang nach, dem Echo, das sie in meiner Seele hinterließen. Warum waren diese Begriffe so tief in mich hineingefallen?

Es war spät geworden. Wir gingen zu Katharina zurück, die gleichzeitig ein Auge für einen Farbprospekt und für den Fernseher hatte. „Das Wort zum Sonntag" hatte gerade begonnen; es sprach eine junge Pastorin. Ich wollte mich schon abwenden, um mich zu verabschieden, als das Wort „Verantwortung" fiel. Wenn das keiner dieser merkwürdigen „Zufälle" war! Ich blieb noch die paar Minuten.

Nichts war falsch an dem, was sie sagte: „ ... Lassen Sie uns daher Verantwortung übernehmen für die Schöpfung, für das, was uns von Gott anvertraut worden ist. Wir leben nicht allein auf diesem Planeten. Und diejenigen, die nach uns kommen, haben ein Recht darauf, eine Erde vorzufinden, die sie ernährt und erhält." Eindringlich schaute sie den Zuschauer an. „Glauben Sie nicht alles, was im Namen von Wissenschaft und Fortschritt als gut und notwendig erachtet und verkauft wird. Geben Sie Ihre Verantwortung nicht ab, weil es andere angeblich besser wissen oder können. Glauben Sie wirklich, Sie könnten später einmal sagen: 'Ich bin meiner Verantwortung nachgekommen, indem ich mich danach gerichtet habe, was die Studierten vorgegeben und was alle getan haben?' Unsere Erde hat einen Anspruch darauf ..."

*

Am nächsten Vormittag setzte ich mich hin und schrieb an die Pastorin einen Brief. Ich hatte vor, ihn an die ARD zu schicken mit der Bitte um Weiterleitung. Er würde schon ankommen.

Ich dankte ihr darin für die guten Worte (meine Hoffnung, daß diese auf fruchtbaren Boden gefallen waren, war allerdings nicht sehr groß). Dann kam ich auf den Punkt zu sprechen, den ich in ihrer Ansprache vermißt hatte, und der über die Verantwortung für die Schöpfung hinausreichte. Gleichzeitig war er ihr vorgeschaltet: die Verantwortung für die eigene, innere Reife auf Gott zu.

„Wenn wir begreifen", schrieb ich, „daß die Entwicklung unserer Sehnsucht und Liebe auf das höchste Ziel zu die ureigenste Sache eines jeden ist, dann werden wir diese Verantwortung nicht mehr in die Hände anderer legen und bitten: 'Sag du mir, was ich tun soll'. Dann werden wir uns auch nicht mehr zufriedengeben mit beinahe 2000 Jahre alten Überlieferungen - die ich im übrigen sehr schätze - und mit Predigten, die diese Schriften deuten und Geschehnisse oder Gleichnisse beleuchten. Dann werden wir uns auch nicht mehr auf Bibelzitate berufen und antworten: 'Paulus oder Luther oder Bischof soundso hat gesagt ...', denn wir antworten auf die Frage, wieviel 2 x 2 ist, ja auch nicht: 'Mein Lehrer hat gesagt, das macht 4.'

Ein Hinterfragen und Nachfassen in Eigenverantwortung würde dazu führen, das Fehlen von Konsequenzen deutlich zu machen. Keine Konsequenz im Sinne von Drohung oder Strafe, sondern als Erkenntnis, daß das, was allgemein als 'üblicher Standard eines Christen' angesehen wird, noch lange, lange nicht das Ende des inneren Wachstums ist. Damit meine ich ein Wachstum, das hier zu Lebzeiten erreicht werden kann, wenn die Tatsache dieser Entwicklungsmöglichkeit den Menschen bekannt wäre. Und - was viel wichtiger ist - wenn die nötige Weisheit auch gelehrt und erworben werden könnte. Käme dann ein Fragender auf uns zu, könnten wir ihm helfen, indem wir ihm antworten: 'Christus lebt in dir und mir. Ich habe dieses oder jenes Problem mit Seiner Kraft auf folgende Weise gelöst ...' Und dem Suchenden würden wir sagen: 'Glaube nicht nur an Ihn, sondern vertiefe deine Liebe zu Ihm. Ich habe durch meine Hingabe an Ihn z.B. diese tiefen Erkenntnisse gewonnen ...' So brauchten wir uns nicht auf andere zu berufen, die uns zwar Vorbilder sein können, die uns aber das Vorangehen auf unserem Weg und das Erkennen der Wahrheit nicht abnehmen können.

Die praktizierte Eigenverantwortlichkeit, von der Sie zu Recht so eindringlich gesprochen haben, kann über die Bewahrung der Schöpfung hinaus auch die oben aufgezeichnete Perspektive eröffnen und den seit vielen Jahrhunderten verschütteten Weg erkennen lassen. Wird an diesem Punkt angesetzt, erübrigt sich in vielen Fällen das Bitten, Erinnern, Mahnen und Beschwören. Wer Eigenverantwortung übernommen hat für seinen Weg zu Gott, der kann nicht mehr verantwortungslos gegenüber Seiner Schöpfung handeln.

Vielleicht wäre das auch einmal ein Thema, mit dem man Millionen von Menschen zum Nachdenken anregen könnte. Ich wünsche Ihnen für Ihre Arbeit Gottes Segen und grüße sie herzlich, Ihr ..."

Dieser Brief kam nie an, weil er nie abgeschickt wurde. Ich las ihn nämlich noch einmal in Ruhe durch und tat dann etwas, was mir mein Licht empfohlen hatte: Ich ging in mein Inneres. Es war eigentlich ganz einfach. Wie von selbst stiegen die Worte in mir auf: *Rede nur, wenn du gefragt wirst. Lebe jedoch so, daß man dich fragt.*

Keiner hatte mich gefragt, deshalb zerriß ich den Brief und warf ihn in den Papierkorb. Der alte Widerspruchsgeist in mir wollte das letzte Wort haben. „Schade", meinte er. Das letzte Wort hatte jedoch mein Licht.

Gibt es etwas, das nicht zum Lernen dienen kann? Vielleicht stand, abgesehen von der richtigen Erkenntnis der Zusammenhänge, etwas für dich darin?

Ich nahm mir die zerrissenen Seiten noch einmal vor, legte sie zusammen und stolperte über den Satz: „Christus lebt in dir und mir. Ich habe dieses oder jenes Problem mit Seiner Kraft auf folgende Weise gelöst ..." Wie richtig und wie wahr. Doch durfte ich dies (schon) schreiben?

*

Ein Anruf bei Elisabeth bestätigte mir, daß es ihr nicht gut ging. Maria war am Apparat und berichtete mir von einem Schwächeanfall am gestrigen Abend. Der Arzt war gekommen, hatte aber nichts Ernstliches feststellen können. Elisabeth sei jedoch vernünftig gewesen und hätte das Bett nicht verlassen. Jetzt nehme sie aufbauende und stärkende Medikamente („ ... mit leichtem Widerwillen, Sie kennen sie ja"). Grund zur akuten Sorge bestehe nicht. Ich ließ einen Gruß ausrichten und wollte schon einhängen, doch Maria hatte noch etwas auf dem Herzen.

„Mutter hat mir davon erzählt, wie sie sich ihre Beerdigung vorstellt. Ich habe nichts dagegen, wie könnte ich auch. Es ist schließlich ihre Entscheidung, wenn ich auch zugeben muß, daß ich das für ein bißchen ...", sie suchte anscheinend das richtige Wort, „ ... ungewöhnlich halte. Andererseits bin ich davon überzeugt, daß sie weiß, was sie tut. Ich werde Sie unterstützen, wenn es einmal so weit ist. Hoffentlich noch nicht so bald."

In ihren Worten schwang eine große Warmherzigkeit mit. Ich sah sie für einen Moment vor meinen Augen. „Wie wird sich ihr Bruder Volker dazu stellen?"

„Da könnte es ein Problem geben. Er ist so in seine Kirche und sein Amt dort eingebunden, daß er sich mit der Vorstellung eines nichtkirchlichen Begräbnisses kaum anfreunden wird."

Wir verabschiedeten uns, und sie versprach, mich auf dem laufenden zu halten.

Den Nachmittag nutzte ich dazu, mir bei Max, dem Schwiegersohn von Peter, ein paar Bücher auszuleihen. Aus seiner Literatursammlung zu Themen wie Weiterleben nach dem Tod, Wiederverkörperung, Kirchengeschichte, Neuoffenbarungen und mehr hatte ich mich schon einmal bedient. Das war nun schon einige Zeit her - damals (wie sich das anhörte!), als ich auf die Suche ging, die Wahrheit zu ergründen. Ich hatte keine genauen Vorstellungen davon, was ich suchte, ich ließ mich einfach führen. Tommi und Irene spielten im Garten, Max leistete mir ein wenig Gesellschaft.

Schließlich hatte ich mich für drei Bücher entschieden. In einem Fall ging es um die Vorbereitung des Propheten Jakob Lorber (1800 -

1864) auf seine Inkarnation [1], in dem anderen mit dem Titel „Denn Christus lebt in jedem von euch“ [2] wohl auch um Offenbarungen. Auf dem dritten Buch stand „Gespräche mit Gott“ [3], was nach der Unterhaltung mit meinem Licht natürlich ein aktuelles Thema war. Zeit um zu lesen würde ich in den Tagen meines Urlaubs in der übernächsten Woche genug haben.

„Die ‘Gespräche mit Gott’ sind hochinteressant.“ Max deutete auf eines der Bücher, die ich bereitgelegt hatte. „Da wirst du staunen, auch darüber, wie so etwas geht. Dem Mann z.B. ist unsichtbar die Hand geführt worden, von einem Moment auf den anderen, als er, wie er selbst schreibt, Gott einen gehässigen Brief voller Verdammungen und einer Menge zorniger Fragen schrieb.“

Ich hatte das Buch vor kurzem in einer Buchhandlung gesehen. Was mich stutzig gemacht hatte war der Aufkleber auf der Klarsichthülle, mit dem es eingeschweißt war. Da erfuhr man, daß dieses Buch eine Zeit lang auf der Bestsellerliste in Amerika ganz oben stand. Sollte Amerika, ohne daß es jemand gemerkt hatte, über Nacht so an seinem Seelenheil und am Himmel interessiert sein, daß das im Moment meistgelesene Buch eines über Gott und dessen Ansprache an die Menschen war? Ich würde mich überraschen lassen.

Volker Scheffler, der Sohn von Elisabeth, rief am frühen Abend an. Er kam sofort zur Sache, kaum daß ich „guten Abend“ gesagt hatte. Er hatte seine Begrüßung ohnehin vergessen.

„Ich kann mir eine lange Vorrede ersparen. Wenn ich es verhindern kann, werden Sie meine Mutter nicht beerdigen!“

Ich stellte ihn mir vor, so gut es ging. Vor ein paar Jahren waren wir uns einmal begegnet. Liebe auf den ersten Blick, wie bei seiner Mutter, war es nicht gewesen, von beiden Seiten nicht. Er war ein intellektueller Typ: hohe Stirn, schütteres Haar, randlose Brille, schmallippiger Mund. Wenn ich mich recht erinnerte, war er in leitender Stellung bei einer Bank tätig. Mehr wußte ich nicht von ihm - doch, daß er im Kirchengemeinderat war.

---

[1] „Karmatha“, Anita-Wolf-Freundeskreis, 1999

[2] Paul Ferrini, AURUM VRLAG, 1994

[3] Neale Donald Walsch, Goldmann, 1997

Da ich auf einen solchen Überraschungsangriff nicht vorbereitet war, konnte ich nicht verhindern, daß mein Herz ein paar Takte schneller schlug. „Bleib' ruhig", dachte ich. „Laß dich nicht dazu verleiten, emotional zu reagieren. Was du sagen mußt, sage sachlich."

Zunächst bekam ich gar keine Gelegenheit zu antworten. Ich nutzte die Zeit für ein paar tiefe Atemzüge und unterbrach ihn, als er einmal Luft holen mußte.

„Meinen Sie nicht, wir sollten in Ruhe darüber sprechen?"

„Es gibt nichts zu besprechen. Warum sollten wir darüber sprechen? Ich rufe Sie lediglich an, um Sie zu informieren."

„Worüber? Darüber, daß Sie den Wunsch Ihrer Mutter nicht respektieren?"

Das brachte ihn ein bißchen aus dem Konzept.

„Ja - nein. Es geht nicht um den Respekt meiner Mutter gegenüber, sondern darum, daß es unmöglich ist, ihre Beerdigung ohne Segen der Kirche, dafür aber in einem atheistischen Rahmen stattfinden zu lassen. Es stimmt doch, daß Sie aus der Kirche ausgetreten sind."

„Das ist richtig, aber darum geht es auch nicht. Nicht ich habe mir diese Aufgabe ausgesucht, Ihre Mutter hat diesen Wunsch geäußert, der einer sehr ernstgemeinten Bitte gleichkam. Ich habe versucht, ihr das auszureden, schon deshalb, weil ich eine solche Reaktion befürchtet habe. Es ist mir nicht gelungen. Sie kennen ja Ihre Mutter ..."

Ein wenig schien er sich beruhigt zu haben; der erste Dampf war abgelassen. Er sprach nicht mehr so abgehackt.

„Ja, ich kenne meine Mutter. Ich versuchte, mit ihr darüber zu reden, als ich davon erfuhr. Ohne Erfolg. Deshalb rufe ich Sie an ..." Der Ton hatte sich etwas geändert, Volker Scheffler sprach jetzt beherrschter.

„Erwarten Sie wirklich von mir, daß ich mein Versprechen breche? Erkennen Sie nicht die Willensentscheidung Ihrer Mutter an? Sie ist doch bei klarem Verstand. Oder wollen Sie sagen ..."

Ich machte eine Pause und hoffte, daß ihn der unausgesprochene Satz nicht erneut erregen würde. Aber das war nicht der Fall. War er nur ein Choleriker, dessen erster Zorn schon weitgehend verraucht war?

Konnten wir uns vielleicht doch noch vernünftig miteinander unterhalten?

„Natürlich ist sie klar im Kopf, und wie! Manchmal, wenn ich an all die zurückliegenden Jahre denke und an ihre eigenwilligen Entscheidungen ... Das war nicht immer leicht für mich. Ich habe meine Mutter respektiert und tu es noch. Deshalb werde ich mit ihr auch nicht mehr über ihre Entscheidung sprechen, auch wenn es mir schwerfällt. Aber es ist doch mein gutes Recht, Ihnen die Unmöglichkeit Ihres Vorhabens vor Augen zu führen."

„ ... um ihr auf diese Weise ihren Wunsch dann doch nicht zu erfüllen", dachte ich. Das war eine eigenartige Logik, der ich nicht folgen konnte. Allerdings war es mir auf einmal mehr und mehr möglich, ihn zu verstehen. Wenn man das Persönliche wegläßt, was mir bei diesem blitzartigen Überfall zuerst nicht gelungen war, jetzt aber zunehmend besser klappte, kamen Toleranz und Verständnis wieder hervor. Sie verstecken sich so leicht, wenn man an der falschen - oder richtigen? - Stelle gekitzelt wird.

„Herr Scheffler", sagte ich, „ich versuche wirklich, Sie zu verstehen." Eine ganz kleine Pause meinerseits wurde von ihm nicht dazu genutzt, Einspruch zu erheben. Das empfand ich als gutes Zeichen.

„Vielleicht hat Ihre Ablehnung damit zu tun, daß Sie Kirchenaustritt mit Gottlosigkeit gleichsetzen und sich vorstellen, ich würde eine den Umständen nicht angemessene Rede halten oder undurchsichtige Zeremonien durchführen. Wenn es das ist, was Sie besorgt macht, so kann ich Sie beruhigen." Ich wartete einen Augenblick. Er hörte mir wirklich zu. Dann fuhr ich fort:

„Ich bin selbstverständlich bereit, den gesamten Ablauf mit Ihnen nicht nur durchzusprechen, sondern mich Ihren Vorstellungen anzupassen. Es spricht doch nichts dagegen, ja, ich bitte sogar darum, daß Sie den Rahmen gestalten, die Lieder oder Musikstücke festlegen usw. Das ist doch nicht meine Vorstellung, sondern die Beerdigung Ihrer Mutter, die Sie und Ihre Schwester in einem ganz besonderen Maße betrifft. Ich habe nie etwas anderes gedacht."

Ich verkniff mir gerade noch hinzuzufügen: "Ich hatte bisher nur kaum Gelegenheit, Ihnen das zu sagen."

„Das hört sich schon anders an, wenn es auch nichts daran ändert, daß es meine Zustimmung nicht findet.“ Jetzt hatten wir uns doch schon ein schönes Stück genähert. Konnte ich mehr verlangen?

„Etwas habe ich noch auf dem Herzen“, bat ich, weil mir die ganze Zeit durch den Kopf ging, wie irreal unser Gespräch doch war. Ein akuter Anlaß für diese Meinungsverschiedenheit lag ja gar nicht vor. „Wir reden und streiten um eine Sache, von der wir beide hoffen, daß sie noch in weiter Ferne liegt. Ich meine, wir sollten Ihrer Mutter unsere guten Gedanken schicken, vielleicht auch ein Gebet sprechen, daß es ihr bald wieder besser geht, und sie Ihnen und uns allen noch eine Zeit lang erhalten bleibt. Was halten Sie davon?“

„Damit bin ich einverstanden.“ Dann bekräftigte er noch einmal seinen Standpunkt: „Doch, wie schon gesagt, es ändert nichts an meiner Einstellung.“

*

Die folgende Woche wurde vom beruflichen Tagesgeschehen beherrscht. Die Planung meiner Besuche mußte ich mit Blick auf meinen Urlaub überprüfen und ein paar kleine Korrekturen vornehmen. Eva war mir dabei eine Hilfe, und für Peter war es selbstverständlich, daß er einspringen würde, sollte sich das in den acht Tagen meiner Abwesenheit als nötig erweisen.

„Nur eine Woche?“ hatte Eva gefragt. „Und dann auch noch in die Fränkische Schweiz? Nee, das wäre nichts für mich. Ich brauche Strand und Sonne und das am liebsten vier Wochen an einem Stück. Aber über einen solchen Zeitraum kann man euch ja nicht allein lassen ...“

Die Gute; sie würde es so lange gar nicht ohne uns aushalten. Für mich war wandern angesagt, vielleicht würde ich mir Bamberg ansehen, dann natürlich ausschlafen, Musik hören, lesen und ansonsten schauen, was sich ergibt. Nach einem zweiten Besuch bei meinem Arzt, Bernhard Klinke, hatte ich beschlossen, die Sache mit meiner Hüfte zu verschieben und mir im Frühjahr wieder Gedanken darüber zu machen. Im Moment spürte ich sie ohnehin fast nicht.

Daß es mir aber auch insgesamt gut ging, war neben einer vorwiegend stabilen Gesundheit auf eine sich festigende, innere Haltung zurückzuführen. Die Zeiten der Stimmungsschwankungen, vollgepackt mit Zukunftsängsten und Alltagssorgen und überspielt mit oberflächlicher Ablenkung und fragwürdigem Zeitvertreib, gehörten - beinahe - der Vergangenheit an. Das hatte ich natürlich meinem Licht zu verdanken, das wie ein Fanal in mein Leben getreten war.

Ich hatte mir angewöhnt, morgens nach dem Frühstück in die Stille zu gehen oder - um es mit den Worten des Lichtes zu sagen - *das Innere aufzusuchen*. Früher hatte ich gar nicht gewußt, daß es ein Inneres gab. Seitdem ich mir regelmäßig diese Zeit nahm, war ich gelassener und ausgeglichener geworden. Ich war nicht mehr so anfällig gegenüber negativen Ereignissen wie früher, und ich fand auch schneller wieder in meine Mitte zurück, wenn mich doch einmal etwas stark bewegte oder in Harnisch brachte. Ob mit dem „geistigen Immunsystem" diese, sich aufbauende, innere Stärke gemeint war?

Die Minuten, die ich mir inzwischen täglich für „Gott und mich" reservierte, wollte ich nicht mehr missen. Manchmal wurden auch mehr als nur ein paar Minuten daraus, je nachdem, wieviel Zeit ich hatte. Da ich zu Anfang ungeübt in diesen Dingen war, wußte ich nicht so recht, was ich hinter meinen geschlossenen Augen machte sollte; wie ich vor allem mit den tausend Gedanken umgehen sollte, die ungerufen ständig daherkamen. Das legte sich in dem Maße, in dem ich mir bewußt machte, daß ich in erster Linie ein geistiges Wesen, im wahrsten Sinne des Wortes ein Kind Gottes, und erst in zweiter Linie Mensch bin, der sich zudem mit all seinen Sorgen und Nöten, seinem Haben- und Seinwollen viel zu ernst und zu wichtig nimmt. Von diesem Zeitpunkt an begann ein langsames aber stetes Sich-Hineinfinden in ein neues oder erweitertes Bewußtsein, als ein Sohn des Himmels mit unzählig vielen meiner himmlischen Geschwister vorübergehend auf dieser Erde zu weilen. Es begann, einer Knospe gleich, ein vorsichtiges Sich-Öffnen meines Herzens, aus dem die ersten noch kindlichen Gebete aufstiegen. Darunter waren Dank und Bitte für mich und andere, Freude, daß ich mein Licht hatte und ansonsten viele Kleinigkeiten, die ich Ihm einfach in meinem Inneren erzählte. Manchmal waren auch Bedrücktheit, Verständnislosigkeit und Hilflosigkeit dabei, aber immer war es eine vertrauensvolle, wenn auch unvollkommene Hinwendung: kindlich, wenn ich mit dem Vater sprach, von Bruder zu Bruder, wenn ich mich an Christus wandte.

Mein Licht war einige Nächte jetzt nicht in Erscheinung getreten. Sorgen brauchte ich mir deswegen keine zu machen. „ ... keine *mehr* zu machen, wäre richtiger“, überlegte ich in Erinnerung an den Vorfall mit Willi, der mir im Gedächtnis haften geblieben war wie eine Klette auf einem Strang Wolle. Mein Licht konnte mich damals nicht aufsuchen, weil mein Bewußtsein sich verändert hatte, ... *du selbst hattest es gegen besseres Wissen unter Einsatz deines freien Willens eingeschränkt. Damit warst du nicht mehr in der Lage, mich wahrzunehmen.* So etwas würde mir hoffentlich nie mehr passieren.

Mich beschäftigten vor dem Einschlafen ein paar Einzelheiten zur Reinkarnation, obwohl ich in der Zwischenzeit einiges darüber gelesen und noch mehr durch mein Licht erfahren hatte. Doch da gab es noch offene Fragen, die ich teilweise nicht richtig fassen, geschweige denn mir selbst beantworten konnte. Sie entsprangen, das hoffte ich, auch nicht meinem Wunsch nach mehr Wissen, sondern die Antworten darauf sollten mir Zusammenhänge aufzeigen bzw. das Verständnis für den großen Plan der Rückführung aller Menschen und Seelen erleichtern. Wenn ich es ehrlich meinte, dann hatte sich mein Licht stets großzügig gezeigt.

Licht überflutete mich, und die so geliebte Stimme sagte:

Ich nehme dich in meinen Frieden auf. (Das war meine „Lieblingsbegrüßung“.) *Du möchtest eine Lücke in deinen Erkenntnissen schließen, die du glaubst, selbst nicht füllen zu können.*

„Ja. Es gibt da etwas, das ist mir nicht klar, und ich habe auch so gut wie nichts darüber finden können. Und selbst bin ich nicht ... also, dazu reicht mein kleines Bewußtsein nicht aus.“ Es erfolgte kein Widerspruch. Was hatte ich erwartet?

„Du hast mir für alle Zeit in mein Herz geschrieben, daß Gott keines Seiner Kinder auf ewig verlieren wird, daß alles einmal wieder im Lichte zusammengeführt wird. Ich werde dieses Wissen nie wieder verlieren wollen, es sei denn, ich bekomme es genommen. Aber ich spüre, das ist nicht das richtige Wort ..."

Nichts wird dir genommen. Alle deine Erfahrungen und Erkenntnisse, sofern sie nicht nur angelesenes Gut sind, bleiben auf ewig dein, weil sie einen Teil deines Wesens ausmachen. Sie sind in den schier unerschöpflichen Speicher deines geistigen Potentials eingeflossen. Bei einer Inkarnation werden sie nur für eine Weile abgedeckt.

„Das ist der Punkt! Sie werden bei einer erneuten Inkarnation abgedeckt, was bedeutet, daß der 'neue Mensch', sag' ich mal, nichts mehr weiß. In diesem Zusammenhang ergeben sich für mich viele Fragen. Sie betreffen die Zeit vor der Inkarnation. Über das Leben nach dem Tod gibt es heute so viele Bücher, daß man sie alle gar nicht mehr lesen kann. Außerdem hilft vieles davon nicht wirklich weiter. Es reizt die Wißbegierde, anstatt sie zu befriedigen, mehr tut es nicht. - So wenigstens habe ich den Eindruck", schränkte ich ein.

Warum erzählte ich das meinem Licht eigentlich alles? Das wußte es doch viel besser als ich. Ich schüttelte meinen Kopf, ich durfte meinen Faden nicht verlieren. „Die Tatsache eines Weiterlebens nach dem Tod sagt aber noch nichts über den großen Bogen aus, der sich eines Tages wieder schließt und dann zu einem Kreis wird, in dem Anfang und Ende eins sind. Es läßt sich auch kein Schluß daraus ziehen, daß das Sterben nur *ein* Teil des Bogens ist, der in den seltensten Fällen nur zu *einem* Kreislauf wird, sondern oft zu *vielen*. Das kann dann möglicherweise lange, sehr lange dauern. Sterben, Inkarnation, Leben und wieder Sterben. Und das immer wieder ... wie lange eigentlich?"

Ich vergesse deine Frage nicht. Wir haben sie schon einmal gestreift, erinnerst du dich? Als es um die Erlösung ging. Laß sie uns zurückstellen, sonst vergißt du womöglich, was du noch auf dem Herzen hast.

„Also ...", ich konzentrierte mich, „ ... würden die Menschen auch um die Zeit *vor* ihrer Inkarnation wissen, dann brauchten sie nicht glauben, daß Gott für jedes Neugeborene eine Seelen aus dem Nichts schaffen muß [1], weil durch die Vereinigung von Mann und Frau ein neues Leben entsteht." (Ich hatte diese Auffassung der katholischen Theologie in einem Buch, das ich von Max vor Wochen ausgeliehen hatte, gefunden.) „Denn, wenn ich das richtig begriffen habe, beginnt das Leben im Jenseits mit dem irdischen Tod und endet dort drüben mit der irdischen Geburt."

Leben beginnt und endet nicht, wie du weißt. Lediglich die Schale vergeht, der Inhalt bleibt der gleiche, er nimmt nur eine andere Form an. Erinnere dich: Energie kann man umwandeln, hattest du erkannt, aber man kann sie nicht vernichten. Und Leben ist Energie.

„Danke, so ist es besser und richtiger formuliert." Meine Gedanken waren aber schon wieder davongeeilt. Mir schien schon länger, daß die eben von mir angestellte Betrachtungsweise - bisher viel zu selten berücksichtigt - für jeden Suchenden wie eine Offenbarung sein mußte! Bekannt, wenn auch von vielen nicht geglaubt, war die Tatsache, daß man auf Erden stirbt und ins Jenseits praktisch hineingeboren wird, um dort weiterzuleben. Aber es gab doch auch genau das Gegenstück: Man stirbt im Jenseits und lebt auf der Erde weiter.

Im Lichte meines Lichtes war mir klargeworden, daß es genau das war, was mich beim Überdenken der Reinkarnationsfrage beschäftigt hatte.

„Siehst du nicht auch, wie wichtig dieser Punkt ist?" sagte ich beinahe drängend. Ein bißchen schimmerte (schon wieder oder noch immer?) der „alte" Ferdinand durch. Liebevoll wurde ich gestoppt.

Es ist ein wesentlicher Punkt, ja. Daß so wenig darüber bekannt ist, hängt mit der Angst so vieler Menschen vor dem Unbekannten zusammen, das sie nach dem sogenannten Tod erwartet. Sie fragen sich: Was wird das für eine Ankunft im Jenseits werden? Das Abschiednehmen vom Jenseits dagegen brauchen sie nicht mehr zu fürchten. Das haben sie hinter sich und, wenn sie hier gesund angekommen sind, recht gut überstanden. (Sag' ich doch: himmlischer Humor.) *Au-*

---

[1] „Grundsätzlich wird unterstrichen, daß die Seele unmittelbar aus nichts von Gott geschaffen ist, daß sie daher nicht zur göttlichen Substanz gehört, auch nie ein vorkörperliches Leben führt, daß sie aber umgekehrt als solche auch keinen materiellen Ursprung hat." Karl Rahner, zit. aus „Herders Theologisches Taschenlexikon", Bd. 6

ßerdem kümmert die meisten Menschen nicht, was w a r . Am allerwenigsten interessiert sie die Zeit, die vor ihrer Zeit liegt. Das erkennst du auch daran, daß öfters die Frage nach dem Wohin? gestellt wird als nach dem Woher?.

„Und wenn sie sich einmal dafür interessieren, dann nur deshalb, weil sie von Reinkarnationsrückführungen gehört haben und nun wissen möchten, ob sie die Königin von Saba waren oder vielleicht am Hofe Ludwig IVX. gelebt haben ..."

Sei nicht ungerecht. Das steht dir nicht besonders gut.

Ich schwieg für einen Augenblick. „Entschuldige, ich sehe ein, das war nichts." Und dann, nach einer kleinen Pause: „Aber nichtsdestotrotz: Ist nicht ein Körnchen Wahrheit daran?"

Wenn du es mit der nötigen Toleranz betrachten kannst - ja.

Darauf wußte ich nichts zu sagen. Mein Licht ließ mich für eine Zeit lang mit meinen Gedanken allein. Feine Strahlen, die mich berührten und liebevoll streichelten, drückten seine Liebe aus. Irgendwie hatte ich den Eindruck, das Licht müßte überlegen oder etwas vorbereiten; aber das konnte doch nicht sein. Was aber war es dann?

Glaubst du, ein kleiner Rückblick auf die Zeit vor deiner Inkarnation, vor allem auf ihre Vorbereitungen und Voraussetzungen, würde dir helfen, die Evolutionsgesetze etwas besser zu verstehen? Du würdest zwar noch weit davon entfernt sein, sie in ihrer Gänze erfassen zu können, doch sie würden dir einen Eindruck von der großen Liebe Gottes und Seiner Barmherzigkeit vermitteln.

Mir blieb fast das Herz stehen - teils aus Angst, hier einer Prüfung unterzogen zu werden, die ich nicht bestehen könnte, teils aus Freude über das Angebot, das ich als einen großen Vertrauensbeweis betrachtete - wenn es ernstgemeint war.

Ich entschied mich dafür, daß dies keine Prüfung war. Das Licht hatte zweifellos als mein Lehrer das Recht dazu. Wie sollte ich sonst erkennen können, was sich bereits in mir entwickelt hatte und was noch nicht? Doch ich hatte ein anderes Empfinden, und das sagte mir: Es ist ein Vorschlag ohne Nebenabsichten. Damit könnte ich ihn ohne weiteres annehmen, doch ich tat es nicht.

„Du hast meine Gedanken verfolgt. Ich bin beschämt über das Vertrauen, das du mir entgegenbringst, denn ich bin sicher, nicht vielen Menschen ist bisher derartiges widerfahren. Aber gerade das bestärkt mich in der Überzeugung, daß mir ein solches Privileg nicht zusteht. Du weißt zwar um meinen immer noch vorhandenen Wunsch, ein bißchen mehr über mich zu erfahren, aber du siehst auch mein inzwischen gewachsenes Vertrauen in meine göttliche Führung, an der du nicht unbeteiligt bist. Du hast mir dieses Anerbieten nicht aus dir heraus gemacht, das weiß ich wohl. Und dennoch meine ich, wir lassen es, wie es ist. Ich schaue voraus und freue mich auf das, was mich einmal erwartet. Später werde ich dann auch wissen, was vordem einmal war. Ich glaube, das muß mir genügen. Nein, es *muß* nicht, es *genügt mir*."

Während ich dies sagte, war keine Spur von Traurigkeit über eine nicht wahrgenommene Gelegenheit in mir. Ich verspürte im Gegenteil eine große, tief-vertrauende Innigkeit, weil meine Antwort aus dem Grunde meines Herzens kam, und ich das sichere Gefühl hatte, richtig entschieden zu haben.

Es w a r eine Prüfung, mein geliebter Bruder; du warst wachsam und hast dich nicht von deinem Ego verführen lassen. Gerade deshalb wirst du zu sehen bekommen, was zum besseren Verstehen vonnöten ist.

„Hast du mir aber nicht selbst einmal gesagt, es sei nicht gut, Einblicke in frühere Leben zu nehmen, weil man unbelastet von dem Wissen um ehemalige Verfehlungen und Schwierigkeiten durch das jetzige Leben gehen soll?"

Daran ändert sich auch nichts. Es hat Gültigkeit, weil es Gesetz ist. Doch es hat immer Ausnahmen gegeben, und es wird sie auch künftig geben. Sie sind ebenso im Gesetz verankert. Bei dir ist der Sachverhalt ohnehin ein anderer. Es geht in diesem Fall nicht um Einzelheiten früherer Inkarnationen. Daß auch sie in dein Erkennen treten werden, ist als Beiwerk zu betrachten. Mehr sollen und mehr werden sie für dich nicht bedeuten.

Dir wird dieser Teil des Bogens gezeigt, w e i l du dich auf den Weg zu Gott gemacht hast und nicht, d a m i t du dich auf den Weg machst. Du hast angefangen, dein Herz für Ihn zu öffnen - und du hast dies nicht deshalb getan, weil dir durch eine Rückschau die Beweise für die Richtigkeit deiner Überzeugung geliefert wurden. Du hast freiwillig so gehandelt. Deshalb kann dir gezeigt werden, was du wissen mußt.

Irgendwie muß ich doch ein bißchen skeptisch geschaut haben, denn mein Licht fügte noch hinzu: *Keine Sorge, deine Liebe macht dich stark.*

„Geliebtes Licht", sagte ich, „entschuldige, aber jetzt muß ich dich bitte einmal korrigieren. Nicht meine, sondern *Seine* Liebe macht mich stark."

Und dann dachte ich noch, daß wir inzwischen schon einige Teile unseres Puzzles beisammen hatten. Jetzt würde ein weiteres folgen.

7.

Ich bin auf dem Weg von der Schule nach Hause. Hier sind die Schulen anderer Art. Sie sind eher Begegnungsstätten, die man freiwillig besucht. Man kann kommen und gehen, wann man will; man kann lange bleiben oder nur kurz hereinschauen. Die einen kommen auf Empfehlung, die anderen sind nur neugierig, die meisten sind jedoch da, weil sie ihren Horizont erweitern möchten. Es gibt keinerlei Zwang, auch keine Vorschriften. Wie rasch sich jemand den Lehrstoff aneignen möchte, hängt ganz von ihm selbst ab.

Ich bin nicht als Schüler dort - nicht mehr. Man hatte mir schon vor längerer Zeit eine Lehrtätigkeit angeboten, nachdem sich in mir die Fähigkeit entwickelt hatte, einen Sachverhalt leicht verständlich darstellen zu können. Jetzt bin ich so etwas wie ein Lehrer. Mir macht es Freude zu sehen, wie eifrig die meisten Schüler bei der Sache sind, wie schnell so mancher von ihnen Wissen erwirbt und auch an Weisheit zunimmt, so daß er uns schon bald wieder verlassen kann. Dann schreitet er auf anderen Wegen weiter. „Schüler" ist im übrigen nicht ganz das richtige Wort, ebensowenig wie „Lehrer". Eigentlich verstehen wir uns mehr als Freunde oder Geschwister, wobei die etwas Älteren ihre Erfahrungen und Einsichten den Jüngeren vermitteln. Es gibt auch keine Klassenzimmer. Wir sind fast ausschließlich im Freien; das Klima hier macht dies möglich.

Manchmal denke ich, daß es in den Philosophen-Schulen im alten Griechenland ähnlich gewesen sein muß. Dort ging es um das Streben nach Erkenntnis des Zusammenhanges der Dinge in der Welt. Bei uns geht es im Prinzip um das gleiche. Einerseits haben wir es hier leichter, weil wir vieles erleben und erfahren, was früher nur Hypothese war. Andererseits reicht unsere Erkenntnisfähigkeit noch lange nicht an die der Weisen der Antike heran. Wem sehr an seiner geistigen Entfaltung gelegen ist, der kann noch einen Schritt weitergehen und die ersten Einblicke in die Schöpfungsgesetze gewinnen - soweit wir Lehrer sie selbst verstehen.

Zu Hause erwartet mich mein Freund und Begleiter, eine strahlende Lichtgestalt - wie aus einer anderen Welt. Nicht „wie", er *ist* aus einer anderen Welt, aus anderen Sphären. Ich habe ihn hergebeten, weil ich etwas mit ihm besprechen möchte. Es betrifft ein Ereignis, dem ich auf der einen Seite fast entgegenfiebere, das mich auf der anderen Seite ein wenig traurig macht: Es geht um den für mich anstehenden Entwicklungsschritt, meine nächste Inkarnation.

Wir umarmen uns. Ich gebe mich für einen Moment dieser nicht zu beschreibenden Macht und Stärke hin, die ich nur ertragen kann, weil er seine Strahlung zurückgenommen hat. Ich tauche ein in dieses Gefühl des absoluten Schutzes; ich spüre das Pulsieren seiner Liebeschwingung. Ganz vorsichtig tritt er zurück, entläßt mich aus diesem wundervollen Mantel aus Farbe und Licht.

Was du soeben verspürt hast, wird eingeschrieben in deine Seele. Damit wird deine heimliche Sorge, in deinem Erdenleben allein, verlassen und schutzlos zu sein, überflüssig. Ganz abgesehen davon, daß die Kraft Christi in dir lebt. Es liegt an dir, mein Freund, dich meiner Begleitung und meines Beistands zu erinnern. Ich werde alles tun, um diese Erinnerung in dir so lange wie möglich wachzuhalten und sie später wieder wachzurufen. Dazwischen kann allerdings eine Zeit liegen, in der du weder von Gott, unserem Vater, noch von mir etwas weißt oder wissen willst, sowenig, wie du dich selbst kennen wirst.

„Sag' das nicht", antworte ich, „das macht mich traurig. Wie könnte ich dich vergessen? Wie könnte ich mein Ziel, das mir vor Augen ist, meine himmlische Heimat, vergessen? Erinnerst du dich noch an die Begegnung mit dem Herrn, wie Er mich zu Sich emporhob, nachdem ich mich in falsch verstandener Demut hinter einer Säule niedergekauert und versteckt hatte?" In Erinnerung an diese Begebenheit schließe ich kurz die Augen. „Wie gern denke ich daran zurück!"

Weisheit und Liebe liegen in dem Blick meines Freundes.

Komm, wir haben noch eine kleine Wanderung vor uns.

*

Wir schauen in ein herrliches Tal. Wiesen, Wälder und Felder wechseln sich ab. Die Luft ist erfüllt von dem zarten Duft farbenprächtiger Blumen. Über uns wölbt sich ein strahlendblauer, wolkenloser Himmel. Unser Weg führt uns an einem Bach vorbei, wir begegnen spielenden Kindern, die uns zuwinken. Als wir um eine Biegung kommen, liegt vor uns ein Pavillon, der mich entfernt an einen antiken Liebestempel erinnert, jedoch viel imposanter und von beinahe majestätischer Schönheit ist. Ich wundere mich ein wenig darüber, daß ich diesen Abschnitt der Gegend, in der ich nun schon lange lebe, noch nicht kenne. Und natürlich auch nicht den Pavillon. Ich sage aber nichts, weil ich etwas wie ein heiliges Schweigen verspüre, das über dem Ganzen liegt.

Wir treten ein, und uns umfängt eine tiefe Stille, in der meine Empfindungen und Gedanken das Lauteste zu sein scheinen. Meine Augen werden sofort von dem Gemälde angezogen, das mit einer Höhe von etwa zwei Metern die Wand des Raumes füllt. Es ist ein Rundgemälde, ohne Anfang und Ende, das dem Staunenden erlaubt, wo immer er mag mit seiner Betrachtung zu beginnen. Er ist stets mitten im Geschehen.

Mein Begleiter läßt mir Zeit. Schließlich weist er auf zwei Stühle in der Mitte des Raumes, die - so hat es für mich den Anschein - extra für uns dort hingestellt worden sind.

Du hast erkannt, daß hier versucht wurde, das Geschehen der Schöpfung nachzuempfinden, beginnt er. *So meisterlich es dir auch erscheint, so unvollkommen muß es doch bleiben, gemessen an der Wirklichkeit. Sicher ist dir auch der Symbolcharakter nicht verborgen geblieben, mit dem die Unendlichkeit angedeutet werden soll.*

Ich kann meinen Blick immer noch nicht losreißen von der Brillanz der Farben, der Vielfalt der Motive und den unendlich vielen Details. Eine besondere Maltechnik führt das Auge des Betrachters von allein in die Tiefe. Die Personen strahlen eine Lebendigkeit aus, daß es mich nicht wundern würde, sie träten aus dem Bild heraus und kämen auf uns zu.

Du kannst beginnen, wo du willst, du wirst kein Ende finden. So, wie du kein Ende finden wirst in deiner Individualität als Kind des ewigen Gottes.

Vor dir liegt ein wichtiger Schritt auf deinem Weg zu Ihm. Du wirst einen weiteren Erdengang antreten. Deine Entscheidung erfolgte freiwillig. Ich werde dir helfen, die weiteren Schritte vorzubereiten. Das ist einer der Gründe, warum wir hier sind. Keiner, der sich entschließt, in die Schule der Welt zu gehen, wird ohne Aufklärung darüber gelassen, was ihn erwartet - sofern er diese Informationen, die ihm Hilfe sein sollen, annimmt. Daß du dir vorgenommen hast zu lernen, entspringt der Erkenntnis, daß du einen Ursprung und ein Ziel hast, zu dem du unterwegs bist. Es ist aber auch bedingt durch das, was hinter dir liegt, was man als „deine Vergangenheit" bezeichnen kann. Du bist stets - hier wie auf der Erde - die Summe deiner Taten.

„Bis die Liebe und Barmherzigkeit Gottes meine nicht so rühmenswerten Taten schließlich umgewandelt und aufgelöst hat."

Wenn du dein freies Ja dazu gibst.

Ich habe mich zwar noch nicht sattgesehen, bin aber trotz meines Schauens in der Lage, konzentriert zu folgen.

Suche dir eine beliebige Stelle des Gemäldes aus, und du wirst erkennen, was dich an den Punkt geführt hat, an dem du stehst.

Ich lasse meinen Blick über die wie ein Relief wirkende Oberfläche schweifen, bis er auf einer Landschaft zur Ruhe kommt. Im selben Moment entsteht Bewegung im Bild. Wie in einem Film beginnen sich Situationen darzustellen, in denen eine Person, die ich nicht genau erkennen kann, die Hauptrolle spielt.

Du kannst das Bild gedanklich vergrößern, wenn du Einzelheiten erkennen willst. Versuche es, wenn du magst.

Es gelingt beim ersten Versuch. Die Hauptrolle spiele ich. Was immer auch an Szenen abläuft: Entweder bin ich mitten im Geschehen drin, oder ich sehe die Folgen meines Handelns oder meiner Entscheidungen. Es sind Ereignisse dabei, die mich erschrecken lassen; Bilder, die ich mir am liebsten nicht anschauen möchte. Ich sehe Menschen, die von ihrem Leid, das ich verursacht habe, fast erdrückt werden. Einmal stehe ich auf der Seite der Verfolgten, dann übe ich in falschem Gerechtigkeitswahn Gewalt aus, ich erlebe mich im Bettler und im Reichen und sehe mich im geschlagenen Kind und in der Robe des Richters.

„Es ist genug, genug, genug", will ich rufen, da bekommen die Bilder eine andere Färbung. Sie werden ruhiger und heller. Ich bin immer noch mittendrin. Mich haben Schicksalsschläge getroffen, aber nicht umgeworfen. Ich bin nachdenklich geworden, suchend und fragend. Das Umfeld, in dem ich mich bewege, strahlt eine gewisse Ruhe aus, wenn auch bei weitem noch nicht die Harmonie, die ich hier erlebe. Dann folgen Bilder aus meinem letzten Leben, in dem der Same für mein jetziges Dasein gelegt wurde. Er ist gleichzeitig die Grundlage für das kommende, nehme ich an. Ich sehe mich meine ersten inneren Schritte tun, die mich meinem Nächsten näherbringen. Meine Frau und meine Kinder beginnen zu leben, nachdem zuvor mein überstarkes Ich sie an ihrer Entfaltung gehindert hat. Die nächste Bilderfolge zeigt mich kniend (wo?) und weinend, und die letzte auf einem Sterbelager, von dem ich mich als Seele erhebe, um freier zu leben als bisher. Seitdem bin ich hier.

„Das bin also ich", sage ich nach einer langen Pause.

Das warst du.

Mich tröstend und beruhigend legt er einen Arm um meine Schultern.

Es geht jedem so. Es tut weh, und es ist doch unendlich wichtig. Er steht auf. *Laß uns ins Freie gehen, es gibt noch so manches, was ich dir sagen muß. Und außerdem wirst du Fragen haben.*

Mir ist im Augenblick nicht nach fragen zumute. Ich gehe mit ihm zur Tür und drehe mich noch einmal um. Das wunderbare und wundersame Rundgemälde sieht aus wie bei unserem Eintritt. So, als sei nichts geschehen.

*

Wir lassen uns an einem nahegelegenen Teich nieder.

Euer Körper ist feiner und leichter als auf der Erde. Ihr hier wißt, daß ihr keine Menschen mehr seid. Aber nicht überall im Diesseits wird das so verstanden und akzeptiert. Ich sage Diesseits, denn so empfinden viele hier ihre Welt, sobald sie sich eingelebt haben. Das Jenseits ist dann für sie das Leben auf der Materie. Vielleicht erinnerst du dich noch daran, daß du es genau umgekehrt gesehen hast, solange du auf der Erde warst. Es ist, wie ihr sagt, alles eine Frage des Standpunktes.

Die Erkenntnis der Wahrheit gewinnt keiner „wie von selbst", nur weil er seinen Körper ablegt und in feinstoffliche Bereiche eingeht. Es sind nicht die Augen, die die Wahrheit erkennen. Das Bewußtsein ist es - sofern die Seele erkennen möchte. Wenn nicht, ist sie hier ebenso blind, wie sie es als Mensch auf der Materie war. Kannst du dir denken, was sich daraus ergibt?

Ich muß überlegen. Dann sage ich: „Nach dem Tod, so wie die Menschen den Übergang nennen, findet nicht automatisch eine Weiterentwicklung statt. Auch hier - und damit meine ich nicht nur unseren Stern - hat jeder den freien Willen, sein Leben zu gestalten, wie er es für richtig hält. Wer sich hier einrichtet, weil er das alles ...", ich zeigte mit meinem Arm in die Runde, „ ... schon für den Himmel hält, darf dies tun. Wen es treibt, wieder zur Erde zu gehen - gleich aus welchen Gründen - darf dies ebenfalls tun."

Du hast dich entschieden, erneut zu inkarnieren. Du brauchst mir nicht zu sagen warum. Ich kenne den Grund.

„Wahrscheinlich besser als ich." Er lächelt.

Mach dich nicht selbst klein. Du hast die Sehnsucht in dir entdeckt ...

„ ... jetzt erst, obwohl sie doch schon seit Ewigkeiten in mir ist, wie ich durch dich erkannt habe."

... und du bist der Liebe auf die Spur gekommen. Das sind deine Beweggründe. Ich sage dir, ohne daß du darauf stolz zu sein brauchst: Es sind die besten Triebfedern. Und es sind gleichzeitig die einzigen, die dich den schnellsten Weg einschlagen lassen, um als der verlorene Sohn möglichst bald wieder in das Haus seines Vaters zurückzukehren.

Du hast dich für den Weg über die Erde entschlossen, weil du dort die Voraussetzungen antriffst, die eine seelische Reife am ehe-

sten fördern. Darüber hast du mit mir und anderen ausführlich gesprochen; es kam fast einem Diskutieren gleich. (Jetzt muß ich grinsen. Er hat einen meiner Schwachpunkte getroffen. Aber er tut so, als würde er nichts merken, mein Freund und Gefährte.*) Du hast mich gebeten, mit dir zusammen den Zeitpunkt und die Umstände deiner Wiederverkörperung vorzubereiten. Dir dabei zu helfen, ist unter anderem meine Aufgabe ...* er schaut mich direkt an, eine himmlische Freiheit liegt in seinem Blick ... *ich erfülle sie gerne, weil ich dich liebe.*

Wir bleiben noch eine Weile sitzen. Ich stelle Fragen zum Ablauf. Besonders interessiert mich, wie groß die Gefahr ist, rückfällig zu werden.

„Werde ich vergessen, wer ich bin, wo mein wahres Zuhause ist, warum ich auf der Erde und zu welchem Ziel ich unterwegs bin? Du hast erwähnt, daß es eine solche Zeit geben kann. Wie können wir sicherstellen, daß so etwas nicht passiert?"

Sicherheit, mein Bruder, gibt es nur in Gott. Jede Inkarnation ist mit einem Risiko verbunden, denn du begibst dich in den Herrschaftsbereich der Finsternis. Doch du weißt, daß das Licht stärker ist als die Dunkelheit. Du trägst dein Licht in dir, wie jeder andere auch. Ob du die Flamme nährst, so daß sie dir Schutz sein kann, liegt an dir.

„Weil ich den freien Willen habe."

So ist es.

„Aber ich weiß doch nichts mehr, wenn ich unten bin. Es wird ja abgedeckt, habe ich erfahren. Wie soll ich mich erinnern. Im übrigen ...", unterbreche ich mich selbst, „ ... verstehe ich jetzt den Sinn dieser Maßnahme, nachdem ich einen kurzen Blick auf meine früheren Leben habe werfen dürfen. Mit diesem Wissen belastet würde mir jede Motivation und jeder Mut fehlen, auch nur einen Schritt vorwärts zu tun. Aber das ändert nichts daran, daß ich gefährdet bin, weil ich nichts mehr weiß."

Ich mache dir einen Vorschlag. Er steht auf. *Es steht noch etwas auf unserem heutigen Programm: eine kleine Gipfelbesteigung. Deine Fragen können wir genausogut auf dem Weg dorthin besprechen.*

Wir machen uns auf den Weg. Ich warte, bis er das Wort ergreift.

Jeder Mensch ist nur in dem Maße gefährdet, wie er eine Einflußnahme zuläßt. Läßt er sie nicht zu, kann nichts und niemand ihm schaden. Das ist das Prinzip.

„Das erinnert mich daran, daß jeder nur die Macht über mich hat, die ich ihm gebe." Er nickt.

Du kannst nun einwenden, daß diese Regel für einen Erwachsenen wohl gelten mag, für Kinder oder Jugendliche aber nicht angebracht sei. Denn diese seien ziemlich hilflos, weil sie die Gefahren noch nicht erkennen könnten. Und würden sie sie erkennen, dann könnten sie sich kaum dagegen wehren.

Du kannst ferner einwenden, daß es in einer Gefahrenzone wie der Erde unmöglich ist, nicht zu stolpern, zu fallen und möglicherweise eine Weile liegenzubleiben. Dem stimme ich zu.

„Das waren oder sind meine Einwände, du hast sie vorweggenommen."

Laß uns den ersten Punkt beleuchten. Ein Kind beginnt dann für sein Verhalten verantwortlich zu werden, wenn es zum einen seinen freien Willen entdeckt und ihn einsetzt und zum anderen die ersten Erkenntnisse über Gut und Böse gewinnt. Es ist ein schrittweises Hineinwachsen in die Verantwortung, ein bedachtsames Üben der ersten Schritte an der Hand der Eltern. Bis zu diesem Lebensabschnitt, der fließend ist, steht das Kind unter einem besonderen Schutz.

„Daß dennoch auch Kindern so viel Leid angetan wird, hat dann sicher seine ganz besondere Ursache?"

Ja, doch damit würden wir jetzt unser Thema verlassen. Du wirst es erfahren oder selbst erkennen. Auf der Erde herrscht Krieg, eine ununterbrochene Auseinandersetzung zwischen Licht und Finsternis. Das ist nicht neu; es begann mit dem Fall, setzte sich über die zeitlich nicht zu benennende Entstehung der außerhimmlischen Welten fort und findet seinen Höhepunkt auf der Materie, vornehmlich auf der Erde. Der Dunkelheit ist jedes Mittel recht, das Licht setzt nichts als die Liebe dagegen.

„Das scheint auf den ersten Blick ein ungleicher Kampf zu sein."

Weil ich „nichts als die Liebe" gesagt habe? Es i s t ein ungleicher Kampf, weil die Gegensatzkräfte ihn nicht gewinnen können. Sie glauben es nur noch nicht. Es gibt keine größere Macht als die Liebe. In diesem Kampf schreckt die Finsternis vor nichts zurück. Kinder und Heranwachsende werden dabei nicht verschont. Deshalb gilt ihnen unser besonderes Augenmerk bis zu dem Zeitpunkt, da sie beginnen, ihr Leben selbstbestimmend in die Hand zu nehmen. Aber auch dann bleiben wir an ihrer Seite.

Wir haben inzwischen eine schöne Strecke zurückgelegt. Der Weg beginnt leicht anzusteigen.

Nun zu deinem zweiten Einwand. Die meisten Menschen ahnen, daß ihr Körper nicht alles ist. Die wenigsten allerdings wissen den Begriff „Seele" richtig einzuordnen. So werden oft die Worte „Wesen, Charakter, Persönlichkeit, Gemüt, Herz, Empfindung" und vieles mehr gebraucht. Alle bezeichnen die innere Stärke eines Menschen.

„Sie ist bei allen Menschen unterschiedlich. Nicht zwei gleichen sich."

Warum ist das so?

Ich denke lange nach. Er läßt mir Zeit. Schließlich meine ich:

„Da unser aller Wesen aus Gott ist, läßt sich eine unterschiedliche Charakter- oder Seelenstärke auf Ihn nicht zurückführen, wohl aber eine verschiedenartige Mentalität; schließlich sind wir freie Individuen und keine gleichgeschalteten Roboter." So weit, so gut, doch wie geht es jetzt weiter? Ich suche vorsichtig nach einem Ansatz.

„Die mehr oder weniger stark ausgebildeten Schwächen eines jeden müssen sich also im nachhinein herausgebildet haben ..."

... weil ja die Schöpfungs-Gerechtigkeit, wie du soeben festgestellt hast, eine Benachteiligung nicht zuläßt.

„Die Herausbildung muß erfolgt sein, nachdem das geistige Wesen die Himmel verlassen hat, vornehmlich in zurückliegenden Erdenleben. Da jedes Erdenleben bei jedem Menschen anders verläuft, weist seine Seele, wenn sie in die nicht-materiellen Welten eintritt, auch ein ganz individuelles Befinden, eine entsprechende Beschaffenheit auf, erworben im vergangenen Leben, fußend auf einer früheren Grundlage. Davor war es ebenso und so weiter.

Damit geht sie - nein, jetzt werde ich praktisch, damit gehe ich - in die vor mir liegende Inkarnation mit den Seelenstärken und -schwächen, die ich mir selbst erworben habe. Und die ich hier, in meinem jetzigen Dasein, unter den gegebenen Umständen für mich wenig zufriedenstellend weiterentwickeln konnte und kann. Die Möglichkeiten auf der Erde dagegen sind trotz aller Risiken weitaus größer. In manchen Fällen sind sie wohl auch unerläßlich. Das habe ich schon länger begriffen. Deshalb ja auch mein Entschluß."

Während unserer Unterhaltung habe ich wenig auf die Umgebung geachtet. Sie hat sich verändert. Bäume und Büsche gibt es hier kaum noch, die ersten Felsen sind zu sehen. Unser Weg schlängelt sich jetzt durch ein Geröllfeld.

Bald sind wir da. Du hast die Antwort auf deinen zweiten Einwand fast gefunden. Ich helfe dir. Das Vergessen deckt deine früheren Leben ab, so daß dir nichts zugänglich ist. Der Zugang zu deinem Gewissen aber ist offen. Wie weit, ob ganz oder nur einen winzigen Spalt breit, das bestimmst du. Jeder hat ein Gewissen, auch wenn sich manche damit brüsten, sie hätten keines in sich gefunden. Sie suchen nur nicht. Wie offen dein Gewissen also in dem vor dir liegenden Leben ist, hängt unter anderem von deiner momentanen Seelenstärke ab. Ich werde an deiner Seite sein und dein Gewissen immer dann wachrütteln, wenn es einzuschlafen droht. Die Liebe des Vaters wirkt dann durch mich. In Verbindung mit der unauslöschlichen Flamme in dir sind wir unschlagbar - er lächelte mich an -, *wenigstens auf Dauer. Auch wenn wir ab und zu mal ein „Gefecht" verlieren werden.*

Aber auch die Umstände, in die du hineingeboren wirst, und in denen du aufwächst, spielen eine Rolle. Sie können dir den Zugang zu deinem Gewissen erleichtern oder erschweren. Diese Umstände wiederum sind nie zufällig so. Sehr empfehlenswert ist es, wenn man die notwendigen Schritte wohl überlegt und bedenkt, sie abwägt und schließlich für gut befindet, wie wir es jetzt gemeinsam tun wollen. Falsch ist es, auch wenn es der freie Wille möglich macht, ohne die

Annahme von Belehrungen und ohne Rücksicht auf die vorauszusehenden Folgen aus niederen Beweggründen heraus zu inkarnieren. Es geschieht leider viel zu oft.

Wir sind inzwischen am Ziel. Auf einer Bergkuppe lassen wir uns nieder. Mir fällt die Wolkendecke auf, die sich unter uns gebildet hat. Aber es wundert mich nicht. Seit ich mein Pavillon-Erlebnis hatte, wundert mich gar nichts mehr.

Hast du noch Fragen?

„Nein, ich bin nur - leicht angespannt, voller Erwartung, was du mir sagen oder zeigen wirst."

Siehst du die Wolken dort unten? Ich nickte. *Schau durch sie hindurch.*

Er bemerkt mein Zögern. *Es wird dir gelingen. Ähnliches ist dir ja eben auch gelungen.*

Ich schaue auf einen Punkt in der Wolkendecke. Sie beginnt, an dieser Stelle aufzureißen und gibt den Blick auf einen Himmel mit mir unbekannten Sternbildern frei.

Siehst du den Stern da, weit links, der so wunderbar strahlt? „Ja." *Dann hole ihn dir heran, vergrößere das Bild, wie du es eben schon einmal gemacht hast.*

Ich erkenne die Erde, dann Erdteile, Länder und schließlich eine Stadt. Straßenzüge werden deutlich, ein Haus, eine Frau.

„Franziska", rufe ich und wende mich an meinen Begleiter. „Meine Schwester, die ich immer 'Franzi' genannt habe."

Sie trägt jetzt einen anderen Namen, auch ihr Aussehen ist ein anderes. Du erkennst sie an ihrer Seelenstrahlung.

„Ich habe sie sehr gemocht. Sie hat uns viel zu früh verlassen."

Sie ist wieder inkarniert. Wenn du willst, wird sie deine Mutter.

Das ist keine Frage für mich. „Und mein Vater?" Das Bild verändert sich. Ich sehe einen jungen Mann, den ich aber nicht kenne.

Die beiden werden in Kürze heiraten. Zeitpunkt und Umfeld wären für dich eine Gelegenheit sondergleichen, denn du würdest im Verlaufe deines Lebens mit d e n Menschen zusammentreffen, mit denen du noch etwas auszugleichen hast, denen du helfen kannst und umgekehrt. Und bei denen du das lernen kannst - wenn auch nicht immer freudig und freiwillig -, was du dir vorgenommen hast.

Ein neues Bild erscheint, eine ganze Bilderfolge: Meine Geburt, zwei Fehlgeburten meiner Mutter, ich bleibe das einzige Kind. Ich sehe ein Licht an meiner Seite, mit dem ich mich unterhalte. Die anderen schütteln verständnislos ihren Kopf. Meine Kindheit und Jugend zieht vorüber, ein Unfall mit beinahe tödlichen Folgen wird eingeblendet *(... da habe ich ganz schön zu tun, um dich in deinem Herzen zu erreichen, denn du hast andere Dinge im Kopf)*, dann meine berufliche Entscheidung *(... du weißt nicht so recht, was du willst, aber ich lese deinen geheimen Wunsch und kenne deine Fähigkeiten. So darf ich dir, unter Beachtung deines freien Willens, ein wenig Hilfestellung leisten)*, die Sinnlichkeit bricht durch *(... das sind nicht ungefährliche Jahre, deine hier gefaßten Vorsätze sind in Vergessenheit geraten)*.

Ich erlebe meine Heirat und die anfänglichen Schwierigkeiten in meiner Ehe, sehe aber auch, wie ich mich bemühe und sie mit Judiths Hilfe aus der Welt schaffe. Die Geburt unserer Tochter Anne wird eingeblendet und unsere Zeit als glückliche Familie.

Warte einen Augenblick. Deine Eheprobleme, die zum größten Teil du verursacht hast, waren ein Prüfstein. Du gehst nicht ohne Grund zur Erde. Du hast dir ja vorgenommen, etwas zu lernen.

„Ja", antworte ich auf die unausgesprochene Frage. „Neben Geduld und Vertrauen ist es vor allem die Demut, die ich entwickeln möchte, das Hineinfühlen in meine Mitmenschen und das Hin- und Annehmen einer Gegebenheit, die ich nicht zu ändern vermag."

Das scheint mir mehr als genug für eine Inkarnation zu sein.

„Du hast recht. Dieser falsche Ehrgeiz, immer gleich alles auf einmal machen zu wollen! Eigentlich müßte ich daran auch noch arbeiten, aber dann ...", fügte ich leicht deprimiert hinzu, „ ... wird die Liste noch länger."

Dein Leben ist zwar nicht vorherbestimmt, da sich dies nicht mit dem Gesetz des freien Willens vereinbaren läßt. Aber es ist geprägt von deiner Seelenbelastung und läuft daher in Bahnen ab, die du selbst vorgibst. Doch diese Bahnen haben Gabelungen. Die großen davon sind diejenigen, die dein Leben in die eine oder andere Richtung lenken. In welche Richtung, das bestimmst du. Du kannst deinem Menschen, deinem Ego, folgen, oder du kannst dich entscheiden, dein Gewissen zu fragen und dann richtig zu handeln. Auf diese Weise stellst du selbst deine Weichen. Und dein hausgemachter Schicksalsweg wird leichter oder schwerer.

In den ersten Jahren deiner Ehe - er deutet mit dem Finger auf einzelne Situationen - *da und da und da, kommst du an solche Gabelungen. Die Aussichten sind gut, daß du auf Grund deiner bisher gemachten Erfahrungen und deiner Ehrlichkeit zu dir selbst den Weg einschlägst, der dich weiter voranbringt. Aber du mußt aufpassen. Du bleibst noch eine Weile gefährdet. Siehst du* - wieder zeigt er mir Gefahrenpunkte - *auch da kann etwas auf dich zukommen. Und nun schau, wie du dich entwickeln kannst und wirst, wenn du meine Impulse aufnimmst und umsetzst, die ich dir durch die Liebe des Vaters immer und immer wieder in dein Inneres lege.*

Bilder tauchen auf, die mir Mut machen. Ich beginne, ein Gefühl für meinen Nächsten zu entwickeln, ich lerne, auch einmal zu schweigen, und in einer besonders kritischen Situation strecke ich die Hand zur Versöhnung aus.

Du hast dich gefangen und beginnst, dich zu erinnern. Du hast den Funken angefacht, von dem du glaubtest, der Mantel des Vergessens könnte ihn gänzlich zudecken. Die größte Gefahr ist beseitigt, doch bestehen bleibt sie, bis du wieder hier bist. Oder, was ich dir wünsche, in anderen, weiteren und helleren Sphären.

„Während dieser letzten Zeit, so sieht es aus, bin ich nicht allein. Was ist das für ein Licht bei mir?“

Muß ich dir das sagen? Erkennst du mich nicht?

Mein Herz macht einen Freudensprung, meine Augen füllen sich mit Tränen.

Willst du dir den Rest nicht anschauen?

„Ich habe genug gesehen. Es wird gut ausgehen, ich spüre es.“

Die Wahrscheinlichkeit, daß es so kommen wird, ist groß, denn du hast an Stärke gewonnen. Dennoch ist und bleibt es nur eine von mehreren Möglichkeiten. Doch so in etwa kann und wird dein Leben verlaufen, wenn du die Liebe in dir nicht erkalten läßt. Der Gewinn, den du daraus ziehen kannst, ist offensichtlich.

Wir schauen uns noch eine Weile das letzte Bild an. Der Film ist auf meinen Wunsch hin angehalten worden. Ich hänge meinen Gedanken nach und eile in der Zeit voraus, sehe vor meinen geistigen Augen noch einmal die Menschen, die mir begegnen werden, freue mich auf die kleinen Schritte, die ich machen werde und bin fest entschlossen, den vor mir liegenden Weg zu gehen. Er wird mich dem Himmel ein wenig näher bringen.

Du hast dich entschieden.

„Ja, so soll es sein. Ich werde gehen", sage ich mit fester Stimme.

*

Wir sind wieder auf dem Weg zu dem Pavillon, in dem ich die Rückschau erlebt habe. In der Zwischenzeit hat sich einiges getan, was meine Vorbereitungen betrifft. Neues Leben ist in meiner künftigen Mutter entstanden. Seitdem ich mich für sie als meine Mutter entschieden habe, bin ich oft bei ihr gewesen. Die ganze Schwangerschaft über habe ich sie begleitet. Ich glaube, manchmal hat sie meine Nähe gespürt. Ich habe gelernt, meine Seelenenergie in das noch ungeborene Leben mit einfließen zu lassen, denn dieses Leben wird bald meines sein. Mein zunächst noch kleiner Körper trägt die Bausteine meiner künftigen Eltern. Mein Wesen jedoch, mein Seele, bringe ich mit.

„So teilen wir uns die Arbeit, meine Lieben", muß ich denken, „ihr sorgt für mein körperliches Wachstum, ich will und werde mich - mit eurer Hilfe - um mein seelisches bemühen." Ich mag die beiden jetzt schon. Daß sie nicht ahnen, was im Unsichtbaren um sie herum vor sich geht, kann ich ihnen nicht verübeln. Ich werde es bald auch nicht mehr wissen.

Beim ersten Schrei des Kindes, darauf hat man mich vorbereitet, werde ich den Kontakt herstellen. Ich denke noch „des Kindes", weil ich mich noch nicht mit dem Körper, der bald meiner sein wird, identifizieren kann. Das scheint normal zu sein, auch daß Seele und Körper sich nicht sofort und endgültig vereinigen, sondern daß dies erst in den folgenden Wochen geschieht. (In dieser Zeit, habe ich mir vorgenommen, komme ich zu Besuch in meine alte Heimat - so oft es geht.) Doch sobald wir uns einmal gefunden haben, kann uns nichts mehr trennen. „Bis der Tod uns scheidet", habe ich mit einem Anflug von Humor gedacht, den ich jetzt absolut nicht empfinde.

„Die Wehen haben eingesetzt", sage ich, „wir müssen uns beeilen."

Mein himmlischer Bruder lächelt.

Du wärst der erste, der zu spät kommt.

Ein bißchen traurig bin ich schon, daß ich von hier fort muß, und gleichzeitig freudig gespannt auf die vor mir liegende Zeit, die man ohne weiteres als eine lange Reise bezeichnen kann. „Lange" ist natürlich relativ. Meine Freunde haben mir beim Abschied Mut gemacht.

„Du magst zwar für ein paar Jahrzehnte irdischer Zeitrechnung wegbleiben", haben sie mich getröstet, „aber für uns hier wird das nicht länger als ein Augenaufschlag dauern." Und der Jüngste meiner Schüler, der mich ständig an mich selbst erinnert, konnte sich nicht verkneifen zu sagen: „Wart's ab. Kaum hab' ich mir's auf meiner Wolke gemütlich gemacht, bist du schon wieder hier."

Wir haben den Pavillon erreicht und treten ein. Die Stühle fehlen, sonst hat sich nichts verändert. Wir reichen uns die Hände.

Gibt es noch etwas?

„Nein, ich danke dir mein Freund."

Geh' durch diese Tür.

Er zeigt auf eine Stelle im Bild. Dort habe ich beim Eintritt keine Tür gesehen. Jetzt entdecke ich sie. Sie hat sich bereits geöffnet. Über ihrem Rundbogen erstrahlt ein Licht, dessen Strahlen - den Tropfen eines Wasserfalls ähnlich - einen feinen, goldenen Vorhang bilden. Ohne daß man es mir hat sagen müssen, weiß ich es: Dies ist das Tor des Vergessens. Es wird ein vorübergehendes Vergessen sein. Mein Mensch wird sich nicht erinnern, in meiner Seele jedoch bleibt alles eingeschrieben. Ich gehe darauf zu, als mich seine Stimme noch einmal aufhält.

Ich habe noch ein Geschenk für dich. Es erwartet dich draußen. Leb' wohl.

Ich drehe mich um und gehe. Vor mir liegt eine lange Straße, die sich in der Ferne verliert. Nach einer Weile schaue ich mich um. Der Pavillon ist noch zu sehen, auch die herrliche Lichtgestalt unter dem Bogen. Dann entdecke ich den unendlich fein gesponnenen Faden, der wie reines Gold schimmert. Er geht von diesem Licht aus und endet in meinem Herzen.

*

WIR FREUEN UNS ÜBER DIE GEBURT UNSERES SOHNES FERDINAND - RICHARD UND MARTHA FREI. Die Zeitungsanzeige ist klein, doch die Freude ist groß.

8.

Das gleichmäßige Rattern der Räder hatte mich müde werden lassen. Ich war nicht richtig eingeschlafen, ich döste mehr vor mich hin. Vor ein paar Tagen hatte ich mich entschlossen, mit der Bahn in den Urlaub zu fahren. Die Zugverbindung war problemlos, die letzten paar Kilometer konnte ich einen Bus nehmen. Und außerdem bestand vielleicht die Möglichkeit, während einer Bahnreise eine nette Unterhaltung zu führen. Doch bis jetzt war ich allein in meinem Abteil.

Die Meteorologen hatten eine weitgehend von Frühnebel und Sonnenschein bestimmte Woche vorausgesagt („laß sie doch bitte einmal recht haben, lieber Gott"), so daß ich mich auf ein paar schöne und erholsame Tage freuen konnte. Doch auch Regen würde mich nicht groß stören. Es war genug zu lesen in meinem Koffer.

Ich hörte, wie die Abteiltür aufgeschoben wurde und öffnete kurz die Augen. Eine junge Frau trat ein, wir grüßten uns, dann setzte sie sich mir gegenüber. Ich war wohl doch ziemlich müde, denn schon bald fielen mir die Augen wieder zu. Das Geräusch der rollenden Räder wiegte mich in einen leichten Schlaf.

Wie geht es deiner Schwester?

„Ich habe keine Schwester", dachte ich schlaftrunken. „Das ist das erste Mal, daß du dich vertust."

Im selben Moment war ich hellwach, hielt aber die Augen noch geschlossen. Es war unmöglich, daß sich mein Licht irrte! Was aber sollte dann die Frage?

Wie ist es, als Sohn des Himmels mit unzählig vielen seiner himmlischen Geschwister vorübergehend hier auf der Erde zu sein?

Der Satz kam mir bekannt vor, dann erinnerte ich mich. So oder so ähnlich ging es mir manchmal durch den Kopf, wenn ich mein Inneres aufsuchte. Damit war mir auf einmal klar, auf was mich mein Licht aufmerksam machen wollte. Ich öffnete meine Augen und betrachtete eine Weile die Frau, ohne daß diese es bemerkte. Ich schätzte sie auf etwa 28 Jahre. Sie hielt ein Buch in den Händen, in dem sie aber nicht las. Ihr Blick war auf einen unbestimmten Punkt in der vorbeiziehenden Landschaft gerichtet. Und dann sah ich die Tränen in ihren Augen.

Sie schüttelte kurz den Kopf und suchte dann in ihrer Handtasche vergebens nach einem Taschentuch. Ich zog aus der Brusttasche meiner Jacke eine angebrochene Packung Papiertaschentücher und reichte sie ihr.

„Danke.“ Sie zog ein Tuch heraus und tupfte sich damit die Tränen ab.

„Wie soll es jetzt weitergehen?“ fragte ich gedanklich mein Licht. „Du hast mir mal geraten, eine Sache nach Möglichkeit nur dann anzufangen, wenn man sie auch beenden kann. Und jetzt?“

Schweigen.

Gut, vielleicht war das ja die Antwort. Vielleicht wäre es - wenigstens vorerst - das richtigste. Ab und zu trafen sich unsere Blicke. Dabei schaute ich sie mit so viel Verständnis an, wie mir möglich war, ohne aufdringlich zu werden. Schließlich klappte sie ihr Buch zu; ich erkannte, daß es die Bibel war. „Ich komme mir ziemlich albern vor und kann mir vorstellen, was Sie jetzt von mir denken ...“

„Das glaube ich nicht“, wollte ich schon sagen, schwieg dann aber lieber. *Wie richtig.*

„ ... aber es war ein bißchen viel, was in den letzten Tagen auf mich zugekommen ist. Und vor allem: Ich kann es nicht einordnen.“ Ihre Stimme war noch leise, doch sie hatte aufgehört zu weinen.

„Wollen Sie es mir erzählen?“

Es dauerte eine Weile, bis sie sich dazu entschloß. Ich wartete schweigend. Schließlich begann sie.

„Ich komme vom Krankenbett meiner Freundin, die vor kurzem einen Unfall erlitten hat. Ein Bein mußte amputiert werden, das Schlimmste aber sind ihre Kopfverletzungen. Sie leidet unter Bewußtseinsstörungen und kann sich nur schwer verständigen, zumindest kann ich sie kaum verstehen.“ Sie machte eine Pause, weil ein Gefühl der Hilflosigkeit und Trauer sie für einen Moment zu überwältigen drohte. Dann putzte sie sich die Nase, atmete ein paar mal tief und hatte sich wieder gefangen.

„ Als ob das allein nicht schon schlimm genug wäre! Sie hat zwei kleine Kinder und einen Mann, der völlig überfordert ist. Nahe Verwandte sind keine da, keine *mehr* da. Ich habe ein paar Tage nach dem Rechten geschaut, die Kinder versorgt, den Haushalt geführt; stundenlang habe ich an ihrem Bett gesessen, mit den Ärzten gesprochen, ihr und ihrem Mann Mut gemacht und mich selbst getröstet. Nun muß ich wieder zurück, meine Arbeit wartet. Gott sei Dank hat sich eine Nachbarin bereit erklärt, täglich 3 - 4 Stunden zu helfen. Völlig unerwartet und aus freien Stücken. Das war der einzige Lichtblick in diesen Tagen." Sie hielt für einen Moment inne. „Ich darf nicht ungerecht sein, das letzte Gespräch mit den Ärzten hat auch Lichtblicke gehabt. Es scheint so zu sein, daß medizinisch und therapeutisch doch einiges getan werden kann, das Hoffnung macht. Die Möglichkeit zumindest besteht, daß sie wieder ein einigermaßen normales Leben führen kann. Nur wann das sein wird, das sagt einem natürlich keiner."

Das Reden hatte ihr gutgetan.

„Ich sehe, Sie haben die Bibel auf dem Schoß liegen ..." Ich ließ den Satz bewußt offen. Vielleicht würde es sie anregen, von sich aus etwas dazu zu sagen. Sie blickte mich überrascht an.

„Das ist Ihnen aufgefallen? - Ja, ich habe versucht, darin eine Antwort oder einen Trost zu finden." Sie zuckte leicht mit den Schultern. „Ich weiß nicht, vielleicht habe ich nicht an der richtigen Stelle gesucht. Sicher finde ich vieles darin, was Mut machen kann. Sonst wäre es ja fast nicht auszuhalten. Aber Antworten, richtige Antworten ..." Sie schüttelte den Kopf.

„Damit hat sich eigentlich erledigt, was ich Sie fragen wollte ..." Ich zögerte.

„Ja?" Mit ihrem fragenden Ja forderte sie mich indirekt auf, es doch zu tun.

„ ... nämlich, ob Sie ein gläubiger Mensch sind."

Sie ließ sich Zeit. „Bis vor kurzem noch hätte es für mich nur *eine* klare Antwort darauf gegeben. Und ich nehme an, daß das noch gilt, denn man kann doch nicht von heute auf morgen ungläubig werden. Ich brauche keine fertigen Antworten auf meine Fragen, aber wenn ich wenigstens den Sinn dahinter erkennen könnte. Dieses Nicht-Verstehen setzt mir fast so schlimm zu wie das äußere Geschehen". Die Not dieser suchenden, jungen Frau, die glaubt oder weiterhin glauben möchte, war offensichtlich.

„Ich habe mit einem der beiden Krankenhauspfarrer gesprochen, einem sehr netten, älteren Herrn. Er hat viel Einfühlungsvermögen und ist für die Kranken und Angehörigen da, wann immer diese ihn brauchen. Aber ...“, wieder dieser Anflug von Resignation, „ ... auf die meisten meiner Fragen konnte er nur mit einem Schulterzucken antworten. Ich will ihm nicht unrecht tun“, fügte sie enttäuscht hinzu, „doch mit den Schultern zucken kann ich selbst.“

„Bitte hilf mir“, wandte ich mich in Gedanken an mein Licht.

„Ich bin davon überzeugt, daß Sie an Gott glauben“, setzte ich das Gespräch fort. „Wenn jemand Trost und Hilfe bei einem Seelsorger und in der Bibel zu finden hofft, anerkennt er damit eine höhere Instanz. Sonst würde er dort nicht suchen. Vielleicht würde er sich an positives Denken erinnern oder an andere Übungen.“

Sie hörte mir aufmerksam zu. „Und?“

„Sie glauben an Ihn. Lieben Sie Ihn auch?“

„Ob ich Ihn liebe?“ Mir schien, als hätte ich sie ein bißchen verunsichert. „Darüber habe ich mir noch keine großen Gedanken gemacht. Wenn ich es mir überlege, dann meine ich: Man muß Ihn doch lieben, wenn man an Ihn glaubt. - Oder?“ Plötzlich waren Zweifel in ihrer Stimme.

„Mich treibt im Moment dieselbe Frage um, und ich bin Ihnen dankbar dafür, daß ich mich mit Ihnen darüber unterhalten kann.“ Das war nicht gelogen, auch wenn ich mein Licht und meinen Freund Peter als Gesprächspartner für solche Themen hatte. Dennoch war unser Austausch hier wichtig - für uns beide.

„Ich bin mir schon ziemlich sicher“, fuhr ich fort, „daß *Ich glaube an Dich* und *Ich liebe Dich* zwei verschiedene Dinge sind. Haben Sie mal zu Gott gesagt: ‘Ich liebe Dich’, so wie Sie das sicher auch zu Ihrem Mann sagen?“ Ich hatte den Ring an ihrem Finger bemerkt.

Sie zögerte. „Ich weiß nicht.“

Ein erneuter Gedanke an mein Licht: „Laß mich nicht allein“.

„Wenn ich meine Frau liebe“ [als Witwer hätte mir ein besseres Beispiel einfallen können!], „untersuche ich das Essen, das sie mir kocht, nicht auf Gift. Im Gegenteil: Ich vertraue ihr, weil ich weiß, daß auch sie mich liebt und mir daher nichts Böses will. Wie aber mache ich es mit Gott, an den ich doch ebenfalls glaube? Nehme ich aus Seiner Hand auch vertrauensvoll das entgegen, was Er für mich bereithält?“

Das, was ich da sagte, war nicht von mir. Ich spürte es genau. Das gab mir ein gutes und sicheres Gefühl.

„Nicht mein Glaube an Ihn führt - sozusagen wie von selbst - zur Liebe. Dagegen beinhaltet meine Liebe immer den Glauben, weil man nicht jemanden lieben kann, ohne an ihn zu glauben. Höchstens Stars und Sternchen, fällt mir gerade dazu ein, aber das ist keine Liebe, sondern Schwärmerei. So viel habe ich schon herausbekommen. Sie können es selbst versuchen. Denken Sie mal an all die Freunde, Bekannten, Kollegen, Politiker usw., an die Sie glauben. Und dann fragen Sie sich, ob Sie die auch lieben. Ich meine nicht, ob Sie sich für sie begeistern oder sie für verläßlich halten, sondern ob Sie sie lieben. So hab ich’s gemacht, und dann wußte ich, daß Glaube und Liebe zweierlei Dinge sind.“

Sie sah mich nachdenklich an. „Auf was wollen Sie hinaus?“ Ich hatte den Eindruck, als sei ihr Kummer ein wenig in den Hintergrund getreten.

„Lassen Sie uns eine Hypothese aufstellen. Wenn Gott die Liebe ist, und es keine größere Macht als die Liebe gibt, dann ergibt sich daraus, daß die Liebe alles enthält. Gehen Sie damit einig?“

„Ja“, sagte sie vorsichtig, als ob sie sich auf unbekanntes Terrain zubewegen würde. Sie bestätigte es mir: „So zu denken ist mir neu.“

„Aber Sie sind noch nicht zu alt, um es zu lernen. Sie könnten es versuchen, wenn Sie möchten.“ Ich lächelte leicht. „Sie kennen sicher das Lied ‘Ich bete an die Macht der Liebe, die sich in Jesus offenbart’.“ Sie nickte. „Diese große Liebe meine ich. Sie m u ß die Gerechtigkeit beinhalten, weil Gott gerecht ist.“ Sie nickte wieder.

„Wenn Sie dies anerkennen, haben Sie schon halb gewonnen. Dann kann es nicht mehr um die Fragen gehen: Wo bist du, Gott? Warum hast du weggeschaut, als das passierte? Warum hast du nicht eingegriffen?, sondern Sie schreiben das, was Ihnen, Ihrer Freundin und überhaupt jedem Menschen passiert, zuerst einmal *nicht* mehr Seiner Ungerechtigkeit zu. Damit hören Sie auch auf, an Ihm zu zweifeln.

Denn darin besteht für den, der direkt oder indirekt betroffen ist, die größte Gefahr. Oder meinen Sie, daß man allen Ernstes sagen kann: 'Gott, ich glaube an Dich, aber ich glaube nicht daran, daß das, was geschieht, in Deinem Willen ist'?"

Sie war inzwischen ruhig geworden. Unser Gespräch begann sie zu faszinieren, so daß es schien, als hätte sie ihre akuten Sorgen vergessen.

„Aber das ändert nichts daran, daß ich immer noch nicht weiß, warum."

„Das ist richtig, und damit hatte sich auch für mich eine große Frage aufgetan: Muß ich überhaupt wissen, warum? Die Liebe enthält ja nicht nur die Gerechtigkeit, sondern auch die göttliche Weisheit. Gott wird also kein Fehler unterlaufen, Ihm *kann* kein Fehler unterlaufen. Als ich diesen Gedankengang mit all seiner Konsequenz zu Ende brachte, war das Warum? plötzlich nicht mehr so wichtig. Die Antworten, wenn sie mir oder uns denn gegeben würden, hätten vielleicht - aber nur *vielleicht* - zu einem besseren Verständnis gedient. Doch hätte ich auf Grund der Antworten auf einmal demütig mein Haupt gebeugt und gesagt: 'Ja, Vater, wenn das *so* ist, dann ist alles gut'? Ich glaube, das würde ich kaum tun. Und die meisten Menschen bestimmt ebensowenig.

Da schien es mir besser zu sein, die Liebe, Gerechtigkeit und Weisheit Gottes anzuerkennen, anstatt auf Antworten zu pochen. Als ich dies tat - und ich muß zugeben, daß ich mich immer wieder neu darum bemühen muß -, hörten das Zweifeln, Hadern und Streiten mit Ihm auf. Denn ich kann nicht Seine Liebe zu mir akzeptieren, sie vielleicht sogar stärker und stärker in mir wachsen lassen, und Ihn gleichzeitig als ungerecht empfinden. Tue ich das dennoch, kann ich daran erkennen, wie groß oder klein mein Glaube an Ihn ist. Ob mein Glaube überhaupt noch existiert. Wenn ich in Gottes Führung keine Gerechtigkeit erkennen kann, verneine ich Ihn. Über meine Liebe zu Ihm oder das, was ich dafür halte, brauche ich dann gar nicht mehr nachzudenken."

Wann hatte ich zuletzt eine so lange Rede gehalten? Hoffentlich hatte ich sie nicht erschreckt. „Über noch etwas dachte ich damals ernstlich nach: Was ich eigentlich antworten würde auf Seine Frage, ob Er es ist, den ich liebe? Falls Er mir einmal eine solche Fragen stellen würde, hier oder erst drüben. Ich ahne die Antwort, aber kann ich sie jetzt schon ehrlichen Herzens geben?"

Sie schaute mich mit großen Augen an. „Schickt Sie der Himmel?"

War ich über mein Ziel hinausgeschossen? Stand es mir zu, so zu reden? Ich spürte in mich hinein. Ich war fest von der Richtigkeit dessen überzeugt, was da aus meinem Inneren geflossen war, wenn ich auch als Wanderer gerade erst den Weg angetreten hatte. Was hätte ich ihr anderes sagen sollen? Von Reinkarnation und Karma konnte ich ihr unmöglich etwas erzählen, auch nicht von Seelen, die bewußt einen Opfergang über die Erde machen, um auf tausendfältige, für uns undurchschaubare Weise anderen auf ihrem Weg zu helfen. Ich hatte das gesagt, was in meinem Herzen war.

„Nein", entgegnete ich, „mich schickt nicht der Himmel, und ich bin kein Engel, es sei denn in dem Maße, wie Sie auch einer sind. Denn für mich steht es außer Frage, daß der Himmel unser aller Zuhause ist, und daß wir auf dem Rückweg in unser Vaterhaus sind. Wie der verlorene Sohn - auch wenn Sie eine Tochter sind."

Sie lächelte zum ersten Mal, seit sie das Abteil betreten hatte. Zu Anfang unseres Gespräches hatte ich gehofft, daß uns kein weiterer Reisender stören würde. Dann hatte ich diesen Gedanken aufgegeben. Wenn es sein sollte, würde wir allein bleiben und könnten in Ruhe miteinander sprechen. Sollte dies nicht vorgesehen sein, bekämen wir Besuch. Oder wir würden zu dritt oder viert die Unterhaltung weiterführen. Wer weiß schon, was der Himmel für Pläne hat! Wir waren allein geblieben.

Der Lautsprecher kündigte die Station an, an der ich aussteigen mußte. Ich nahm mein Reisegepäck aus dem Netz und reichte ihr die Hand.

„Alles Gute für Sie und Ihre Freundin und deren Familie. Ich werde an Sie alle denken."

Sie hielt meine Hand einen Augenblick lang fest in der ihren. „Ich danke Ihnen ..."

„Und ich danke Ihnen“, unterbrach ich Sie, „auch wenn Sie es vielleicht nicht verstehen.“

Dann hielt sie mir die Packung Papiertaschentücher hin. „Ich glaube nicht nur, ich weiß, daß ich *die* nicht mehr brauche.“

Ich öffnete die Abteiltür und wollte auf den Flur treten, als sie mich fragte: „Wer sind Sie? Was tun Sie, außer auf Bahnfahrten Menschen wieder Mut zu machen?“

Der Zug fuhr gerade in den Bahnhof ein, so daß sie einsah, daß für eine längere Erklärung keine Zeit mehr blieb. So brauchte ich nicht mehr zu sagen als:

„Ich bin ein Wanderer, der ein paar Tage Urlaub macht und sich dabei ein wenig ausspannen möchte. Machen Sie's gut.“

Der Busbahnhof war nicht weit entfernt. Ich nahm Koffer und Tasche und ging los.

Wie geht es deiner Schwester?

„Ich nehme an, es geht ihr etwas besser als noch vor einer Stunde. Dank deiner Hilfe.“

*

Im Bus, der außer mir kaum eine Handvoll Fahrgäste beförderte, suchte ich mir ziemlich weit hinten einen Fensterplatz. Ich hatte eine Fahrt von etwa 45 Minuten vor mir, Zeit genug also, um noch einmal an die junge Frau und das, was sie mir erzählt hatte, zu denken. Wie hätte ich noch vor Monaten empfunden, wäre ich in ihrer Situation gewesen? Ganz ähnlich, mußte ich zugeben. Deshalb war es mir nicht schwergefallen, sie zu verstehen. Ohne mein Licht hätte ich aber niemals die Worte gefunden, die es ihr ganz offensichtlich etwas leichtergemacht hatten. Ich wünschte ihr, daß sie den Wunsch und den Willen haben würde, diesem Fundament - auch wenn es erst klein war - weitere Bausteine hinzuzufügen. Ich erinnerte mich an den Beginn meiner geistigen Schulung, als ich viele Fragen hatte, die mir am liebsten alle auf einmal hätten beantwortet werden sollen:

Alle Aspekte des Lebens, der gesamten Schöpfung, sind - vergleichbar einem riesigen Netz - miteinander verbunden. Wie unter einer Dek-

ke, welche die Wahrheit noch verhüllt, liegen für dich und die meisten Menschen die sogenannten „Geheimnisse Gottes" verborgen. Ist es für die Wahrheitsfindung wohl entscheidend, welchen Zipfel deiner Unwissenheit wir zuerst lüften?

„Es war nicht entscheidend und ist nicht entscheidend", dachte ich. „Viel wichtiger ist, daß man überhaupt anfängt zu suchen. Den Rest wird die geistige Führung übernehmen; und die ist bei jedem Menschen anders, weil jeder ein anderes Bewußtsein hat."

Jesus von Nazareth hatte diese Gesetzmäßigkeit schon vor 2000 Jahren auf den Punkt gebracht: *Wer sucht, der findet, und wer anklopft, dem wird aufgetan.* Einfach genial, göttlich genial. Seitdem glaubten Gelehrte aus aller Welt, dieses Wort auslegen und erklären zu müssen. Dabei brauchte man es nur anzuwenden.

Wir fuhren durch eine abwechslungsreiche Landschaft. Die Wälder begannen sich bereits zu färben, die Felder waren abgeerntet, und hier und da war auch die Obsternte schon im Gang. Das erinnerte mich an die Gedichtzeile „und keine Zeit bedrängt das Werden und Vergeh'n". Wie es hier wohl im Frühjahr ausschauen würde? Wenn neues Leben überall aufzubrechen begann? Für mich war es selbstverständlich geworden, alles nur als Ausdruck eines ständigen Wandels zu sehen.

Mein Licht hatte mit mir ausführlich über die Reinkarnation gesprochen, die fälschlicherweise oft als Wiedergeburt und nicht als Wiederverkörperung bezeichnet wird. So hatte ich die ersten Einblikke gewinnen können in eine göttliche Gerechtigkeit, was mir erst die Augen für die Liebe Gottes geöffnet hatte. Ich begann, die ersten falschen Wegweiser der christlichen Lehren zu erkennen - neben den zweifellos richtigen. Was ich von meinem Licht nicht hatte erfahren können, mußte ich mir zusammensuchen und gemäß der Aufforderung *Gebrauche deinen Verstand* selbst herausarbeiten.

Das Wissen über ein Leben nach dem Tod führte zwangsläufig zu der Frage, wie es „drüben" weitergeht. Und schon war man bei Sünde, Seelenschuld, Fegefeuer, Hölle, ewiger Verdammnis und - im besten Fall - beim Himmel. Der Begriff „Karma" tauchte auf, wurde untersucht, erläutert und begriffen. So ergab sich nach und nach ein

Verständnis, in dem der Zufall als nicht existent erkannt wurde und sich alles einordnete in ein Bild, das auch Not und Sorgen, Leid und Schicksalsschläge enthielt. Nichts aber geschah „einfach nur so“, ohne Bezug zur Vergangenheit oder auch zur Zukunft. Alles hatte seinen Platz, ob es dem Betroffenen gefiel oder nicht, und ob er es verstand oder nicht.

Mir war einmal durch den Kopf gegangen, daß im Liebeplan Gottes für die Menschen eine Möglichkeit vorgesehen sein *muß*, daß ein scheinbar unabwendbares, „zufällig“ auftretendes und nicht angekündigtes Schicksal doch abgewendet werden kann. Schon deshalb, weil Er die Liebe ist. Es mag ja sein, daß alles seinen Platz hat; aber man könnte Plätze ja auch tauschen, vielleicht verschieben und sie ihrer Wichtigkeit oder Brisanz berauben.

Inzwischen wußte ich, daß es diese Möglichkeit nicht nur als theoretische Annahme, sondern als Fakt gab. Dieses Thema einmal in aller Ruhe mit dem Licht zu besprechen, stand noch auf meinem Programm. Das Ergebnis würde ich in mir festschreiben. Hatte ich nicht erst vor kurzem an eine „Führung mit einer, mit nichts zu vergleichenden ‘göttlichen’ Präzision“ gedacht?

Ich schüttelte kaum merklich den Kopf. Früher, als ich mich noch macht- und hilflos einem undefinierbaren Schicksal ausgeliefert sah, war eine meiner Aussagen gewesen: „Was soll ich mir Gedanken machen? Es kommt doch alles so, wie es kommen muß!“ Mit dieser Einstellung befand ich mich anscheinend immer „in guter Gesellschaft“. Das zeigte die regelmäßige Zustimmung. Inzwischen war ich vom Gegenteil überzeugt. Ich glaubte zwar immer noch, daß alles so kommen wird, wie es kommen muß, aber ich nahm einen Zufall oder eine Willkür Gottes nicht mehr als Ursache an. Ich hatte mich davon überzeugt, daß ich auf das, *was kommen mußte,* Einfluß hatte. Diese gemachte Erfahrung ging weit über „positives Denken“ hinaus. Im Grunde genommen hatte sie nichts mehr damit zu tun.

Ich schaute auf meine Uhr. Die Hälfte der Strecke hatten wir hinter uns. Es war eine Wohltat für Auge und Gemüt, an diesem herrlichen Spätsommertag durch die abwechslungsreiche Gegend zu fahren. Ob sich meine Abteilnachbarin inzwischen auch an ihrem, sicher nicht weniger schönen Ausblick ein bißchen erfreuen konnte? Wenn ich auf mich allein gestellt gewesen wäre bei unserem Gespräch - was hätte ich ihr gesagt? Wäre etwas Falsches dabei gewesen, das sie möglicherweise vor den Kopf gestoßen hätte, auch dann, wenn es noch so richtig gewesen wäre? Eines hatte ich Gott sei Dank schon verstanden, auch wenn es das in der Praxis immer wieder zu üben galt: Überfordere deinen Nächsten nicht! Und es wäre völlig unangebracht gewesen, den Aufklärer zu spielen. Es schüttelte mich innerlich, als ich an die Versuchung dachte, die bestimmt im Hintergrund gelauert hatte.

Mir kam in dem Moment zu Bewußtsein, wieviel Millionen von Menschen auf der ganzen Welt in einer ähnlichen Lage sind wie die junge Frau und ihre Freundin mit Familie. Keiner hat ihnen gesagt, daß niemals eine Strafe Gottes ist, was ihnen an Leid widerfährt. Keiner hat sie darüber belehrt, daß das Leben einem jeden ununterbrochen das vorsetzt, was es noch zu erkennen, zu erarbeiten und zu erlernen gibt. Daß aber dabei nur das auf ihn zukommen kann, was auf ihn zukommen muß auf Grund seines Handelns in diesem oder einem früheren Leben. Ganz gewiß gab es Ausnahmen von dieser Regel; aber auch sie waren Teil einer Gesetzmäßigkeit, die wir nur noch nicht kannten. Denn bei Gott gab und gibt es keine Willkür.

Wer weiß denn schon, daß sich die Seele unter Schmerzen krümmt, wenn der Mensch Widerstand leistet? Und daß es die Liebe Gottes ist, die Not und Ungemach nur deshalb zuläßt, damit der Mensch aufwacht und sich der Liebe ergibt? Statt dessen herrschten Gleichgültigkeit, Unwissenheit und Angst vor. Vier Zeilen aus einem Gedicht von „Ephides“ [1] kamen mir in den Sinn:

> Was fürchtest du? Es kann dir nur begegnen,
> was dir gemäß und was dir dienlich ist.
> Ich weiß den Tag, da du dein Leid wirst segnen,
> das dich gelehrt, zu werden, was du bist!

---

1) H. Zahrada, Anthos-Verlag, 1984

Die Schmerzgrenze - wer hatte das mal formuliert? - sei von Mensch zu Mensch verschieden; doch irgendwann würde sie jeder erreichen. „Und dann", dachte ich, „bricht das Warum? aus ihm hervor. Aber es ist kein Warum? der Anklage und des Zorns mehr, sondern eines, das den verzweifelten Hilferuf des Ertrinkenden in sich trägt." Das ist der Wendepunkt. Muß es aber so weit kommen? Muß erst das Leid gesegnet werden? Müssen oftmals viele Leben vergehen in geistiger Blindheit und in Schmerz und Leid? Würde der Mensch seine Schmerzgrenze freiwillig ausloten, wenn er die Wahrheit wüßte?

All das hatte ich ihr nicht sagen können. Dafür war es zu früh. Sollte sie aber auf die Suche gehen, so würde sie diese Antworten finden. *Auch* diese Antworten.

Der Bus hatte in einem freundlichen Dorf, meinem Urlaubsort, haltgemacht. Ich nahm mein Gepäck und stieg aus.

*

Die kleine Pension lag am Ende des Dorfes, ein Stück von der Straße entfernt, Richtung Wald. Von Bekannten, die schon zum wiederholten Male hier Urlaub gemacht hatten, war sie mir wärmstens empfohlen worden. Frau Jakobs, die mollige Pensionswirtin, begrüßte mich herzlich und zeigte mir mein Zimmer.

„Gefällt es Ihnen?"

Die zartblaue Tapete, die dazu passenden Vorhänge und Bettbezüge, die behagliche Sitzecke - all das war ganz nach meinem Geschmack.

„Ich glaube, hier werde ich mich wohl fühlen. Da bereue ich direkt, daß ich nur eine Woche bleibe."

„Das Wetter soll sich auf jeden Fall noch ein paar Tage halten, da können Sie nach Herzenslust wandern." Sie verabschiedete sich. Ich öffnete die Tür zum überdachten Balkon, trat ins Freie und genoß die herrliche Aussicht und die frische Luft.

Am Spätnachmittag machte ich einen Spaziergang durch den Ort, wechselte hier und da ein paar Worte mit den Einheimischen, ging die wenigen hundert Meter zu einem kleinen Wasserfall und dann in den einzigen Gasthof des Dorfes mit dem Namen „Zur Linde", um dort mein Abendessen einzunehmen. Die Atmosphäre war so gemütlich, daß ich anschließend bei einem Glas Wein noch eine Weile sitzen blieb, mir die Tageszeitung holte und rundherum zufrieden war.

Als ich die Pension betrat, um auf mein Zimmer zu gehen, kam die Wirtin aus der Küche.

„Herr Frei, ich zeige Ihnen noch das Frühstückszimmer." Sie öffnete eine Tür rechter Hand. „Die Tische dort decke ich gleich für morgen früh ein. Im Moment haben wir fünf Gäste, aber damit ist unser Haus auch fast voll. Macht es Ihnen etwas aus, mit einem Herrn am Tisch zu sitzen?"

Es machte mir nichts aus, im Gegenteil. Sie wies auf einen Durchgang. „Und dort ist noch eine kleine Sitzgruppe. Wenn Sie abends nicht allein auf Ihrem Zimmer sein wollen, können Sie auch hier in Ruhe lesen oder vielleicht mit anderen Gästen was spielen. Einen Fernseher haben wir leider nicht."

„Was mir sehr recht ist, wenigstens im Urlaub."

In meinem Zimmer machte ich mich für die Nacht zurecht; meine Sachen hatte ich schon nachmittags im Schrank und im Bad untergebracht. Ich erinnerte mich, daß ich mir von Max drei Bücher ausgeliehen hatte. Da ich noch nicht müde war, nahm ich das dünnste der drei mit dem Titel „Karmatha", legte mich in mein Bett und begann zu lesen.

Es handelte von Jakob Lorber, dem „Schreibknecht Gottes", von dem ich zwar schon einiges gehört, aber noch nichts gelesen hatte. Das Buch war auch nicht *von* ihm (was er ohnehin mit der Bemerkung zurückgewiesen hätte: „Nichts ist von mir, Gott hat mir alles in die Feder diktiert"), sondern es ging darin *um* ihn. Genauer gesagt um die Zeit seiner Vorbereitung in den reingeistigen Welten auf seine Erdenmission. Hier fand ich unter anderem die Aufklärung über die Evolution der himmlischen Wesen, die ich von meinem Licht vor ein paar Tagen erhalten hatte. Auch anderes las ich darin, z.B. von der fehlenden Erinnerung an frühere Geschehnisse, von der Gefahr eines endgültigen Vergessens oder eines Abfalls und von dem Schutz, den der Himmel einem jeden mitgibt. Das Heranreifen und die Schulung des

Engels, der auf Erden den Namen Jakob Lorber tragen sollte, wurde ausführlich beschrieben, ebenso sein Bedürfnis, diesen Auftrag freiwillig zu übernehmen. Die Notwendigkeit dazu war unter anderem durch das Scheitern der Kirche/n gegeben.

Meine Aufmerksamkeit wuchs an einer Stelle besonders. Gott sprach da zu einigen Seiner Kinder, die bereits ein- oder mehrmals inkarniert waren und vor der Frage einer erneuten Inkarnation standen.

„Doch bedenkt: Auf Erden gibt es keine Rückerinnerung, wohl aber einen inneren Drang zum Göttlichen als 'Lichtanteil'. Ob ein Kind dem Drange folgt, ist da seine pur eigene Sache. Ihr speziell seid keine bösen Menschen gewesen, doch war Gott euch fremd, teils aus ungenügender Belehrung, teils aus Lust an Erdenfreuden. Als jedoch der 'göttliche Drang' bei euch schwer treffenden Ereignissen stärker in den Vordergrund trat, suchtet ihr in euren Kirchen Seelenbeistand. Allein - diese waren bis auf wenige Diener selbst weltfreudig eingestellt. Den göttlichen Nimbus nahmen sie fast nur zur Tarnung, um sich auf diese Weise einen großen Namen zu machen, viel Ehre einzuheimsen und geheim herrlich und in Freuden zu leben. Sie bildeten die 'goldene Brücke' ins Himmelreich, wobei das Gold in ihren Säkkel floß, die Brücke - ohne Glaubenspfeiler - aber meist zusammenbrach, sobald sich eine Seele ihrer zu bedienen suchte. Als ihr mitsamt eurer Brücke ebenfalls in eine glaubensleere Tiefe stürztet, suchtet ihr Mich in euren Herzen. Doch eure Weltfurcht war zu groß, als daß Mein Licht hätte in euch scheinen können. Dennoch hielt euch Meine Liebe fest, bis ihr den leeren Kirchentopf mit Meinem Tisch vertauschtet."

Darüber wollte ich mir noch ein paar Gedanken machen. Ich löschte das Licht, suchte mein Inneres auf, dankte für den Tag und schloß die gelähmte Frau, ihre Angehörigen, ihre Freundin, die Ärzte und Therapeuten in mein Gebet ein. Dann aber flatterten meine Gedanken wie Blätter im Herbstwind davon, und ich schlief ein.

*

Ich grüße dich aus dem Licht, mein Bruder.

„Ich grüße dich ebenfalls und freue mich, dich zu sehen. Und nochmals danke für die Unterstützung im Zug.“ Mein Licht ging nicht darauf ein. Anscheinend war das eine Selbstverständlichkeit gewesen.

Ich hätte auch sagen können: „Ich grüße dich, mein Bruder aus dem Licht.“

„Was ist da für ein großer Unterschied?“ wollte ich schon fragen, als er mir auffiel. Stattdessen antwortete ich: „Hättest du dann nicht dich und mich verwechselt?“

Bist du sicher?

Ich dachte nach. Jeder war aus den Himmeln (ab und zu gebrauchte ich schon die Mehrzahl, aber es war immer noch ungewohnt). Es gab keine andere „Geburtsstätte“. Auf Erden wurde der Mensch geboren, sein wahres Wesen aber, der Geist in ihm, war nicht von dieser Welt. Das, was sich bei seinem „Abstieg von oben nach unten“ um seinen Geistkern oder Liebekern oder - wie ich es eben gelesen hatte - um seinen Lichtanteil gebildet hatte, waren seine Seelenhüllen, in ihrer Gesamtheit Seele genannt. Sah man die Sache so, war tatsächlich ein jeder aus dem Licht.

Ich hatte das schon verstanden, mein Herz hatte damals einen Sprung gemacht, als ich die Zusammenhänge erkennen durfte, aber mir fehlte immer noch das richtige, tiefe Empfinden dafür, mich schon als Kind des Lichtes zu sehen. Dafür war ich noch zu sehr Mensch, mit all den bekannten Schwächen und Neigungen ...

„Also, wenn du das so siehst ...“, begann ich.

Eigentlich ist es nicht ganz so wichtig, wie ich das sehe. Ich habe dabei mehr an dich gedacht. Du weißt inzwischen aus eigener Erfahrung, wie schnell der Mensch ein Kind dieser Welt werden kann. Manchmal verhilft ihm ein Bild dazu, daß er seine wahre Natur leichter erkennen kann. Ich meine seine w a h r e Natur und nicht das, was er dafür hält. Es stört dich sicher nicht, wenn das Beispiel „etwas hinkt“, wie ihr sagt. Bist du bereit?

„Und wie.“

Jede Inkarnation gleicht einem Lichtstrahl, der aus unendlicher Ferne auf die Erde fällt. Dieser Lichtstrahl hat einen Ursprung ...

Mein vorlauter Spruch von soeben tat mir schon leid; ich wollte wieder etwas gutmachen und sagte: „Das sind die Himmel."

... und ein vorläufiges Ziel. Das ist der Punkt, an dem er auf der Erde auftrifft. Zwischen dem Aussenden des Lichtes und seinem Auftreffen können Welten an Zeit und Raum liegen, doch solange es etwas gibt, das als Lichtspitze durch das Universum eilt, gibt es auch einen Strahl dahinter und damit eine Quelle, aus der das Licht gespeist wird. (Das war ein faszinierendes Bild für mich.) *Das Licht bist du, und zwar mitsamt Strahl, Anfang und Ende. Dann betrittst du die Materie, das heißt, du als Licht triffst hier auf. Und dann passiert etwas Eigenartiges.* (Jetzt wurde es richtig spannend.) *Der Mensch, der ansonsten seinen Blick viel zu selten nach vorne richtet, schaut jetzt n u r nach vorne. Er kennt keine andere Richtung; ununterbrochen blickt er auf den runden Punkt, den er seit seinem Eintreffen - oder sollte ich sagen: Auftreffen? - auf der Erde bildet. Und den er oft genug für das einzige und Größte auf der Welt hält, manchmal sogar für ihren Nabel.*

„Ich finde dein Bild wunderbar, für mich hinkt es in keiner Weise."

Kannst du es vervollständigen?

Es war also noch nicht komplett. Was fehlte noch? Die andere Richtung ...!

„Würde sich der Mensch die Mühe machen", antwortete ich, „seinen Blickwinkel um 180 Grad zu verändern und in die genau entgegengesetzte Richtung zu schauen, dann könnte er feststellen, daß er viel mehr ist als der Punkt, für den er sich hält. Der Punkt ist erst dadurch entstanden, daß der Lichtstrahl irgendwo aufgetroffen ist. Er ist somit nur das Ergebnis, der Ausdruck einer dahinterstehenden Lichtenergie, jedoch niemals das Licht selbst."

Dieser Blick zurück würde ihm die Illusion nehmen, in seinem Dasein als Mensch das einzig Wahre, das ein und alles zu sein; dagegen könnte er erkennen, daß sein Urgrund in der ewigen Unendlichkeit liegt. Von dort aus strahlt ihm sein eigenes Licht entgegen. Geht er an seinem Lichtstrahl entlang, findet er unweigerlich zu seinem Ausgangspunkt zurück.

„Läßt sich nicht noch etwas ableiten von deinem Beispiel?“

Bitte, du bist dran, deutete mir mein Licht durch ein paar feine Strahlen an, die mich für einen Moment einhüllten.

„Man kann doch daran auch erkennen, daß der Mensch die Himmel eigentlich gar nicht verlassen hat. Zwar ist er jetzt *hier*, aber das ewige Wesen in ihm ist doch ...“, jetzt kam ich ins Straucheln.

„ ... das ewige Wesen ist gleichzeitig in i h m , dem Menschen, und in G o t t . Es hat Gottes Herz nie verlassen. Es kann Sein Herz gar nicht verlassen. Würde man das theoretisch einmal annehmen, so würde der Lichtpunkt in dem Moment für immer verlöschen, in dem der Kontakt zur unerschöpflichen Liebesquelle abbricht.

„Wer also zurückblickt - ausnahmsweise einmal, versteht sich -, der kann sich als Kind Gottes begreifen. Dann kann er auch mit Überzeugung sagen, so wie du es eben meintest: ‘Ich bin aus dem Licht’.“

Ja, das kann er, wenn es nicht bei einem einmaligen Zurückschauen bleibt. Das bringt ihm höchstens Wissen; der Wunsch für die Rückkehr wird dadurch selten geweckt. Entscheidend ist, ob er bereit ist, die in ihm vorhandene, aber vielleicht noch schlummernde Sehnsucht und Liebe zu aktivieren. Das gibt ihm die nötige Antriebsenergie.

Nach einer Pause, die ein wunderbares Schweigen füllte, sagte ich:

„Wir haben vor einiger Zeit über die Zusammenhänge von Mensch, Seele und Geist gesprochen. Ach ja, ‘Bewußtsein’ kam auch noch hinzu. Ich kann mich noch daran erinnern, wie ich dich - leicht irritiert - fragte: ‘Habe ich nun eine Seele, oder bin ich eine Seele? Oder bin ich meine eigene Seele?’ Weißt du noch? [Dumme Frage.] Mit deinem Beispiel klären sich nun die noch offenen Fragen.“ Ich überlegte kurz.

„Der Lichtpunkt ist mein Mensch, der Lichtstrahl meine Seele und der Ursprung des Leuchtens ist mein Geist. Und der ist wiederum reinstes Bewußtsein.“

Und der Vater-Mutter-Schoß dahinter ist Gott, ohne den du nicht leuchten würdest.

„Wenn ich nun anfange, mich auf den Heimweg zu begeben und mich praktisch zurückhangle wie an einem Tau, dann wird der Strahl meines eigenen Lichtes in dem Maße kürzer, wie ich mich wieder dem

Ursprung nähere." Jetzt verstand ich. „Damit würden auch meine Seelenbelastungen nach und nach weniger, und das strahlende, göttliche Kind käme immer mehr zum Vorschein."

Noch eine Erkenntnis tat sich mir auf. „Auch wenn ich mehrmals inkarniere - was ich mit einem Scheinwerfer vergleiche, den man jedesmal auf etwas anderes richtet -, so bleibt doch der Ursprung des Leuchtens immer der gleiche. Es ist mein einzigartiges, göttliches Wesen, das bei einer weiteren Inkarnation aufs neue hinausleuchtet und wiederum einen Punkt beim Auftreffen bildet: einen neuen menschlichen Körper. Das Kind Gottes aber ist und bleibt stets das gleiche, auch bei noch so vielen Inkarnationen. Das Bindeglied, die Seele, dagegen ist veränderlich, je nachdem, ob der Mensch mit Christi Hilfe ihre Belastungen löscht oder löst, oder ob er ihr im Eigenwillen weitere Belastungen aufbürdet. Das in der Seele Vorhandene oder Gespeicherte hat entscheidenden Einfluß auf das Verhalten des Menschen.

Man könnte auch sagen", fiel mir in Anlehnung an meine berufliche Tätigkeit ein: „Der Innendienst (die Seele) macht auf Grund der Ergebnisse der Vergangenheit dem Außendienst (dem Menschen) die Vorgaben. Will dieser seine Ruhe, hält er sich daran, Jahr für Jahr, Leben für Leben. Nimmt er jedoch seine Eigenverantwortung wahr und fängt an zu fragen und zu suchen, um schließlich zu finden, dann macht *er* nach und nach die Vorgaben. Aus dem willigen Knecht wird ein souveräner Herr. Natürlich kann er das nicht allein schaffen. Dazu braucht er göttlichen Beistand ...", ich ergänzte noch, „ ... so wie ich für diese Gedanken; wenn sie auch im Gegensatz zu deinem Beispiel ein bißchen hinken."

In der Schule hättest du dafür ein Fleißkärtchen bekommen.

„Vielleicht schaffen wir gemeinsam ja doch noch ein erkleckliches Stück in diesem Leben", dachte ich.

Mit dem Gedanken „in diesem Leben" hast du den Dreh- und Angelpunkt benannt. Der Mensch wird sich ohnehin dazu entschließen, irgendwann mit dem Zurückhangeln - wie du es ausdrückst - zu beginnen, Griff für Griff. Er wird dies spätestens dann tun, wenn er seine Schmerzgrenze erreicht hat. Es ist eine falsche Lehre, auf Glaube und Gnade allein zu bauen. Auch die als notwendig erachteten Sakramente bringen dich nicht voran oder, je nach Sichtweise, zurück. D u bist es, der den Griff oder Schritt tun muß. Darauf zu warten, daß sich im Jenseits die richtigen Weichenstellungen für ein Weiterkommen ergeben, ist vergeudete Zeit. Hier ist das Auflösen deiner Seelenbelastungen möglich, drüben nur sehr, sehr bedingt, oftmals gar nicht.

Wer sich also bereits hier auf den Weg macht und an seinem Lichtstrahl zurückhangelt, der wird beim Ablegen seines Körpers feststellen, daß er schon ein gutes Stück voran-zurückgekommen ist. Vielleicht - und das ist nicht unmöglich, es kommt auf die Belastung der Seele an - findet er sogar zu Lebzeiten zur Quelle zurück.

Wir schwiegen für ein paar Minuten, waren einfach beieinander. Ich gab mich dem Frieden seines wunderbaren Strahlens hin. Dabei hing ich meinen Gedanken nach. Mehr und mehr trat eine Frage in den Vordergrund, die ich schließlich formulierte:

„Alle Menschen und Seelen - damit meine ich diejenigen, die zur Zeit nicht inkarniert sind, die sich irgendwo zwischen Himmel und Erde aufhalten - sind aus Gott. Dennoch hört und liest man manchmal auch die Bezeichnung 'Kinder der Finsternis'. Oder es heißt 'die von oben' und 'die von unten'. Wie kann das sein?"

Du schneidest eines der wichtigsten Themen an, die wir noch miteinander behandeln werden. Aber wir sind noch nicht ganz so weit, um heute schon darüber sprechen zu können. Kannst du dich ein wenig gedulden?

Ich nickte. „Selbstverständlich, du hast den Überblick."

Soviel aber möchte ich dir vorab sagen: Alle Geschöpfe tragen als göttliches Erbe ihren Lichtanteil in sich, wie du es eben gelesen hast. Somit ist es unmöglich, daß auch nur ein einziges auf ewig verlorengeht. Gott verliert nicht Sich selbst oder verdammt gar Sich selbst. Das haben sich eure Theologen ausgedacht.

Auf Grund des Engelsturzes, der durch die Auflehnung gegen Gott ausgelöst wurde, haben die Anführer und ihr Gefolge weit außerhalb der himmlischen Welten ihr Zuhause gefunden. Wir haben vor einiger Zeit darüber gesprochen - weißt du noch? („Geschieht mir recht", dachte ich. Doch vielleicht war es gar keine Retourkutsche, sondern eine ehrliche Frage, und nur mir kam es so vor? Ich wußte es auf jeden Fall noch und nickte.) *Diejenigen, die selbst heute - nach diesen für euch unvorstellbar langen Zeiträumen - ihren Plan immer noch nicht aufgegeben haben, werden manchmal als die Kinder der Finsternis bezeichnet. Dadurch wird die Unterscheidung der Kräfte verdeutlicht, die sich in dem Kampf gegenüberstehen, der seitdem im Unsichtbaren tobt. Doch es sind und bleiben Kinder Gottes und damit deine und meine Brüder und Schwestern, auch wenn sie alles daransetzen, euch zu Fall zu bringen und zu binden, um euch auf diese Weise die Rückkehr ins Vaterhaus unmöglich zu machen. Zumindest für eine ganze Weile.*

In ihnen brennt ebenso diese unauslöschliche Flamme, wenn sie sich auch durch das uneinsichtige, seit Äonen andauernde, gegensätzliche Handeln der Wesen auf ein Minimum reduziert hat. Doch das reicht aus, ihre Auflösung zu verhindern.

Danach herrschte wieder eine Weile Stille zwischen uns. Was würde ich erfahren? Welche Einblicke könnte ich gewinnen? Würde ich alles verstehen? Die Geduld meines himmlischen Lehrers war unendlich, davon war ich überzeugt. Er hatte es mir auch schon bewiesen. An ihm würde es nicht liegen, wenn ich nicht immer folgen könnte. „Also, Ferdinand", sagte ich zu mir, „bereite dich darauf vor: Es gibt noch viel zu lernen."

Viel? Hast du nicht erst vor kurzem von einer Untertreibung angenommen, sie sei die größte, die du je gehört hättest? Wie stufst du deine ein? Und was glaubst du, wann und wo das Lernen aufhört?

„Nur Mut, nur Mut", flüsterte ich vor mich hin.

Da nahm mich ein vor Kraft loderndes Strahlenbündel liebevoll in den Arm. Wir schauten uns lange an, tauschten schweigend unsere Liebe aus. Dann lächelte mein Licht und sagte voller Wärme:

Wenn ich es nicht besser wüßte, könnte ich meinen, du färbst auf mich ab mit deiner Art.

„Wenn ich alles glaube - das nicht! Es wäre nicht gut und ist ja ohnehin nicht möglich. Gott sei Dank. Lieber wäre mir, ich nähme von dir mehr und schneller an ..."

... bleib' in manchen Dingen aber so, wie du bist. Das macht es dir leichter.

„Das habe ich schon gemerkt. Und es hat mich gefreut, weil meine frühere Ansicht sich als falsch herausgestellt hat. Der Rückweg des verlorenen Sohnes oder der verlorenen Tochter ist nämlich gar nicht so niederdrückend, kompliziert, kräftezehrend, beklemmend und was sonst noch alles, wie er immer dargestellt wird, und wie es die Menschen auch annehmen. Und das Wichtigste: Man ist ja nicht allein!" Ich dachte kurz an die erlösende Kraft Christi im Menschen, in der *Er selbst* mit einem jeden geht.

„Ich ahne stark, daß der Weg ein Abenteuer sein kann; daß er ein Abenteuer wird oder bereits ist für diejenigen, die sich schon aufgemacht haben. Ich glaube sogar, er kann Freude machen. Weißt du auch, warum?" Zu spät fiel mir ein, daß mein Licht dies bestimmt wußte. Deshalb gab ich mir selbst die Antwort, was vermutlich auch der Sinn der Übung war.

„Weil man freier wird, viel Ballast verliert und eine Perspektive vor Augen hat. Daß es nicht immer einfach ist, für den einen oder anderen sicher sogar ziemlich schwer, scheint mir eine andere Sache zu sein. Aber es geht voran! Ich habe gelernt, daß mir auf dem Weg niemals mehr zugemutet wird, als ich tragen kann. Wie könnte das Gott auch tun, da Er doch die Liebe ist! Und das, was ich dann tragen muß, damit es mich stark macht, trägt Er auch noch mit!

... und Er nimmt dir nichts, wie du es noch vor Jahren geglaubt hast. Er schränkt dich nicht ein, Er verändert dein Umfeld nicht gegen deinen Willen, Er macht dich nicht arm, Er versagt dir deine Freude nicht, Er verbietet dir den Umgang mit deinen Freunden nicht, Er beansprucht keine Zeit, die du Ihm nicht freudig und freiwillig gibst, Er macht dich nicht zu einem Trauerkloß. Nichts von alledem tut Er.

Dafür bestärkt Er dich und hilft dir zu wachsen. Und dann läßt du ohne Zwang, Vorschriften, Verbote oder sonstiges nach und nach von dem ab, was du als „nicht zu einem Kind Gottes passend" erkennst. Bei diesem Loslassen hilft Er dir wiederum [„Eigentlich hilft Er mir ständig", dachte ich]*, denn natürlich sind Kräfte am Werk - deine eigenen und fremde -, die dies verhindern wollen. Doch mit jedem Schritt* *nach vorn atmest du freier, dein eingeengtes Denken löst langsam die Fesseln, dein Blick hebt sich vom Boden und geht in die Runde und voraus, dein Herz weitet sich und Kräfte über Kräfte strömen dir zu, die dich stark machen für die nächsten Schritte.*

Mein Licht hatte sich zwar nicht in eine Begeisterung hineingesteigert, wie mir das ab und zu passierte, aber es sprach jetzt mit beinahe göttlicher Autorität.

Jedem Menschen steht dieser Weg nicht nur offen, jeder muß ihn eines Tages gehen. Es ist ein „Muß", eines der wenigen, die es trotz des freien Willens gibt. Denn der Willensfreiheit der Geschöpfe ist jenes Gesetz übergeordnet, das die Schöpfung erhält und die Rückkehr aller Kinder in die Vollkommenheit vorsieht. Deshalb wird ein jeder den Weg nach Hause gehen müssen.

Nichts anderes, höre gut zu, n i c h t s a n d e r e s als die Liebe zu Gott wird ihn auf diesem Weg voran bringen. Keine Einhaltung der Gesetze, keine Zugehörigkeit zu einer Kirche, Religionsgemeinschaft oder Sekte, keine Bußübungen, kein Übertünchen der Wünsche und Leidenschaften mit den Farben der Lauterkeit und Unschuld kann als Ersatz herhalten. Ebenso kein Asketentum, keine Übungen und Techniken zur Bewußtseinserweiterung, kein gottesfürchtiges Buchstabenerfüllen, nicht die Verkündigung oder das Hören des Wortes, auch kein Studium der Theologie. Nichts davon bringt ihn Gott auch nur einen Millimeter näher. Wenn dies an die Stelle der gelebten Liebe gesetzt und als Voraussetzung, als Notwendigkeit angesehen wird, weil man ihm eine zentrale Bedeutung zumißt, dann fehlt es an grundlegender Erkenntnis. Da nützt es auch nichts, wenn dem geschriebenen und gesprochenen Wort die Liebe vorangestellt wird, weil sie vor Glaube und Hoffnung das Größte ist. Dies mag eine Alibifunktion erfüllen, mehr nicht.

Meine ganze Keckheit, die manchmal durchschimmerte, hatte sich in nichts aufgelöst. Ich hatte das Empfinden, ganz klein geworden zu sein. So hatte ich mein Licht noch nie erlebt. Jetzt also kannte ich auch diese Seite, die mit der Macht und Kraft Gottes sprach.

Fürchte dich nicht, mein Bruder [das war wieder die alte, vertraute Stimme und die Art, die ich so liebgewonnen hatte], *es gibt keinen Grund dafür.*

Und dann ließ mein Licht für einen Augenblick das Bild in mir aufleben, an das ich es selbst erinnert hatte: Der Herr, der Sich zu mir niederbeugte und mich zu Sich emporhob, als ich mich - neugierig und gleichzeitig scheu - bei Seinem Kommen hinter einer Säule niedergekauert und versteckt hatte.

Möchtest du über etwas nachdenken?

Natürlich wollte ich.

Es betrifft einen weiteren Aspekt der Seele, der nicht bekannt ist oder nicht beachtet wird. Kein Gesetzgeber kann darauf verzichten, die Einhaltung seiner Gesetze sicherzustellen. Wie eure Regierungen das handhaben, ist bekannt: Polizei, Staatsanwälte, Richter, Strafen und Inhaftierungen gehören zum System der Gesetzesüberwachung und Strafverfolgung. All das gibt es bei Gott nicht. Heißt das, Seine Gebote können ohne weiteres übertreten werden? Wenn nicht: Wer ist die überwachende Instanz?

Ich wünsche dir eine friedvolle Zeit. Bis bald.

Einem PS am Fuße eines Briefes gleich folgte noch der Hinweis:

Die Hälfte der Lösung habe ich dir bereits verraten.

9.

Ich schlief am nächsten Morgen aus, schließlich hatte ich Urlaub. Ausschlafen hieß für mich aber nicht, erst am Vormittag aus den Federn zu steigen, sondern ohne Reisewecker durch die Geräusche der erwachenden Natur und durch die ersten Lebenszeichen im Haus sanft und nach und nach aus dem Schlaf in den morgendlichen Tag zurückzukehren. Meine Gedanken gingen noch einmal zurück zu unserer nächtlichen Unterhaltung; dann dankte ich für die Ruhe und Erholung der Nacht und legte meinen neuen Tag in Seine Hände, ehe ich mich erhob.

Frau Jakobs begrüßte mich unten im Flur und zeigte mir den Tisch, den sie für mich vorgesehen hatte. Ein älterer Herr mit weißem, gewelltem Haar und einer dunklen Hornbrille saß bereits dort. Ich schätzte ihn auf etwa 70 Jahre; er war fülliger als ich, und als er aufstand, um mich zu begrüßen, stellte ich fest, daß er mich um einiges überragte. Wir stellten uns vor - Viktor Gabliczek war sein Name - und widmeten uns dann einem reichhaltigen Frühstück. Er kam aus Coburg, hatte schon fast zwei Wochen Urlaub hinter sich und würde übermorgen wieder abreisen. Er erzählte mir von den Ausflugszielen in der näheren und weiteren Umgebung, die zu besuchen sich lohnen würden, und natürlich spielten die Wetteraussichten für die nächsten Tage ebenfalls eine Rolle in unserer Unterhaltung. Ich hatte mir für den Tag noch nichts Besonderes vorgenommen, vielleicht einen größeren Spaziergang in das nahegelegene Mühlental mit einem Abstecher zu einer alten Hügelgrabstätte. Ich war nicht festgelegt, es würde sich ergeben.

Neben dem Frühstücksteller meines Tischnachbarn lag ein Kalenderblatt, das er mir auf meine Bitte hin reichte. „Das ist so eine Angewohnheit der Wirtin. Ich habe mich bei einem meiner früheren Aufenthalte mal für ihren Kalender interessiert, der viele gute Sinnsprüche enthielt. Jetzt legt sie mir, sozusagen als kleine Aufmerksamkeit, jeden Morgen das Kalenderblatt vom vorigen Tag neben mein Frühstück.“

„Das finde ich aber lieb von ihr.“ Ich las das kleine Gedicht, das keinen Hinweis auf seinen Verfasser trug:

Der Frühling ist zwar schön,
doch wenn der Herbst nicht wär;
wär zwar das Auge satt,
der Magen aber leer.

„Das gefällt mir, da steckt ja eine Menge Weisheit drin.“ Das schien ihn zu überraschen.

„Wie kommen Sie darauf?“ Das wiederum erstaunte mich ein wenig; nicht die Frage als solche, sondern daß er überhaupt auf meine Bemerkung eingegangen war. „Normalerweise“, dachte ich, „sagt man: ‘ja, ja’ oder sonst irgend etwas Unverbindliches.“

„Ich weiß auch nicht, warum ich damit eine andere Vorstellung verbunden habe. Mir kam gerade die Idee, daß sich dieser Spruch ganz gut auf das Leben anwenden ließe.“

Er langte nach der Milch. „Sie meinen auf ein Menschenleben, nicht auf das Leben schlechthin?“

Ich las mir das kleine Gedicht noch einmal durch. „Wenn man die Natur betrachtet, so stellt man nicht nur eine gewisse, sondern eine nicht zu übertreffende Ordnung fest. Alles erfüllt seine Aufgabe. Man wird es nie erleben, daß z.B. ein Apfelbaum - sofern er dies könnte - “, schränkte ich ein, „seine Blütezeit Tag um Tag und Woche um Woche künstlich verlängert, nur um besonders attraktiv zu erscheinen. Täte er es, dann stünde er im Herbst mit verwelkten Blüten und leeren Händen, Entschuldigung: Zweigen da. Alle würden ihn auslachen und einen Dummkopf schimpfen.“

Viktor Gabliczek hörte mir aufmerksam zu, fast schien es mir, als fragte er sich: „Wen habe ich denn da als Tischnachbarn bekommen?“

„Da ging mir durch den Kopf, daß der Mensch, die Krone der Schöpfung, sich oft viel dümmer benimmt als die Natur, die ihm ja dient. Nur daß die Menschen sich nicht gegenseitig auslachen, sondern sich eher darin bestärken, ihre Reifung zugunsten einer möglichst langen Blüte doch zurückzustellen. Vielleicht hängt das damit zusammen, daß der Mensch seinen freien Willen einsetzt, während das die Natur nicht tut, weil sie einen freien Willen nicht mitbekommen hat."

Er sah mich zweifelnd an. „Sie glauben, daß der Mensch einen freien Willen hat?"

„Ich meine, sein freier Wille ist es, der es ihm ermöglicht, sich über die Gesetze hinwegzusetzen, die die Natur beachtet." Ich las, halblaut, noch einmal den Text: „ '... doch wenn der Herbst nicht wär, wär zwar das Auge satt, der Magen aber leer'. Der Herbst kommt für jeden von uns einmal. Vielleicht hat das Gedicht deshalb in mir etwas angerührt, weil ich schon mitten im Herbst stehe - mit meinen beinahe 56 Jahren."

„Was soll *ich* da sagen", antwortete er lachend, „mit meinen beinahe 70 Jahren?" Ich hatte ganz gut geschätzt. Ich wagte einen Vorstoß.

„Irgendwann zu Beginn meines Herbstes hatte ich die Idee, daß ich drei Rätsel lösen müßte, bevor eines Tages der Winter vor der Tür steht."

Ich machte eine kleine Pause, in der er die Frage stellte:

„Darf man wissen, was das für drei Fragen sind, die Sie sich gestellt haben? Oder ist das zu persönlich, dann bitte ich um Entschuldigung." Er trank seinen letzten Schluck Kaffee. „Ich frage das deshalb, weil mich unsere kleine Unterhaltung an frühere Zeiten erinnert. Da habe ich gerne ein wenig philosophiert."

„Es sind die drei Rätselfragen, die vermutlich im Laufe der Weltgeschichte am meisten gestellt wurden ..."

„Jetzt wird's aber spannend."

„ ..wo kommt der Mensch her? Warum ist er hier? Wo geht er hin?"

Ob es nicht doch ein bißchen früh dafür war? Und ein bißchen viel? Andererseits - ich hatte nicht den Eindruck, als hätte ich mich aufgedrängt. Durch seine Aufmerksamkeit hatte sich das so ergeben. Wir waren inzwischen die einzigen, die noch am Frühstückstisch saßen. Die drei weiteren Gäste - ein Ehepaar mit Kind - hatten sich schon verabschiedet.

Es war anscheinend weder zu früh noch zu viel, denn er wollte noch etwas wissen. „Und? Haben Sie die Antworten gefunden?"

Ich überlegte für einen Augenblick, ob echtes Interesse dahinter stand. Irgendwie schien er mich nicht richtig einschätzen zu können. „Jetzt fehlt nur noch, daß er mich fragt, wer ich bin“, ging es mir durch den Kopf, „dann weiß ich mit Sicherheit, daß ich einen Fehler gemacht habe.“ Er tat es nicht.

„Ich glaube, ja“, entgegnete ich, „soweit ich sie finden konnte. Mir haben sie geholfen, auch wenn sie sicher noch nicht der Weisheit letzter Schluß sind.“

Damit war es genug, beschloß ich. Er war wohl der gleichen Meinung. Wir verabschiedeten uns voneinander, wünschten uns einen guten Tag. Er ging auf sein Zimmer, während ich mir noch die Tageszeitung vom Nachbartisch holte, um dabei in Ruhe meine letzte Tasse Kaffee zu trinken. Da fiel mir nochmals meine Antwort auf seine letzte Frage ein, und ich sprach ins Unsichtbare hinein:

„War das auch eine Untertreibung?“ .

Absolut nicht. Das war korrekt. So kann man's lassen.

Frau Jakobs hatte inzwischen damit begonnen, das Geschirr abzuräumen.

„Wie geht es Ihnen, Herr Frei?“ Ohne eine Antwort abzuwarten fuhr sie fort: „Sind sie mit dem Herrn Gabliczek schon ein bißchen bekanntgeworden? Ist ja auch kein Problem bei ihm. Wenn man mit einem Pfarrer nicht auskommt ...!“

*

Heute war Sonntag, was dem kleinen Ort eine zusätzliche Ruhe bescherte, falls dies überhaupt möglich war. Ich machte den Spaziergang, den ich ins Auge gefaßt hatte. Er weitete sich zu einer mittelgroßen Wandertour aus. Morgen früh würde ich sicher den einen oder anderen Muskel spüren, aber das würde nicht schaden. Ab und zu tat es mir gut, wenn ich mich körperlich forderte; meine Hüfte machte mühelos mit.

Unterwegs begegneten mir einige Radfahrer, die auf ihren Rennrädern ein ziemliches Tempo fuhren. Ich schaute ihnen eine Weile nach, weil sie in mir eine Assoziation ausgelöst hatten. Ich dachte an die

Belehrungen des Lichtes über die Tagesenergie und war wieder einmal erstaunt, daß man auch aus anscheinend unbedeutenden, kleinen Ereignissen eine Erkenntnis ziehen kann. Sturzhelm, Trinkflasche und was sonst noch dazu gehört hatten eine Gedankenverbindung zu Aspekten unseres nächtlichen Gespräches hergestellt.

Konnte man sich einen Sportler vorstellen, der sich eine Ausrüstung besorgt und darauf hofft, ohne zu trainieren oder sogar ohne loszufahren zur rechten Zeit ins Ziel zu kommen?

Mir kamen die Worte des Lichtes über Bußübungen, Techniken, Buchstabenerfüllung, Theologiestudium und mehr in den Sinn. Für die Radfahrer war ihre Ausrüstung Ergänzung, niemals aber Ersatz für das eigene Bemühen. Da wurden nicht die Gewichtigkeiten vertauscht. Es war eine genügend große Motivation vorhanden, um fleißig in die Pedale zu treten. Ich stellte mir vor, wie ich mit einem nagelneuen Trikot und einer Top-Rennmaschine am Straßenrand stände und darauf wartete, daß mich nun mein Glaube allein zum Sieg führen würde - und mußte innerlich lachen über das Bild.

Doch es enthielt auch eine Mahnung, die ich mir zu Herzen nehmen wollte: Wachsam zu sein und auf meine Toleranz zu achten, wenn ich jemanden am Straßenrand stehen sähe. Wußte ich denn, ob er nicht ein fleißiger Fahrer war, der nur für ein paar Minuten eine kleine Pause einlegte? Stand sie ihm nicht zu? Hatte ich nicht selbst viele, viele Jahre ausgedehnter Pausen hinter mir ...?

Wie präzise die Energie des Tages doch arbeitet. Wie hatte mein Licht gesagt? *Was du benötigst ist dein Bemühen. Den Rest steuert dein Tag bei. Und dann vergiß nicht: Gebrauche deinen ...*

Das rechte Wort oder die rechte Begegnung zur rechten Zeit am rechten Ort! Und dann noch ein rechtes Augenmerk darauf haben und die rechten Schlüsse daraus ziehen und, wenn nötig, die rechten Entscheidungen treffen. Dies richtig zu lernen und es eines Tages zu können, war mein Wunsch. In Verbindung mit der Liebe, die unsichtbar die Wege bereitet, müßte das die optimale Führung sein.

Es ist nur ein Teil davon; die Führung selbst ist viel umfassender. Sie i s t so optimal und so präzise, wie du annimmst. Wer sich ihr anvertraut, gelangt auf einem sicheren Weg zum Ziel. Oder er hat - wie würdest du sagen? - ausgesorgt.

*

Mein Abendessen nahm ich wieder in der „Linde“ ein und schaute dann in meiner Pension noch in das kleine Nebenzimmer, in dem das Ehepaar Karten spielte und mein Tischnachbar in ein Buch vertieft war. Er blickte auf, als ich eintrat, und begrüßte mich. Wir tauschten ein paar Worte über den hinter uns liegenden Tag aus. Mein Blick fiel auf das Buch, das er an die Seite gelegt hatte. Er bemerkte es. „Interessiert Sie Luther?“

„Ich habe mich noch nicht viel mit ihm beschäftigt. Allerdings habe ich mir in der letzten Zeit meine Gedanken über Aspekte gemacht, die wohl auch mit ihm zusammenhängen. Einige religiöse Fragen haben angefangen, mich zu interessieren.“

„So etwas Ähnliches habe ich mir heute morgen schon gedacht.“ Er überlegte einen Moment. „Ich habe das Buch ausgelesen, für mich war sowieso nicht viel Neues darin. Mich hat nicht die Darstellung der Lehre interessiert, sondern mehr die Person Luthers und sein Charakter, was ihn bewegt, man kann fast sagen getrieben hat. Wissen Sie, ich bin pensionierter Pfarrer ...“

„Evangelischer, vermute ich.“

„Richtig. Mit fast 70 setzt man sich mit der Lehre nicht mehr auseinander. Außerdem gab es für mich nie viel, mit dem ich mich auseinanderzusetzen hatte.“ Er brach ab, weil ihm bewußt wurde, daß er dabei war, einem Fremden Einblicke in sein Innenleben zu gewähren. Das mußte wohl nicht sein. „Wenn Sie das Buch interessiert ...?“

Ich war einen Moment unschlüssig. Sollte ich? Sollte ich nicht? Ich hatte selbst einiges zu lesen dabei.

„Ich könnte es Ihnen sowieso nur bis morgen Abend überlassen, dann fahre ich wieder heim.“

Das gab den Ausschlag. Ich könnte es mir morgen durchschauen, alles mußte ich ja nicht lesen, aber einen Überblick würde es mir vielleicht vermitteln. Er hielt mir das Buch hin. „Also, wenn Sie wollen ...“

Ich nahm das Buch dankend an [1] und verabschiedete mich von ihm und den anderen Pensionsgästen.

Dann allerdings war ich so müde, daß ich nach dem Vorwort einschlief.

Mein Schlaf war tief und lang, so daß ich der letzte und einzige Gast beim Frühstück war. Für heute stand ein laut Prospekt idyllisch gelegener See auf meinem Programm, den ich in zwei Stunden zu erreichen hoffte. Ich schaffte es gut. Der See lag tatsächlich so malerisch in einer Senke, wie es der Fremdenverkehrsverein angepriesen hatte. Eine Bank unter einem mächtigen Baum bot einladend Platz. Ich ließ mich dort nieder und erfreute mich erst einmal an allem, was ich sah. Schließlich holte ich aus meiner Umhängetasche die Luther-Biographie und begann, mich in Leben und Lehre des Augustinermönchs und späteren Reformators zu vertiefen.

Es wurde doch mehr als ein Überfliegen daraus. Ich lernte einen Mann auf der Suche nach der Gerechtigkeit Gottes kennen, der sich seiner eigenen Fehler und Schwächen überdeutlich bewußt war. Wie sollte sich, das war seine Überzeugung, der gefallene Mensch anders als schlecht erweisen? Wie sollte dieser Schwächling jemals aus eigener Kraft in der Lage sein, rechtschaffene Werke zu vollbringen?

Lucien Febvre schrieb: „Er entwickelte ein intensives Gefühl von der Kraft, der Heftigkeit und der tragischen Größe der Sünde. Das war nichts Angelerntes, sondern eine alltägliche Erfahrung ... Niemand konnte verhindern, daß sie alle Menschen, auch die, die ihr am eifrigsten widerstanden und sie am weitesten von sich wiesen, mit einer ungeheuren Arroganz beherrschte. Doch zugleich entdeckte Luther in sich auch ein intensives und genauso persönliches Gefühl von der unerreichbaren, unermeßlichen Heiligkeit Gottes, der völlig souverän über das Schicksal der Kreaturen verfügte, denen er - aus für den Menschen unbegreiflichen Gründen - entweder das ewige Leben oder den ewigen Tod vorherbestimmt hatte. Luther wollte errettet werden ... Aber er wußte auch, daß jedes noch so heftige Bemühen, dieses Seelenheil zu verdienen, vergeblich sein würde; weder ihm noch irgend jemand sonst auf dieser Erde würde es je gelingen - niemals ...“

---

[1] „Martin Luther“, Lucien Febvre, Campus Verlag, 1996

Luther war zu der Auffassung gekommen, daß jeder Kampf vergeblich sei, weil die Begierden unbesiegbar waren. Die Sünde sei nicht bloß eine Schwäche, die der Mensch mit äußeren Mitteln überwinden kann, sondern eine schreckliche, grenzenlose Macht, die den Menschen auf ewig von seinem Schöpfer trennt.

Das klösterliche Leben hatte ihm keinen Frieden verschafft, nicht die Übungen, das Fasten, die Gesänge in der Kapelle, nicht die vorgeschriebenen Gebete und Meditationen. „Gegenüber seiner ungestümen, nach Zwängen lechzenden Seele, die sich nach göttlicher Liebe und unerschütterlichen Gewißheiten sehnte, blieb die Mechanik der Frömmigkeit wirkungslos."

Er fand zunächst tastend, dann immer deutlicher erkennbar einen Weg, wie er all den Schrecken, den Qualen und Angstzuständen entkommen konnte, die ihn verzehrten. Statt seinen Willen zu überfordern, könnte er sich als Christ auch dem Willen Gottes unterwerfen; dann „brauchte er nicht mehr vergeblich der Hölle zu entfliehen suchen, sondern im Gegenteil bereit sein, sie als tausendfach verdient zu akzeptieren; statt zu kämpfen und am Ende doch zu unterliegen, könnte er sich unter die schützenden 'Fittiche der Henne' begeben und das ihm Fehlende von der göttlichen Allmacht als Geschenk erflehen, um auf diese Weise endlich Trost und Frieden zu finden." Der Mensch mußte sich zu Gott in seinem *Glauben* bekennen und auf Seine *Gnade* vertrauen. Mehr blieb ihm nicht zu tun; mehr konnte er nicht tun.[1)]

Denn zwischen der Heiligkeit Gottes, das war Luthers Ansicht, und der Verworfenheit der Kreatur gähnte ein unendlich breiter Abgrund. „Gott allein kann den Abgrund überwinden, indem er sich dem Menschen zuwendet und ihn mit seiner helfenden Liebe umfängt. Diese Liebe durchdringt die Kreatur, spendet ihr neues Leben und bringt sie ihrem Schöpfer näher."

[1)] Der schon erwähnte Dichter Ephides sieht das völlig anders:
„Der Glaube ist kein Ruhn, der Glaube ist ein Tun,
das Wirken in der Stille, der ausgestrahlte Wille,
gesammelt sonnenhaft, die potenzierte Kraft,
erweckend und belebend, mitreißend-göttlich gebend.
Denn Gott und du sind eins im Brennpunkt deines Seins."

Das genügte mir für den Anfang. Es reichte mir auch deshalb aus, weil ich im letzten Satz eine, wenn auch vielleicht nur vorläufige Antwort auf eine ungestellte Frage gefunden hatte. In diesem Punkt mußte Luther sich entscheidend geirrt haben - wobei mir klar war, daß das Gelesene nicht Originalton Luther war, sondern die Formulierung des Autors.

„Luthers Verkennung bestand darin", sagte ich mir, „*ausschließlich* das eigene Bemühen, mit dem er oft genug gescheitert ist, als Voraussetzung dafür anzusehen, Gott näherzukommen. Aus diesem Mißlingen abzuleiten, daß es des eigenen Bemühens gar nicht bedarf, ist ein gewaltiger Trugschluß. Er hat dazu geführt, daß die sich herausbildende neue Bewegung, die erst später zur Kirche wurde, keine wirkliche Alternative zur römischen wurde. Im Grunde genommen ist es eine Pseudo-Reform gewesen, durch die alte, verfälschte Lehren durch neue, auch nicht richtigere Lehren ersetzt wurden."

Ich wurde in meinem Gedankengang durch ein Rotkehlchen unterbrochen, das sich auf die Rückenlehne der Bank gesetzt hatte, mir ein kleines Liedchen zwitscherte und dann wieder davonflog.

„Luther hat die erlösende Kraft Christi im Menschen nicht erkannt", ging es beinahe wie von selbst in meinen Gedanken weiter. (War ich nicht allein? Natürlich nicht.) „Recht hat er mit der Annahme, daß der Mensch aus eigener Kraft die Rückkehr nicht vollbringen kann. Dazu hat er sich zu weit von der Liebe entfernt. Aber hat Luther nicht die Erlöserkraft mit einbezogen in seine tägliche Arbeit? Hat er vielleicht gar nicht um die Erlöserkraft gewußt? Das konnte aber auch nicht sein, redet doch die Bibel davon, daß 'Christus die Menschen mit Seinem Blut erlöst hat'. Hat er diesen Aspekt nicht oder falsch verstanden? Wer hat ihn religiös erzogen oder geprägt? Nicht zu vergessen: Luther war Katholik, wenigstens viele Jahre lang. Hat man dort um den Erlöserfunken und seine Bedeutung gewußt? Weiß man es heute?"

Eines stand für mich fest: Die Erlösung, die sich auf Golgatha vollzog, war etwas ganz Reales, etwas, das man erklären konnte. Jesus Christus hat für alle Menschen und Seelen den Himmel wieder geöffnet, der bis dahin verschlossen war. Durch das Tor hindurchgehen aber muß jeder selbst. Die ihm seit der Erlösung innewohnende Liebekraft Christi hilft ihm dabei. Hineingetragen in den Himmel wird keiner, denn Gott beachtet den freien Willen.

„Hier liegt der Denkfehler Luthers“, flocht ich in meine eigenen Gedanken ein, „der auf Grund der eigenen Schwäche schlicht und einfach den freien Willen leugnete“, wie ich es in dem Buch gelesen hatte. Er verkündete, daß alles, was dem Menschen zustößt (auch sein Seelenheil) nur die Folge einer absoluten, souveränen und unwiderstehlichen Ursache ist, die Gott heißt.

„Aha“, dachte ich, „deshalb wohl auch die Frage am Frühstückstisch, ob ich an die Willensfreiheit glaube.“

Wer wird mit Sicherheit sagen können, wo die Ursachen für Luthers Unfähigkeit lagen, sich selbst lieben zu können, und zwar *mitsamt* seinen Fehlern und Schwächen? Nicht *seine* Fehler und Schwächen! Nein, sich lieben zu können *trotz* der Unvollkommenheit, die ja in dieser gravierenden Form nur eine vorübergehende Erscheinung darstellt, wenn der Mensch sie gemeinsam mit Christus bearbeitet und nach und nach wandelt. Daß der Mensch Vollkommenheit auf Erden nicht erreichen kann, steht auf einem anderen Blatt. Das heißt aber nicht, daß er so unvollkommen, wie er ist, auch bleiben muß. Es widerspräche vehement der Aufforderung Jesu, Ihm nachzufolgen. Schon ein rechtes Bemühen darum muß die ersten Ecken und Kanten glätten, die Spitzen brechen und die gröbsten Löcher füllen. Was würde erst eine wirklich ernstgemeinte Nachfolge bewirken können, ja müssen?

Es wäre sicher müßig, im nachhinein über die Gründe zu spekulieren, die für das Fehlen einer echten Beziehung zwischen dem Kind (Mensch) und dem Vater (Gott) verantwortlich waren. Fest steht dagegen, daß Luther mit inneren Kämpfen und mit seinem Bild von einem Gott, dem er sich nicht anders zu nähern wußte als mit dem Ruf: „Aus tiefer Not schrei ich zu dir“, nicht allein war in Deutschland. Unzählige Menschen, die sich im Verlauf der nächsten Jahre und dann unzählige Millionen in den nächsten Jahrhunderten seiner Vorstellung anschlossen, müssen ähnlich empfunden und von der Liebekraft Christi im Menschen (Ich Bin euch näher als eure Arme und Beine) nichts gewußt haben. Heute noch nicht. Würden sie es glauben, wenn man es ihnen sagte? Sie hatten (und haben) anstelle von Begeisterung und Aufbruchsstimmung ihr Unvermögen, ihre Hilflosigkeit und immer wieder ihr Scheitern vor Augen, so daß sie für ihre Rettung keinen anderen Ausweg mehr sahen, als sich ratlos und ohnmächtig einer völlig unbegreiflichen Macht und ihrer scheinbaren Willkür zu unterwerfen. Geschah dies aus Demut? War dies eine Hingabe aus Liebe? Begab sich das Kind freudig in die Arme des Vaters, weil es darin sein höchstes Glück erkannte? Kann man überhaupt „Liebe" empfinden und denken, wenn einen Schmerz und Ohnmacht beherrschen?

Ich knüpfte an meinen früheren Gedanken an. „Die Entscheidung, Gott näherzukommen, wird von Ihm unterstützt, und zwar in einem Maße, das über unser Verstehen geht. Eines aber setzt mein Wunsch, zu Ihm zurückkehren zu wollen, voraus ...", jetzt hatte ich den Punkt klar vor Augen, „er setzt voraus, daß dies aus *Liebe* zu Ihm geschieht."

Ich konnte und wollte mir keine Meinung darüber bilden (und *würde* es auch nicht tun, denn schon war eine Warnlampe in meinem Inneren angegangen!), ob die Liebe bei Luther der innere Antrieb war. Nur eines wußte ich inzwischen: Angst, Minderwertigkeitskomplexe, Schuldgefühle, Liebe heischen durch ein Sich-selber-klein-machen und manches mehr waren keine Beweggründe, die der Himmel freudig unterstützt - wohl dagegen die Hingabe an die ewige Liebe durch die erwachende Liebe im Menschen. Dann war tausendfältige Kraft da, die das eigene Bemühen zu einem Bemühen der Liebegemeinschaft „Gott und Mensch" macht.

„Diese Liebe durchdringt die Kreatur, spendet ihr neues Leben und bringt sie ihrem Schöpfer näher", hatte ich gelesen und darin den Fehler gefunden. Das war er: Nicht die Liebe des Schöpfers bringt die Kreatur ihrem Schöpfer näher, sondern die *Liebe der Kreatur zu ihrem Schöpfer*. Denn die Liebe des Schöpfers ist schon da; die Liebe der Kreatur dagegen muß erst noch entwickelt werden.

Ich hatte knapp die Hälfte des Buches gelesen, als sich die ersten Wolken vor die Sonne schoben. Das hätte mich nicht weiter gestört, doch ich war - in tiefem Vertrauen auf die Wettervorhersage - ohne Schirm losmarschiert. Ein paar Wolken mußten nichts heißen; morgen konnte die Sonne schon wieder scheinen und die Vorausschau der Wetterfrösche bestätigen. Vorsichtshalber aber machte ich mich auf den Heimweg, während der Himmel sich mehr und mehr bezog. Es blieb aber trocken.

Dreiviertel meines Heimwegs hatte ich zurückgelegt, als ich auf Viktor Gabliczek traf, der von einem Spaziergang heimkehrte. Es war selbstverständlich, daß wir miteinander gingen: Er mit großen, weit ausgreifenden Schritten, ich fast ebenso munter, nur heute ein wenig hinkend. Wir unterhielten uns über Gott und die Welt, wobei ich mich nicht mehr so weit vorwagte wie gestern morgen. Er kam auch auf das morgendliche Gespräch nicht mehr zurück. Dafür fragte er mich, wie weit ich mit dem Luther-Buch gekommen sei. Ich klopfte auf meine Tasche.

„Da ist es drin. Ungefähr die Hälfte habe ich durch. Wenn ich es heute abend noch behalten darf, kann ich den Rest lesen. Ich gebe es Ihnen dann morgen früh zurück."

Das war möglich. Wir gingen ein paar Schritte schweigend miteinander, dann fragte er:

„Haben Sie etwas darin gefunden? Ich meine, etwas das Ihr Interesse geweckt hat?"

„Mich hat der Kampf interessiert, den Luther in erster Linie mit seinem sündhaften Menschen geführt hat, auch die Folgerungen, die er daraus abgeleitet hat", antwortete ich. „Doch ich weiß nicht ... Hätte man nicht auch andere Schlüsse ziehen können?"

„Welche beispielsweise? Denken Sie an etwas Besonderes?"

„Daß man vielleicht etwas falsch gemacht hat, wenn man sich erfolglos allein bemüht."

Das überraschte ihn ein wenig. „Was kann man falsch machen, wenn man so wie Luther ringt? Dann hätten ja alle etwas falsch gemacht, die wie er sich mühen und mühen."

„ ... und dabei oftmals an der Gerechtigkeit Gottes zweifeln."

„Das kann passieren", gab er zu, „wir sind schwache Menschen."

Ich entschied mich dafür, dieses Thema nicht weiter zu behandeln. Er würde nicht verstehen, was ich meinte. Selbst einer vorsichtigen und einfachen Wortwahl würden Jahrzehnte einer theologischen Praxis gegenüberstehen, die sich in sein Denken so tief eingeprägt hatte wie Wagenspuren in einen Waldweg. Doch vielleicht konnte ich ihm aus meinem Herzen etwas mitgeben?

„Ich glaube an die große Liebe Gottes zu uns Menschen." Aus den Augenwinkeln heraus sah ich, daß Viktor Gabliczek zustimmend nickte. „Aber ich glaube auch - und in dem Punkt unterscheiden wir uns vermutlich - an die große Liebesfähigkeit des Menschen Gott gegenüber. Nicht aus eigener Kraft heraus, aber aus eigener Entscheidung, die von Gott gefördert, unterstützt und in der Folge ... Sie würden vielleicht sagen: gesegnet wird."

„Glauben Sie denn", meinte er, „Gott sei auf die Liebe der Menschen angewiesen?"

War da eine Spur Dialektik drin? Ich wußte es noch nicht.

„Nein, das glaube ich nicht. Wir sind auf Seine angewiesen ..."

„ ... wie Luther richtig erkannt hat", unterbrach er mich kurz.

„Ja, aber das war vielleicht nicht alles." Jetzt ging ich ganz kurz in die Offensive, liebevoll, wie ich mir vornahm, um dann das Thema abzuschließen. „Ich weiß in meinem Inneren, daß Gott ein Ziel für uns vorgesehen hat: Daß wir nämlich die in uns schlummernde Liebesfähigkeit wieder zu wecken beginnen, und zwar hier auf Erden, nach Möglichkeit noch in diesem Leben. [Hoffentlich war das nicht zuviel.] Aber nicht Seinetwegen, weil Er das braucht. Nein, unsertwegen, damit wir wieder das werden, was wir einmal waren."

Entweder gab ihm das zu denken, oder er sah ein, daß ich für kirchen-religiöse Anstöße nicht aufnahmefähig genug war. Auf jeden Fall sagten wir beide eine Weile gar nichts; aber es war nichts Angespanntes in der Situation. Jeder hing nur seinen Gedanken nach. Als das Dorf und dann schließlich unsere Pension in Sichtweite kamen, wechselten wir noch ein paar freundliche Worte und verabschiedeten uns. Ich ging in meine „Linde", um etwas Kräftiges zu Abend zu essen. Mir war danach.

Später im Bett nahm ich das Buch noch einmal zur Hand. Ich war wohl auf das meiste, das ich brauchte, gestoßen, denn viel fand ich nicht mehr, das für mich wichtig war. Etwas fiel mir noch auf: Immer wieder war davon die Rede, daß Luther vom „Wort" sprach. Im Laufe der Jahre hatte sich aber seine Ansicht, was darunter zu verstehen war, gewandelt. „Der Glauben darf nie einem Buchstaben unterworfen werden ...", las ich. „Der Glauben ist allen Texten überlegen ... Der Glauben beruft sich unmittelbar auf das WORT, und das WORT ist nicht die Schrift ..."

(Wieder fiel mir auf, daß der Glaube den Mittelpunkt bildete, obwohl Jesus von Nazareth gelehrt hatte: „Das Größte aber ist die Liebe.")

„ ... Ich selbst, meinte er, muß hören, was Gott mir zu sagen hat. Wie aber hört man Gott? Indem man mit seinem Verstand einem Credo, einer dogmatischen Lehre zustimmt? Was für ein Unsinn! Man kann zwar das Wort predigen, aber niemand außer Gott allein kann es in die Herzen der Menschen einpflanzen."

Das war Luthers Wunsch, Vorstellung, Überzeugung oder Ziel, wie auch immer: „ ... daß der Christ das lebendige WORT in seinem Herzen erfährt." So etwas zu unterschreiben, dazu wäre ich sofort bereit.

In späterer Zeit stellte er seine frühere Kühnheit zwar nicht offen in Frage, „aber er ließ sie nun wie ein vorsichtiger Bürger auf sich beruhen. Stattdessen wurde nun das WORT wieder mit dem Buchstaben identisch, was äußerst folgenreich war. Bald tat er sogar noch einen Schritt weiter, indem er meinte, daß kein einziger Buchstabe unnütz überliefert sei und erst recht kein einziges Wort".

Statt eines Papstes aus Fleisch und Blut", schrieb Febvre weiter, „begann damit allmählich ein Papst aus Papier seinen sterilen Schatten über den neuen Glauben zu werfen".

„ ... der heute leider nicht weniger lichtdurchlässig ist als damals", dachte ich. „Dabei waren die Ansätze für einen Neuanfang ohne die Belastungen, die Rom in beinahe 1500 Jahren geschaffen hatte, vorhanden." Was war im Geistigen passiert? Ob die Aufklärung darüber mit zu dem Thema „Licht und Finsternis" gehörte, von dem mein Licht gesprochen hatte?

Ich war müde geworden, löschte das Licht und schickte meine Liebegedanken nach innen. Während des Einschlafens fiel mir auf einmal ein, daß ich doch daran denken sollte und wollte, wo, wer oder was wohl die überwachende Instanz beim Menschen ist, die die Aufrechterhaltung der göttlichen Ordnung sicherstellt. „Das hat Zeit“, murmelte ich unhörbar, „für heute hat mir’s ohnehin gereicht.“ Das Puzzle nahm eine gewisse Form an ...

Ich segne deinen Schlaf, mein Bruder, und bin bei dir.

*

Viktor Gabliczek kam vor mir die Treppe herunter. Er hatte seine Koffer schon gepackt und war in Abschiedsstimmung. Die Urlaubstage hatte er genossen, jetzt freute er sich wieder auf zu Hause. Wir frühstückten noch miteinander und unterhielten uns dabei nett und unverbindlich. Sein Buch gab ich ihm dankend zurück, er nahm es dankend an. Wir sprachen ein bißchen über meine Vorhaben während der noch verbleibenden Urlaubstage, er nannte mir drei oder vier Ziele, die auch eine längere Wanderung lohnten, dann verabschiedeten wir uns voneinander und wünschten uns eine gute Zeit.

Ich schaute ihm nach, bis er die Hauptstraße erreicht hatte und links abbog. „Ein Bruder aus dem Licht“, dachte ich, „noch gehen wir auf verschiedenen Straßen.“ Aber das schien mir auf einmal nicht mehr so entscheidend, denn es schob sich ein Bild vor meine Augen. Ich sah ein riesiges Tal vor mir, das übersät war mit Wegweisern verschiedenster Art. Menschen kamen und gingen, hielten sich auf, sprachen miteinander; kurzum, es herrschte ein reges Leben. Mich interessierten die Aufschriften und Hinweise, also trat ich näher heran - und war überrascht. Es waren die Wegweiser der verschiedenen Weltreligionen mit ihren unzähligen Unterorganisationen und Absplitterungen, auch kleine, selbständige Gruppierungen hatten ihre Schilder. Manche trugen zusätzlich Symbole, wie z.B. unterschiedliche Kreuzesformen, eine Lotusblume, eine Bibel, einen Halbmond, einen Davidsstern, Leuchter und manches mehr. Gruppen von Menschen wurden herangebracht und meist sofort zu einer der Hinweistafeln geführt.

Die allermeisten Aufschriften trugen außer dem Namen der Kirche oder Organisation den kleinen Zusatz „zum Himmel“ oder „ins Land der Liebe“, manche auch die Ergänzung „zum Berg der Erleuchtung und der Meisterschaft“. Ich war neugierig geworden und suchte mir irgendeinen der Wege aus, ging ihn einige hundert Meter und mußte, als ich um die erste Biegung kam, verblüfft feststellen, daß ein großer Teil der Wanderer es sich bequem gemacht hatte. Sie standen, saßen oder lagen in Gruppen beieinander, unterhielten sich und waren anscheinend der Meinung, den Hauptteil der Wegstrecke schon geschafft zu haben. Diese Ansicht vertraten sie tatsächlich, wie sich auf meine entsprechende Frage herausstellte.

„Aber ihr seid doch kaum losmarschiert." Ich schaute sie verständnislos an. „Schaut doch mal um die Ecke dort, und ihr könnt den Wegweiser noch sehn! Ihr haltet euch ja praktisch noch in seinem Einflußbereich oder Dunstkreis, oder wie ihr wollt, auf."

„Das reicht. Man hat uns gesagt, den Rest erledigen unsere Reiseleiter."

„Und das Land der Liebe, in das ihr wolltet? Deshalb seid ihr doch mit dieser Gruppe gegangen!" Ich muß ziemlich dumm geguckt haben bei meiner Frage, weil mich geringschätzige Blicke trafen.

Hier und da war ein Schulterzucken die Antwort; einige sagten, sie hätten es sich schon gut überlegt und nannten mir ihre Gründe; manche meinten, man hätte sie einfach in diese Gruppe geschoben, und da wären sie halt drin geblieben.

„Und wenn man euch in eine andere Gruppe geschoben hätte? Was dann?"

Einer von ihnen übernahm es, die Antwort zu geben, mit der die meisten anscheinend einverstanden waren, denn es erhob sich kaum Widerspruch.

„Was soll dann gewesen sein? Dann wären wir in einer anderen Gruppe mitgelaufen; wir hatten doch keine Wahl."

„Nicht ganz", warf einer ein, „einige gab es schon, die haben die Abteilung gewechselt und marschieren jetzt einen anderen Weg."

„Und warum haben sie das getan?" Ich war ehrlich neugierig. „Haben sie die Wegbeschreibungen miteinander verglichen, oder sich nach einer klaren Definition des Zieles erkundigt? Oder warum sind sie einen anderen Weg gegangen? Weiß das jemand?"

„Also, ich kenne einen, dem hat der Reiseleiter nicht gepaßt", meinte einer. Und ein anderer rief: „Ich weiß von einem, der hat gesagt:

'Da drüben scheint's einfacher zu sein'." Noch einer ließ sich vernehmen: „Ich kann ja nur für mich selbst sprechen. Beinahe hätte ich mir's auch überlegt. Die haben alle eine schöne Wandertracht bekommen, viel schöner als meine oder unsere. Aber dann hab's ich doch gelassen." Er schaute in die Runde. „Ich habe so viele Bekannte hier."

Da erst fiel mir auf, daß sie alle ein mehr oder weniger gleiches Gewand trugen, dem aber jeder seine individuellen Accessoires hinzugefügt hatte. Sie bemerkten meinen Blick. „Das hat nichts zu sagen, das ist erlaubt; darauf achtet auch keiner. Nur wenn man sich von der Gruppe entfernen will, das sieht man nicht so gerne. Aber sonst kann man eigentlich fast alles machen, was man will."

„Manchmal", kicherte eine ältere Dame, „kommen ja welche, die versuchen es mit dem erhobenen Zeigefinger. Die wollen uns bei der Stange halten, indem sie uns Schauermärchen erzählen; was uns alles passieren kann, wenn man nicht dabeibleibt. Aber denen glaubt kaum einer. Oder?" Sie blickte fragend in die Runde, einige nickten, andere schauten ein bißchen bedrückt zu Boden, von weiter hinten meldete sich jemand. „Also ich glaub' das schon; die machen mir immer richtig Angst. Da bleib' ich lieber dabei. Wer weiß ..."

Ich fragte den einen oder anderen, ob er nicht ein Stück weitergehen wollte. Drei oder vier berieten sich, zwei schlossen sich mir an. Ich wollte erkunden, wie es weiter vorn auf dem Weg aussah. Nachdem wir eine Weile gegangen waren, blieb zuerst einer, dann gleich darauf der andere stehen. Ich drehte mich um. Es war ein bißchen steinig und steil geworden an der Stelle.

In die Augen des Älteren war Mißtrauen getreten. „Haben Sie eigentlich eine Lizenz?"

„Was für eine Lizenz?"

„Auf was haben wir uns da eingelassen?" Der Jüngere sprach mit einer Stimme, die mir auf einmal ein wenig schrill vorkam. „Sie sind ja gar nicht berechtigt, hier überhaupt herzugehen, geschweige denn welche mitzuziehen."

„Ich ziehe doch keinen mit", entgegnete ich verwundert. „Ich gehe den Weg und habe gefragt, ob einer mitgehen möchte."

Der Ältere war wieder dran. „Mir ist das zu unsicher."

„Mir auch“, stimmte der andere ihm zu. „Das Ganze kommt mir auf einmal komisch vor. Hat keine Lizenz und will den Himmel finden!“ Ein erschreckter Ausdruck stand plötzlich in seinem Gesicht. „Sie wollen uns in die Irre führen, jetzt weiß ich es. Komm“, er wandte sich an den Älteren, „laß uns schnell zurückgehen.“ Er schaute mich wieder an und streckte die Arme abwehrend weit vor. „Bleiben Sie mir vom Leib ...“

Kurze Zeit später waren sie außer Sichtweite. Ich setzte meinen Weg fort und traf zu meiner Verwunderung immer wieder auf vereinzelte Wanderer, die sich von ihrer Gruppe entfernt hatten und ihr schon eine gehörige Wegstrecke voraus waren. Die meisten von ihnen machten einen entspannten Eindruck und gingen frohen Schrittes voran. Sie hatten sich zwar noch nicht von ihrem Gewand getrennt, trugen es aber in ihrer Reisetasche oder über der Schulter oder hatten es sich um die Hüften gebunden.

Dann lockte mich zu meiner Linken ein Hügel, den ich bestieg. Man hatte von hier oben einen Überblick über das gesamte Tal. Ich konnte das große Sammelbecken erkennen, die Wegweiser und Gruppen; ich sah die unzähligen Wege, die sich durch die Landschaft schlängelten. Und dann erkannte ich, daß diejenigen Pfade, an deren Ausgangspunkt die Hinweise „zum Himmel“ oder „ins Land der Liebe“ angebracht waren, alle auf der gleichen Bergspitze endeten, die in strahlendes Sonnenlicht eingetaucht zu sein schien.

Mein Blick richtete sich auf die Wanderer, die den anderen voraus waren, meistens allein, fast immer ohne Führer. Ich sah, daß es auf allen Wegen solche gab. Sie blieben zwar auf ihren Pfaden, ließen sich aber nicht davon abhalten, weiterzuschreiten. Sie hatten den Wegweiser und seine Botschaft ernst genommen.

Beinahe hätte ich das Wichtigste übersehen. Als ich meinen Blick noch einmal auf die Bergspitze richtete, stellte ich fest, daß alle, die dabei waren, den Gipfel zu erreichen, ihre Kleider gewechselt hatten und nun anstelle ihrer früheren Gruppenkleider jetzt hell leuchtende Gewänder trugen. Sie unterschieden sich zwar voneinander, aber allen gemeinsam war dieses von innen kommende, kaum zu beschreibende Leuchten. Sobald sich die Wanderer auf den Wegen rechts und links des eigenen sahen, winkten sie sich zu, erkannten sich als alte Freunde, die nur von einer anderen Seite her an das gleiche Ziel herangegangen waren. Auf dem Plateau, wo sich die schmalen Pfade und zerklüfteten Wege trafen, fielen sie sich in die Arme. Ich konnte meinen Blick kaum von diesem Bild wenden.

Eine kleine Vorschau soll dir zeigen, was sich später - frage mich nicht, wann - ereignen wird.

Die Gruppen begannen sich aufzulösen. Immer mehr Wanderer entschieden sich loszumarschieren. Die Nachzügler wurden immer weniger, schließlich waren es nur noch vereinzelte, bis sich schlußendlich alle auf dem Plateau eingefunden hatten. Ein Blick ins Tal bestätigte meine Vermutung: Die Wegweiser waren verschwunden, die Wege waren nicht mehr zu erkennen; ganz schwach konnte man allerdings noch Spuren sehen, wenn man genau hinschaute - so, als wenn sie den Betrachter an den guten Ausgang einer gewaltigen Irrfahrt erinnern wollten, die sich nie mehr wiederholen wird.

Das Bild, das sich vor meine Augen geschoben hatte, begann sich zu verflüchtigen. Ich stand noch immer vor dem Haus und schaute auf die Stelle, an der Viktor Gabliczek, Pfarrer und Bruder, nach links abgebogen war.

„Wir sind alle auf dem Weg", dachte ich. „von welcher Seite aus man sich dem Berg nähert, spielt nicht die entscheidende Rolle. Der eine versucht's auf diesem Pfad, der andere auf jenem, wie es dem Naturell, der Empfindungs- und Denkweise des einzelnen entspricht. Wir werden uns wiedersehen. Wer will sich schon anmaßen zu entscheiden, wann und wo? Oder wer eher den Gipfel erreicht hat? Oder wer kann erkennen, wer wieder zurückgegangen ist, um einem anderen auf dem letzten Stück des Weges zu helfen?"

Es spielt nicht die entscheidende Rolle, welchen Weg du betrittst. Was aber ist dann das Entscheidende?

„Ich glaube, dieses Bild hat etwas auf eine wundervolle Weise veranschaulicht. Entscheidend ist, daß man den Weg *geht*, der 'ins Land der Liebe' oder 'zum Himmel' führt. Das ist die einzige Möglichkeit um festzustellen, ob der Wegweiser echt ist oder nicht. Denn mir schienen auch ein paar gefälschte dabei zu sein, deren Wege sich irgendwo im Dickicht verloren haben.“

Wie willst du das herausfinden, wenn du dich nicht Schritt für Schritt, Meter für Meter und Streckenabschnitt für Streckenabschnitt vorwärts bewegst? Wer im Einflußbereich oder Dunstkreis seines Wegweisers bleibt, wird nie dahinterkommen, ob die Ankündigung hält, was sie verspricht. Gehst du jedoch deinen Weg und verlierst dabei nie dein Ziel aus den Augen, weil du die Sehnsucht in deinem Herzen nicht verlöschen läßt, dann w i r s t *du erkennen. Darin liegt ein großes Versprechen Gottes. Es ist gleichzeitig eine Art Versicherung für die Ängstlichen unter euch. Wer den Weg* g e h t , *auch wenn er ihn noch nicht ganz überschauen kann, dem werden die Augen geöffnet; und er wird gleichzeitig stark, um den Weg verlassen zu können, sollte sich dieser als Sackgasse erweisen. Wer ihn* n i c h t *geht, wird auch dann einen richtigen Weg nicht erkennen, wenn es der richtige ist.*

Viele Wanderer sind auf vielen Wegen. Die liebenden Herzens sind werden alle in die Arme des Christus finden, auch dann, wenn sie zu Lebzeiten nichts von Ihm gewußt haben. Denn die Liebe führt sie direkt in Sein Herz.

„Er hat gesagt: ‘Ich bin der Weg, die Wahrheit und das Leben. Keiner kommt zum Vater, denn durch Mich’.“

Ja, und wer nicht am Buchstaben hängt, sondern sein Herz befragt, der erhält die Antwort in seinem Inneren. Möchtest du dein Herz fragen?

Ich dachte einen Moment nach.

„Wenn Jesus Christus ‘durch Mich’ sagt, kann ich dies auf zweierlei Art verstehen. Hänge ich am Buchstaben, dann müßte ich annehmen, es ginge um die Anerkennung der Person des Jesus von Nazareth in Seiner Eigenschaft als Sohn Gottes. Die Schlußfolgerung wäre: Nur, wer einer christlichen Kirche, Gemeinschaft oder Organisation angehört, hat die Aussicht, zum Vater zu kommen. Wenn ich dagegen versuche, den tiefen Sinn zu erfassen, bleibt nur eine Deutung übrig. ‘durch Mich’ ist nicht auf die Person bezogen, sondern auf das, was sie in dieser Welt verkörperte: die Liebe Gottes. So betrachtet sagt der Herr:

'Keiner kommt zum Vater, wenn er nicht das, was Ich Bin, anerkennt, anstrebt und in sich erschließt, bis daß er mit der Liebe Gottes wieder eins geworden ist'."

Geht er diesen Weg ehrlich und aufrichtig, wird Christus eines Tages vor ihm stehen. Und der Wanderer wird in Ihm d e n erkennen, dem er ein Leben lang gefolgt ist.

Ich schaute mich um, keiner hatte mein nachdenkliches Stillstehen bemerkt. Es hatte möglicherweise auch nur wenige Sekunden gedauert. Das Geheimnis von Zeit und Raum, nahm ich an, würde ich wohl nie verstehen. Vielleicht später mal „oben". Aber auch das hielt ich für sehr fraglich.

10.

„Der ewige Urlauber ist wieder da", begrüßte mich Eva, als ich unser Büro betrat. „Und gut sieht er aus."

„Gut sehe ich immer aus", brummelte ich neckend, „du meinst wohl 'braun gebrannt'?"

„Nun übertreib' mal nicht, Ferdinand." Sie gab mir einen Klaps auf die Schulter und rief Peter zu, der schon an seinem Schreibtisch saß und die ersten Telefonate führte: „Du kannst dich entspannen, er ist zurückgekommen."

Ich ging an meinen Schreibtisch, schaute flüchtig die Post und die Vorgänge durch, die sich in der Woche angesammelt hatten. Es war nicht viel. Sowohl Eva als auch Peter hatten gute Arbeit geleistet und nur das wenige auf meinen Tisch gelegt, das ich entweder wissen mußte, zu dem ich meine Meinung sagen und oder etwas entscheiden mußte. Peter hatte sein Gespräch inzwischen beendet, wir begrüßten uns herzlich und ich mußte natürlich zuerst einmal erzählen, was mir in meinen Urlaubstagen so widerfahren war. Das war schnell erledigt, denn ich hatte nicht viel zu berichten. Was sollte in einem so kleinen Dorf auch schon geschehen? Das gute Wetter hatte sich gehalten, gewandert war ich mehr als genug, ausgeruht und erholt fühlte ich mich auch. Es konnte wieder in die Vollen gehen.

Dann sprachen wir über die Woche im Geschäft. Ich erfuhr, daß Peter ein paar Besuche in seine Reisen hatte mit einbauen müssen, die meine Kunden betrafen („waren aber alles keine großen Sachen"), und daß aus meinem Gebiet zwei größere Aufträge erteilt worden waren, so daß sich in der Woche ein Spitzenumsatz ergeben hatte. Das war meinem Chef ein Anruf bei mir wert, wobei er seine Freude über die guten Geschäfte mit der Überlegung verband, mich des öfteren in Urlaub zu schicken, „weil Ihre Abwesenheit anscheinend einen Kaufanreiz für Ihre Kunden darstellt." Wir wußten, was wir aneinander hatten.

Peter fuhr schon im Laufe des frühen Vormittags los, bei mir schien es doch Mittag zu werden. Ich fragte ihn, ob er abends zu mir kommen könne? Kein Problem; er sei sowieso allein, da Katharina in ihre

Gymnastikstunde ginge. Das traf sich gut und wir vereinbarten, daß er zum Abendessen bei mir 'reinschauen würde.

Ich kam nicht zu spät an diesem Abend nach Hause, so daß die Zeit noch ausreichte, unser Abendessen vorzubereiten. Ich hatte mich für Spaghetti und eine Soße entschieden, die ich immer aus dem zubereitete, was ich gerade im Keller und Kühlschrank vorfand. Sie wurde dadurch jedesmal anders, und fast immer schmeckte sie gut, war aber kaum einmal zu wiederholen. Heute war der Peperoni-Anteil beachtlich; Tomaten, Pilze, Zwiebeln, Paprikastreifen, Oliven, Sahne, Knoblauch und diverse Gewürze stellten den Rest dar.

Es schmeckte uns hervorragend. Dann machten wir es uns gemütlich. Peter mit seinem feinen Gespür hatte natürlich heute morgen schon gewußt, daß ich ihm mehr zu erzählen hatte, als das, was ich im Büro gesagt hatte, und was für Eva bestimmt war. So war es ja auch.

Ich hatte mir überlegt, mit ihm gemeinsam das Thema zu beleuchten, auf das mich mein Licht aufmerksam gemacht hatte. Zuvor aber erzählte ich ihm von meinen Erkenntnissen über Luther und die aus Luther resultierende Reformation, auch über das Bild mit den vielen Wanderwegen und Wegweisern. Peter hörte aufmerksam zu und freute sich mit mir über meine neuen Einsichten. „Über unsere", verbesserte ich ihn, „denn du hast in unseren Gesprächen nicht wenig zu den vielen Lichtern beigetragen, die in unser beider Köpfen aufgegangen sind."

„Und was wollen wir heute ergründen, mit himmlischer Unterstützung?"

Ich versuchte, möglichst wörtlich das wiederzugeben, was mir mein Licht gesagt hatte:

„Es betrifft einen Aspekt der Seele ... Kein Gesetzgeber kann darauf verzichten, die Einhaltung seiner Gesetze sicherzustellen. Bei Gott gibt es keine Polizei, Staatsanwälte, Richter, Strafen und Inhaftierungen ... Heißt das, Seine Gebote können ohne weiteres übertreten werden? Wenn nicht: Wer ist die überwachende Instanz? So oder beinahe so lautete die Fragestellung. Ich habe mir gedacht, das wäre was für

uns zwei. Alleine ist es nicht das Wahre, und mein Licht brauche ich nicht zu fragen. Von ihm kam die Anregung."

„Ach ja", ergänzte ich, „es hat noch etwas angefügt: Die Hälfte der Lösung hätte es mir bereits verraten."

„Ich erinnere mich gerade an meine Kindheit", begann Peter. „Meine Eltern waren einfache, ehrliche Leute. Ihre bzw. meine Erziehung war nicht besonders streng, aber sie war konsequent."

„Sag' mal ein Beispiel."

„Da gibt es mein Lieblingsbeispiel, das ich nie vergessen werde. Es war an einem Sonntag; ich hatte irgend etwas angestellt oder war gerade dabei, ist ja auch egal, auf jeden Fall sagte meine Mutter: 'Peter, wenn das so weitergeht, dann kannst du heute nachmittag nicht zur Oma'. Nun war ich zum einen ein Lausebengel, der mit seiner Frechheit an diesem Morgen den Bogen überspannte; zum anderen aber auch schon so schlau, daß ich mir dachte: 'Die müssen mich ja mitnehmen, die können mich nicht hier allein lassen'."

„Und?" fragte ich gespannt.

„Ich hatte eine weitere Möglichkeit außer acht gelassen: Wir sind alle zu Hause geblieben. Das hat mir damals weh getan, aber es war mir eine Lehre sondergleichen. Es war vielleicht eine der besten, die ich in meiner Kindheit bekommen habe. Meine Mutter war dabei überhaupt nicht böse, sie hat nicht geschrien oder war sauer auf mich - natürlich hat sie sich auch nicht gefreut. Sie hat nur das getan, was sie angekündigt hat. Ruhig, klar, konsequent." Peter schaute für einen Moment richtig verträumt. „Sie war echt gut."

„Wenn sie nur gedroht hätte, und ihr wäret doch zur Oma gegangen ..."

„ ... dann hätte sie verloren." Er nickte leicht. „Meine Geschwister und ich hätten so etwas sofort als Schwäche erkannt und ausgenützt, vielleicht die ganze Kindheit und Jugend hindurch. Nicht aus Bosheit oder um sie zu ärgern, einfach deshalb, weil wir natürlich immer versuchten, unseren Kopf durchzusetzen."

„Das ist auch gar nicht so schlecht; Kinder müssen ihre Grenzen kennenlernen. Wenn unsere Eltern sie uns nicht gesetzt hätten, meist liebevoll und führend, hätte das Leben sie uns gesetzt. Diese Lektionen zu lernen wäre bestimmt härter gewesen."

„So sehe ich das auch."

Ich hatte in der Zwischenzeit einen Tee gemacht und schenkte ihn ein, verfeinert mit einem winzig kleinen Schuß Rum - gerade so viel, daß er unser Denken nicht beeinträchtigte. Es war für uns beide ein Genuß.

Peter nahm den Faden wieder auf. „Mir ist das Beispiel deshalb eingefallen, weil ich hier eine Parallele sehe zu der Frage, die dir dein Licht gestellt hat. Ein Verbot auszusprechen, ohne ein Übertreten des Verbotes feststellen oder ahnden zu können, ist verlorene Liebesmühe. Du ermunterst den anderen regelrecht dazu auszuprobieren, ob du überhaupt willens oder in der Lage bist, die Einhaltung sicherzustellen. Bist du das nicht, oder kannst du das nicht und stehst darüber hinaus jemandem oder mehreren gegenüber, die deine Anweisungen am liebsten ständig mißachten, kannst du dein ganzes Vorschriftenbuch, deine Geschäftsbedingungen, Merkblätter und Anweisungen in den Papierkorb werfen. Freiwillig ein Gebot oder ein Gesetz zu achten und es zu halten, setzt ein sehr hohes Verantwortungsgefühl voraus. Hinzu kommt, daß du das, was du tun und lassen sollst, als richtig und sinnvoll ansehen mußt. Sonst unterläßt du's, sobald sich die Gelegenheit bietet."

„Und du mußt - im Idealfall - auch noch von der Kompetenz des Gesetzgebers überzeugt sein."

Wir spürten beide, wie sich die Maschinerie unseres Denkens langsam in Bewegung setzte und die Zahnräder anfingen ineinander zu greifen.

„Nun ist der Idealfall aber auf Erden nicht gegeben", machte ich weiter. „Im Himmel ist das der Fall, aber das nützt uns hier gar nichts. Jeder Staat muß daher dafür Sorge tragen, daß die Einhaltung der Gesetze - zumindest weitgehend - sichergestellt ist, um Chaos und Auflösungserscheinungen zu verhindern, denn die sind fast zwangsläufig die Folgen eines Autoritätsverlustes."

„Daß Regierungen, die keine natürliche Autorität besitzen, zur Durchsetzung ihrer Gesetze die Gerichtsbarkeit mißbrauchen und Gewalt einsetzen, ist eine andere Sache, die aber an der Richtigkeit unserer Überlegungen nichts ändert“, sagte Peter. Nicht nur die Rädchen unseres Gehirns hatten ihre Arbeit aufgenommen, auch wir zwei begannen, uns wie Zahnräder gegenseitig voranzubringen.

„Wenn und weil eine Gesetzgebung immer auch eine überwachende Funktion haben muß, da unvollkommene Menschen mit im Spiel sind ...“ Ich wußte, was ich sagen wollte, fand aber nicht gleich die richtigen Worte.

„ Weißt du, wer deine ‘überwachende Funktion’ ist? Zum Beispiel die nette Politesse von nebenan, die dir ab und zu mal einen kleinen Liebesbrief im Werte zwischen zehn und dreißig Mark hinter deinen Scheibenwischer klemmt.“

Ich mußte sie in Schutz nehmen. „Die *ist* aber auch nett.“

„Lenk’ nicht vom Thema ab. Auch der Kriminalbeamte und verdeckte Ermittler, die Autobahnpolizei, der Geheimdienst und viele mehr - alle gehören dazu.“

„Jetzt weiß ich, was ich sagen wollte. Unvollkommene Menschen sind auch im Spiel, wenn es um die Einhaltung der Gebote und darüber hinaus der gesamten geistigen Gesetzgebung geht. Es muß also auch im Zusammenspiel von Gott und Mensch eine wie immer geartete Instanz geben.“

„ Vielleicht eine zuständige Dienststelle, eine Behörde, irgendein Amt.“

„Du bist und bleibst ein alter Ketzer“, unterbrach ich ihn, um dann im gleichen Jargon weiterzumachen. „Vielleicht schreibt Gott doch in ein schwarzes und ein goldenes Buch deine Taten ‘rein?“

Wir wurden wieder ernst. „Natürlich ist es so nicht. Aber hat sich eigentlich mal einer darüber Gedanken gemacht, wie die Überwachung und Registrierung erfolgt, wenn es all das, was wir eben aufgezählt haben, nicht gibt? Peter, hat dir das mal jemand erklärt?“

„Nein, aber ich habe auch nie danach gefragt, weil ich mir keine Gedanken darüber gemacht habe.“

„Genauso war es bei mir.“

Wir hingen einige Augenblicke unseren Überlegungen nach. Ich schenkte erneut Tee ein.

Peter sponn den Faden weiter. „Die Notwendigkeit einer Beobachtung und Erfassung und Korrektur muß bestehen, nein, sie *besteht*, das ist Tatsache. Sonst wäre die Schöpfung schon längst im Chaos untergegangen, weil alle anstellen könnten, was sie wollten - und dürften doch mit zur Oma gehen. Außerdem hätte dein Licht dich nicht zu fragen brauchen."

„Die Hälfte der Lösung habe ich dir schon verraten", murmelte ich vor mich hin. „Hat das Licht mir nicht auch etwas von einem weiteren Aspekt der Seele gesagt?"

Das Telefon klingelte. Ich stand auf, nahm den Hörer ab und erkannte am Pfeifton, daß mir ein Fax geschickt wurde. Es war die Bestellung einer Buchhandlung aus der Nähe von Saarbrücken. „Da hat sich einer aber gewaltig in der Nummer geirrt." Ich hielt Peter das Fax hin. „Da werde ich morgen früh anrufen und denen sagen, daß das irrtümlich bei mir angekommen ist."

„Also *so* falsch angekommen finde ich das gar nicht." Peter gab mir das Fax mit einem breiten Grinsen zurück. „Ich glaub', das Buch kaufe ich mir."

Ich schaute mir die Bestellung genauer an. „Wieso ist das nicht *so* falsch bei mir? Und was willst du mit *'Die unverzichtbare Selbstkontrolle oder Wie man am schnellsten sein Unternehmen ruiniert'*?"

„Ich will's ja nicht für mich, ich schenke es dir."

Da endlich fiel bei mir der Groschen. Ich setzte mich wieder, und wir mußten beide lachen. „Selbstkontrolle ist das Stichwort", sagte Peter. „Anders kann es gar nicht sein. Da es eine Instanz gibt, und wir sie nicht in Form einer 'unerklärbaren, himmlischen Behörde' außerhalb von dir annehmen, kann sie nur *in* dir sein."

„In *dir* übrigens auch; ich bin nicht der einzige, der sich selbst kontrolliert." Das mußte ich ergänzend richtigstellen. „Bei jedem ist es so. Und jetzt weiß ich auch, was mein Licht gemeint hat mit 'Hälfte der Lösung'. Unmittelbar zuvor war der Hinweis auf einen 'weiteren Aspekt der Seele' erfolgt. Es ist die Seele des Menschen, die nicht sichtbar, nicht fühlbar, aber vom ersten bis zum letzten Atemzug niemals von ihm gelöst, einen Teil seines Wesens ausmacht."

Ich erzählte Peter kurz über die Belehrungen, die ich dazu erhalten hatte, besonders das Beispiel des auf der Erde auftreffenden Lichtstrahls. Dann erinnerten wir uns an gemeinsame Gespräche, die viele Wochen zurücklagen. Wir hatten damals auf Anregung und mit Hilfe des Lichtes die Antwort auf die Frage gefunden, warum das viele Leid in der Welt ist, wenn es nicht als Strafe von Gott kommt. Peter hatte das Bumerang-Prinzip entdeckt, nach dem jeder Gedanke, jedes Wort und jede Handlung - einmal in die Welt gesetzt und hinausgeschickt - mit der Genauigkeit eines Schweizer Uhrwerks wieder zum Absender zurückkehrt.

In dem Zusammenhang war auch eine erste Aufklärung über die Begriffe Geist, Seele und Mensch erfolgt, und wir hatten erfahren, daß die Seele ein Energiekörper ist, in den der Mensch selbst ununterbrochen seine Daten und Befehle, Kommandos und Anweisungen eingibt. Auch Korrekturen zur Verbesserung sind nicht nur möglich, sondern sogar erwünscht. Ich war damals, das fiel mir bei dieser Gelegenheit wieder ein, über die Frage gestolpert: „Habe ich nun eine Seele, oder bin ich eine Seele? Oder bin ich meine eigene Seele?“ Das war inzwischen durch das Bild des Lichtstrahls erschöpfend geklärt.

„Die eigene Seele als Kontrollinstanz! Das ist so genial, da fehlen mir fast die Worte“, sagte ich. Deshalb sammelte ich einfach ein paar Gedankenfetzen. „Etwas, das du immer bei dir hast, zu dem kein anderer Zutritt hat, in das auch niemand etwas hineinschreiben kann außer du selbst, das in keinster Weise von irgend jemandem verändert werden kann ...“

Außer du läßt es zu, im Positiven wie im Negativen.

Ich hatte einen Moment still in mich hineingehört. Peter hatte dies bemerkt. Ich wiederholte die Aussage des Lichtes.

„Etwas, das auch unbestechlich ist“, fiel Peter noch dazu ein, „das Polizei, Anklage, Verteidigung und Richter in einem ist und schließlich, das ist für mich das absolut Größte - das du selbst bist.“

Ich schenkte den restlichen Tee ein. „Soll ich noch welchen machen?“ Er winkte ab; er dachte nach.

„Somit ist dieses feinstoffliche Gebilde, meine Seele, nicht nur eine Realität. Zu dieser Überzeugung sind wir ja ohnehin schon lange gekommen. Sie erfüllt auch nicht nur die Aufgabe, nach meinem Tod der Träger meines Lebens zu sein, sondern - wie soll ich sagen - sie 'mischt' auch schon zu meinen Lebzeiten ganz schön mit."

„Möglicherweise viel, viel mehr, als wir bisher angenommen haben. Warum sagt einem das denn keiner?" Ich spielte den Entrüsteten.

„Aber du hättest es ja nicht geglaubt!" antwortete Peter gleicherart entrüstet.

„Du hast recht. Doch laß mich noch einmal an einen Gedanken anknüpfen, den wir gerade ausgesprochen haben. Ich war ein Leben lang der Meinung, ich sei es gewesen, der gedacht, geredet und gehandelt hat. Nun könnte dieses Bild ins Wanken kommen, wenn ich meine *Seele* dafür ganz oder teilweise verantwortlich mache und dabei vergesse, daß damit kein *anderer* gemeint ist, sondern *ich selbst*."

„Richtig. Machst du aber nicht, weil du es inzwischen besser weißt."

„Der Mensch wäre danach nur der Handelnde, das Äußere; der Antrieb dazu käme aus der Seele, dem Inneren. Da kann etwas nicht sein ...", ich zögerte. „Dann wäre ich ja Sklave meiner eigenen Seelenbeschaffenheit und müßte das ausführen, was sie mir vorgibt." (Das hatte ich doch schon einmal beim Thema „Eigenverantwortung" und dem Begriff „williger Knecht und souveräner Herr", fiel mir ein.)

„In gewissem Sinne sind wir das wohl auch, wenn ..."

„ ... wenn nicht zwischen dem Anreiz oder Drang von innen und der Ausführung durch außen die Entscheidungsfähigkeit des Menschen geschaltet wäre, wobei seit Luther, vermutlich jedoch schon lange vor ihm, darüber diskutiert wird, ob der Mensch überhaupt eine Seele hat oder nicht." Auf eine verblüffende Weise schloß sich immer wieder der Kreis.

Für eine Weile sprach keiner von uns. Suchte Peter nach einem Ansatzpunkt, um noch ein Stück weiterzukommen? Ich sah im Moment keinen ... Da schaltete sich mein Licht ein.

Die Tatsache, daß die Seele unter anderem auch Kontrollinstrument ist, ist unter den Christen nicht bekannt, weil die Kirchen dies nicht lehren. Schon am Begriff der „Seele" scheiden sich die Geister eurer Theologen. Die Unkenntnis der überwachenden Instanz im Menschen selbst ist die Ursache für das Fehlen einer allgemein verständlichen und akzeptablen Darlegung der Sündhaftigkeit und des Umgangs damit. Wenn man sich nicht vorstellen kann, wie es möglich sein soll, daß „der liebe Gott im Himmel sich die Sünden der unzähligen Menschen merkt", dann ist es nicht mehr weit bis zum Schritt, eine solche Möglichkeit kategorisch abzulehnen. Deshalb glauben so viele Menschen auch, sündigen zu können, weil es doch keinen gibt, der ihre zumeist im Verborgenen begangenen kleinen und großen Taten bemerkt. Daß sie selbst es sind, die sich zur Rechenschaft ziehen werden und es oft genug auch zu Lebzeiten schon tun, weiß so gut wie keiner.

Peter hatte mich die ganze Zeit über angeschaut, ich hatte ihm nur zugenickt.

„Wenn das Seelische für das Verhalten eines Menschen maßgeblich ist, weil ihn das bewegt, drängt, steuert, motiviert, antreibt und Gutes oder Schlechtes tun läßt, dann müßte doch dem Inneren im Hinblick auf diese Wichtigkeit eine viel größerer Bedeutung beigemessen werden, als das im allgemeinen der Fall ist."

Die Bedeutung ist noch viel größer, als du dir das überhaupt vorstellen kannst. Es gehört zu unserem noch offenen Thema des Kampfes der Finsternis gegen das Licht. Der Zustand der Seele im Augenblick des Übergangs von der Materie in die feinstofflichen Bereiche bestimmt darüber, ob sie sich auf den Weg ins Licht machen kann, ob sie vorerst in hellen oder weniger hellen Welten lebt, oder ob sie gehalten wird von Kräften, denen sie zu Lebzeiten Macht über sich verliehen hat, weil sie deren Ideologien angenommen und sich deren Wert- oder besser Unwertvorstellungen zu eigen gemacht hat.

Es ist ein Kampf um jede Seele, und er wird mit dem Menschen zu seinen Lebzeiten geführt. So bereitet schlußendlich der Mensch selbst im Verlaufe seines Lebens den Zustand seine Seele vor. Der Geist Gottes spricht in sie, die Seele des Menschen, ebenso ununterbrochen ein wie die Dunkelheit dies mit flüsternden Versprechungen tut. Der Mensch entscheidet, welche inneren Anstöße er im Äußeren umsetzt. Und damit entscheidet er auch darüber - ob er es weiß oder nicht, spielt keine Rolle -, was im Anschluß an seine Handlungen dann umgekehrt von außen nach innen in seine Seele einfließt. So registriert er sich selbst, so überwacht er sich selbst, so richtet er schließlich über sich selbst.

„Ich danke dir“, dachte ich, „wieder ein Teil. Das war’s dann wohl, nehme ich an - für heute.“

Eure Nachtruhe ist gesegnet. Der Friede Gottes begleitet euch.

Ich ließ das Gehörte noch einmal in mir nachklingen und erzählte Peter dann davon; auch von dem Segensgruß für uns beide. Peter hatte eine so direkte, wenn auch lautlose Zwiesprache noch nicht miterlebt, er kannte das nur vom Hörensagen. Auch für mich war relativ neu, daß dies im Wachbewußtsein geschah, denn abgesehen von kleinen Hinweisen fanden längere Gespräche bisher fast ausschließlich nachts statt.

Uns schien, daß wir das Thema mit Hilfe des Lichtes für den Moment so weit ausgeschöpft hatten, wie uns das möglich war. Daher beschlossen wir, es für heute genug sein zu lassen. An der Tür fiel mir noch etwas dazu ein.

„Weißt du, nachts ist einmal der Begriff ’geistiges Immunsystem’ gefallen, ohne daß wir das bisher weiter vertieft haben. Das heute Besprochene gehört dazu. Ein seelisches Schwergewicht macht dich im Gegensatz zu einem Fliegengewicht klar, vertrauend-sicher, wachsam und stärkt deine innere Abwehr. Wirst du dann mal angegriffen, was nicht zu vermeiden ist und sogar zugelassen wird, dann entscheidet dein ‘geistiges Immunsystem’ darüber, ob du einen kleinen oder großen oder gar keinen Knacks kriegst. Ist es in der Lage, seine Aufgabe zu erfüllen, lebt es sich bedeutend leichter. - Glaube ich“, hängte ich noch hintendran, um meinem Gewissen nicht schon wieder bestätigen zu müssen, daß ich noch übe.

*

Es war in der übernächsten Nacht, als mein Licht auftrat, mich mit seinen Strahlen zuerst sanft berührte und mich dann - eine kleine Ewigkeit lang, wie mir schien - ganz umfing. Das leichte, rhythmische Pulsieren sollte an das ewige Schwingen der Schöpfung erinnern.

Gebe dich dem Pulsschlag der Unendlichkeit hin, werde eins mit ihr. Du bist ein Teil davon. Erkenne dich als solches. Alle Geschöpfe sind Teil des Großen und Ganzen. Haben sie ihre Entwicklungsstufen hinter sich, erblüht in ihnen das Kind, das Gott dann nicht mehr nur als den Schöpfer, sondern als den Vater erkennt.

Ich lauschte, empfand, ließ mich tragen. Schließlich nahm das Licht die Strahlen, die mich eingeschlossen hatten, langsam zurück.

Heute komme ich als Bote in einer besonderen Mission zu dir. Der Vater läßt dir etwas ausrichten. N o c h tut Er es durch mich, doch der Zeitpunkt ist abzusehen, da Er direkt zu dir sprechen wird. I n dir spricht Er ohnehin seit Ewigkeiten; z u dir kann Er sprechen, wenn dein Herz weit genug aufgegangen ist.

Mein Herz machte einen Sprung. Ganz sicher würde es dazu noch viel zu hören und zu lernen geben, und heute war gewiß nicht der Zeitpunkt dafür. Das spürte ich und unterließ jede weitere Frage. Ich sagte jedoch:

„Was du mir gerade gesagt hast, habe ich anders ausgedrückt einmal gelesen: ‘Wie kann Ich sprechen, wenn du nicht hörst? Wie kannst du hören, wenn du nicht still wirst? Sei still und erkenne’.“ [1)]

So ist es. Wenn dein Herz weit genug aufgegangen ist, magst du zwar das Laute dieser Welt noch hören, aber du vernimmst es nicht mehr. Dafür vernimmst du die Stille deiner Liebe.

Es folgte eine Pause von nur zwei, drei Augenblicken, in denen sich die Strahlung des Lichtes veränderte. Sie wurde noch erhabener und majestätischer und war dabei gleichzeitig von einer unbeschreiblichen Lebendigkeit und Schönheit durchdrungen.

ICH BIN, DER ICH BIN VON EWIGKEIT ZU EWIGKEIT. NICHTS IST, DAS AUSSERHALB VON MIR IST. NICHTS WAR ODER WIRD JEMALS SEIN, AUSSER IN MIR. ALLES LEBEN IST AUS MIR, DENN DAS LEBEN BIN ICH - GOTT. ICH BIN KEIN GOTT DER STRAFE, DER ANGST UND DER VERBOTE. ICH BIN AUCH KEIN GOTT DER TRAURIGKEIT, DER MUTLOSIGKEIT UND DER

[1)] „Die Stimme des Meisters“, Eva Bell-Werber, VERLAG DEM WAHREN-SCHÖNEN-GUTEN, 1988

SCHWERMUT. ICH BIN DER EWIG GÜTIGE VATER MEINER KINDER. UND ICH, DIE LIEBE, HABE MEINE ARME GEÖFFNET, UM JEDES MEINER KINDER DARIN ZU EMPFANGEN.

Lange, lange geschah nichts, außer daß sich die Strahlung wieder „normalisierte“. Mein Licht ließ mir Zeit. Würde ich das soeben Erlebte jemals begreifen? Ich überließ es Ihm, meinem Vater; Er würde mir nicht etwas sagen oder sagen lassen, das in meiner Seele nicht den richtigen Platz finden würde.

Dein Herz läuft über, das ist gut und richtig so. Später wirst du Fragen haben. Laß dir Zeit damit. Wenn der richtige Zeitpunkt dafür gekommen ist, werden wir sie gemeinsam besprechen.

Ich dankte meinem Licht und schickte ihm, als es schwächer wurde, noch einen Liebesgruß hinterher. Dann überließ ich mich meinem Schlaf.

11.

Donnerstag abend gegen 19.00 Uhr klingelte das Telefon. Maria Gollberg war am Apparat. Als ich ihre gedrückte Stimme hörte, ahnte ich, was geschehen war. Sie bestätigte es mir.

„Mutter ist am Nachmittag gestorben. Es ging alles ganz plötzlich. Sie hat zwar die letzten Tage viel gelegen, aber nichts deutete darauf hin, daß es so bald schon zu Ende gehen würde. Zumal sie ja nicht richtig krank war." Maria weinte jetzt leise.

„Ich glaube, sie hat es gewußt", antwortete ich. „Und da sie keine Angst hatte, war es ihr auch nicht wichtig, groß darüber zu sprechen. Für sie, so habe ich sie kennengelernt, gehörte das Sterben genauso zum Leben wie die Geburt. Dabei hat sie, wenn es ging, das Wort Tod oder Sterben vermieden, aber es ist halt unser Sprachgebrauch. Sie sprach lieber davon, daß sie geht - in eine andere Welt."

„Das hat sie auch an dem Nachmittag getan. Sie sagte zu mir: 'Maria, ich glaube, bald ist es so weit', und dabei strahlte sie mich fast an. Ich wußte nicht, ob ich heulen oder mich zusammennehmen und ihr was Aufmunterndes sagen sollte." Das Weinen hatte sich etwas verstärkt. „Sie war eine starke Frau und für mich die beste Mutter, die ich mir vorstellen kann."

„Maria", ich bemerkte nicht, daß ich sie mit Vornamen anredete, „wenn es Ihnen recht ist, komm' ich morgen vormittag vorbei. Wegen der Beerdigung müssen wir sicher einiges bereden."

„Ja, darum wollte ich Sie bitten." Ich spürte, daß sie dabei war, sich wieder zu fangen. Es gab Praktisches zu tun, so manches mußte vorbereitet, entschieden und in die Wege geleitet werden. Das würde sie ein wenig von ihrem Kummer ablenken. „Der Doktor war heute nachmittag da, auch mein Bruder, der sich um die Formalitäten kümmert. Die Beerdigung wird vermutlich Montag oder Dienstag stattfinden, das werden wir morgen früh erfahren. Den Rest besprechen wir dann, wenn Sie hier sind."

„So machen wir es. Und wenn der Schmerz zu groß wird, dann denken Sie daran, was Elisabeth getan hätte ..."

„Ja?"

„Sie hätte sich hingesetzt, ihre Sorgen und ihr Weh betrachtet und diese ins Verhältnis gesetzt zu dem großen Leid, das überall auf der Welt herrscht, und von dem sie verschont worden ist. Und dann hätte sie gesagt: ‘Lieber Gott, ich danke dir, daß ich nicht mehr tragen muß. Und daß du das bißchen auch noch mit mir trägst.’ So hat sie es mir einmal erzählt.“

„Es tut gut, mit Ihnen zu sprechen.“ Maria hatte jetzt aufgehört zu weinen. „Bis morgen also, und eine gute Nacht.“

Ich rief Peter an, erzählte ihm, daß Elisabeth Scheffler gestorben war und sagte ihm, daß ich morgen früh etwas später ins Büro käme. Ihm kam der Gedanke, mit zur Beerdigung zu gehen. Er hatte meine Lehrerin ebenfalls gekannt, wenn auch nicht so gut wie ich. Mir war das deshalb sehr recht, weil ich moralischen Beistand gewiß würde brauchen können.

Anschließend informierte ich Anne; auch sie entschied sich, an der Beerdigung teilzunehmen. Elisabeth Scheffler war ihr nicht fremd. „Außerdem ist das eine gute Gelegenheit, dich mal wieder in den Arm zu nehmen. Ich werde sicher einen Tag frei bekommen - Stunden zum Abfeiern haben sich genug angesammelt. Auf Peter und Katharina freue ich mich natürlich auch. Die hab’ ich lange nicht mehr gesehen“, meinte sie.

„Und dein Michael, mein künftiger Schwiegersohn? Kommt der auch mit?“

„Du sollst nicht lästern Papa. Es steht ja noch gar nicht fest, ob er dein Schwiegersohn wird! Allerdings“, räumte sie ein, „die Aussichten dafür sind gar nicht so schlecht. - Aber im Ernst, er wird nicht mitkommen können. Er bereitet sich gerade auf eine Prüfung vor.“

Damit verabschiedeten wir uns voneinander. Ich nahm mir die Zeit, tief in mein Inneres einzutauchen und sandte aus dieser Stille und diesem Frieden heraus meine Lichtgedanken an Elisabeth und ihre Angehörigen, wobei ich die Liebe Gottes bat, meine Empfindungen und Gedanken zu begleiten und zu verstärken. Plötzlich hatte ich die Gewißheit, daß Elisabeth auf einer Straße des Lichtes unterwegs war. Das machte liebevolle Gedanken und aufrichtige Gebete nicht überflüssig; sie stellten immer eine Segensenergie dar und wurden von jedem dankbar angenommen. Doch mir war es Trost und Hilfe, die ich vielleicht auch an die Teilnehmer der Trauerfeier weitergeben konnte.

Als ich Maria am nächsten Morgen aufsuchte, sah man ihr die Spuren der Trauer zwar an, aber es war auch schon wieder Leben da. Sie erzählte mir noch ein paar Details, wozu auch der Besuch ihres Bruders gehörte, der einen Tag vor Elisabeths Tod ein längeres Gespräch mit ihr geführt hatte.

„Es ging dabei aber nicht um ihre Beerdigung, da hat sich seine Ansicht sowieso nicht geändert. Die zwei hatten wohl ein paar grundsätzliche Dinge zu besprechen. Es hat in den letzten Jahren einiges in Volkers Verhalten gegeben, das ihr weg getan hat, auch wenn sie kaum darüber gesprochen hat. Ich wünsche beiden, daß sie das ausräumen konnten. Mein Bruder hat mir nicht gesagt, um was es ging."

„Aber die Beerdigung ...?" fragte ich.

„Sie wird so ablaufen, wie Mutter es sich gewünscht hat. Ich habe das Volker klargemacht." (Ich zog im Stillen meinen Hut vor ihr.) „Er wird es mehr oder weniger zähneknirschend akzeptieren. Er ist halt so, doch er hat auch seine guten Seiten." Sie sagte es fast entschuldigend und sah mich dabei bittend an, so als möge ich ihn doch verstehen. Ich verstand ihn ja auch. Niemals hätte ich im Traum daran gedacht, mich in irgendeiner Form hier einzumischen (wie käme ich auch dazu), wenn es nicht Elisabeths Wunsch gewesen wäre.

Ich bat Maria, mir ein paar Einzelheiten aus dem Leben ihrer Mutter zu erzählen, wobei ich ihr sagte, daß ich nicht vorhätte, dies zum Mittelpunkt meiner Ansprache zu machen. Das hätte Mutter auch nicht gewollt, war auch Marias Ansicht. Es könnte sein, erklärte sie mir dann noch, daß weitere Redner sich anmelden würden, vielleicht ein ehemaliger Schulrat, der in etwa in Elisabeths Alter war und sie gut gekannt hatte. Und vielleicht auch noch jemand vom örtlichen Gesangverein, den sie vor 40 Jahren mit gegründet hatte und in dessen Vorstand sie viele Jahre tätig gewesen war. Darin sah ich kein Problem, und wir verblieben so, daß sie mich anrufen würde, sobald der Beerdigungstermin feststand („das wird sicher heute morgen noch geschehen“). Ansonsten würden wir selbstverständlich in Verbindung bleiben und uns wahrscheinlich vorher auch noch einmal sehen.

Sie brachte mich zur Tür. Als wir uns verabschiedeten, ließ sie meine Hand nicht gleich los. Ich hatte den Eindruck, sie wollte mir etwas sagen, konnte es aber wohl nicht. Ihre Augen füllten sich mit Tränen. Da sagte ich ihr etwas.

„Ihrer Mutter geht es gut.“

Sie hielt mich nicht für einen Spinner. In ihren Gesichtsausdruck traten neben Traurigkeit auf einmal Hoffnung und Mut. Ohne daß es einer von uns beiden gewollt hätte, aber auch ohne daß es uns störte - es schien im Gegenteil das Natürlichste der Welt zu sein -, legte sie ihren Kopf an meine Schulter und ich meinen Arm um sie. So standen wir einige Augenblicke da; ich konnte nicht verhindern, daß mir eine Träne die Wange hinunterlief. Schließlich löste sie sich. Nachdem sie sich die Nase geputzt hatte, sagte sie mit dem ersten kleinen Lächeln an diesem Morgen: „Danke.“

*

Die Friedhofskapelle begann sich zu füllen, das nahm ich aus den Augenwinkeln heraus wahr. Peter, Anne und ich waren frühzeitig eingetroffen. Man hatte mir angeboten, daß ich mich in einen kleinen Raum, in dem sich ansonsten die Geistlichen umziehen und vorbereiten, zurückziehen könnte. Das wollte ich nicht, ich wäre mir dann womöglich noch einsamer vorgekommen, als ich mich ohnehin fühlte.

Vor der Kapelle hatte ich Maria und Volker getroffen, wir hatten uns begrüßt (Volker war mir gegenüber von größter Zurückhaltung) und dann gemeinsam die Aussegnungshalle betreten. Maria hatte sich zwischen uns Männer gesetzt, rechts und links von uns hatten Verwandte Platz genommen, die ich nicht kannte.

Mir war schon ein wenig eigenartig zumute. Peter und Anne hatten sich natürlich nach meinem Gemütszustand erkundigt. Ich konnte sie beruhigen: nervös, ängstlich oder übermäßig angespannt war ich nicht. Aber ungewohnt war es für mich; eine Sicherheit, wie ich sie sonst an den Tag legte, mußte sich erst noch einstellen. Bei anderen gehörte das Abhalten einer Trauerfeier regelmäßig zu ihrer Berufsausübung, ich machte so etwas zum ersten Mal. Hinzu kam, daß ich eine Distanz zwischen einigen Trauergästen und mir verspürte, die greifbar war. Der Gedanke jedoch, daß sich Elisabeth doch lieber etwas anderes hätten wünschen mögen, als eine Beerdigung durch mich, kam mir nicht. So war es vorgesehen, und so würde ich es im Andenken an unsere Freundschaft tun.

Maria machte mich darauf aufmerksam, daß der Harmoniumspieler seinen Platz eingenommen hatte. Ich machte ihr mit den Augen Mut. Fast schien es mir, als wäre das nicht nötig, als wolle im Gegenteil sie mir sagen: Du wirst deine Sache schon gut machen. Sie trug ein dunkelblaues Kostüm, ich - wie von Elisabeth gewünscht - einen mehr hell- als dunkelgrauen Anzug, dazu ein hellblaues Hemd und eine blaue Krawatte. Alle anderen trugen Schwarz.

Wir hatten uns selbstverständlich über den Ablauf unterhalten und ihren Bruder mit einbezogen in die Überlegungen. Maria hatte zwei Lieblingslieder von Elisabeth vorgeschlagen. Ansonsten gab es nicht viel zu bereden. Nach mir wollten, wie Maria schon vermutet hatte, noch zwei Redner sprechen. Keiner hatte mich gefragt, was ich sagen würde. Ich hätte es ihnen auch kaum sagen können. Zwar hatte ich mir einige Notizen gemacht, aber es waren eigentlich mehr Gedanken und Stichworte; eine Rede, ausgetüftelt und fein säuberlich formuliert, hatte ich nicht vorbereitet.

Die Halle war inzwischen bis auf den letzten Platz gefüllt. Die Türen waren aber nicht geschlossen, weil sich draußen mehr und mehr Menschen ansammelten. Elisabeth war in ihrem Stadtteil eine bekannte und angesehene Persönlichkeit gewesen.

Der Sarg wurde hereingeschoben, dann erklang „Ich bete an die Macht der Liebe“. Ich blieb danach noch für einen Augenblick sitzen. Als ich mich erheben wollte, um ans Mikrofon zu gehen, bemerkte ich, daß Volker unmittelbar vor mir aufgestanden war. Er drehte sich zu den Anwesenden um und sagte:

„Verehrte Trauergäste, wir sind hier zusammengekommen, um meine Mutter, Elisabeth Scheffler, auf ihrem letzten Weg zu begleiten. Der Ablauf der Trauerfeier, das möchte ich ausdrücklich betonen, entspricht ihrem Willen. Somit war und ist es für uns eine Selbstverständlichkeit, ihr diesen letzten Wunsch zu erfüllen. Aber“, er machte eine ganz kleine Pause, „er entspricht nicht ganz unseren Vorstellungen. Lassen Sie uns dennoch diesen Abschied in einer inneren Haltung begehen, die dem Anlaß gerecht wird.“

Er setzte sich wieder, ohne mich anzusehen. Ich schaute Maria flüchtig an und meinte, eine leichte Blässe in ihrem Gesicht zu bemerken. Doch ich mußte mich auf das konzentrieren, was vor mir lag. „Wenigstens hat er das Wort ‘Atheist’ nicht gebraucht“, dachte ich, „darin will ich was Positives sehen.“ Ich stand auf, festen Schrittes, aber nun doch mit einem leicht erhöhten Puls, und trat ans Rednerpult. Das Blatt mit meinen Notizen legte ich vor mich hin und ließ dann meinen Blick für einige Sekunden auf den Anwesenden ruhen. Eine spürbare Spannung lag über der Versammlung.

Ich Bin da.

Es dauerte nur den Bruchteil einer Sekunde, aber es war klar und unmißverständlich.

„Liebe Angehörige, liebe Bekannte und liebe Anwesende“, begann ich, „der Mensch, den wir als Elisabeth Scheffler kannten und liebten, hat uns verlassen. Das ist für die meisten von uns ein Grund, traurig oder betroffen zu sein, je nachdem, wie nahe ihr der einzelne stand. Wir sind Menschen, und so lange wir leben, leben Empfindungen, Gefühle und Gedanken in uns. Da wäre es verwunderlich, wenn wir nicht berührt würden von dem Verlust eines geliebten und geachteten Menschen. Aber ich meine, es ist ein Unterschied, ob wir uns in unsere Trauer hineinfallen lassen, wohl wissend, daß es zwar einen Gott gibt, dem wir aber in diesen Stunden und Tagen wenig trauen. Und ob wir dabei immer wieder ein nutzloses „Warum?“ in den Himmel rufen, dessen Antwort - würde sie denn je gegeben - uns kaum zufriedenstellen würde.

Oder ob wir uns, im Vertrauen darauf, daß es diese andere, wenn auch vielen unzugänglich erscheinende Macht gibt - daß wir uns mitsamt unserem Schmerz dieser Macht in die Arme legen. Wer Elisabeth Scheffler gut gekannt hat, der weiß wie ich, daß sie letztere Lösung in vielen Situationen ihres Lebens bevorzugt hat."

Ich schaute bewußt die Menschen vor mir an; einige, die zuvor nur einfach vor sich hingeschaut hatten, schenkten mir inzwischen ihre Aufmerksamkeit. Als mein Blick auf Anne fiel, nickte sie mir fast unmerklich zu. Deutlich hatte ich das Gefühl, nicht allein zu sein; so ähnlich hatte ich schon oft die stille Anwesenheit des Lichtes verspürt.

„Als ich von ihr gebeten wurde, diese letzten Worte zu sprechen, fiel mir zuerst das Lied ein „Wir sind nur Gast auf Erden und wandern ohne Ruh mit mancherlei Beschwerden der ew'gen Heimat zu". Die meisten von Ihnen werden es kennen. Doch dann sagte ich mir: 'Dieser Text ist mit Sicherheit schon viele Male zur Grundlage einer Ansprache gemacht und ausgelegt worden'. So kam mir das Gleichnis vom verlorenen Sohn in den Sinn, das Ihnen allen bekannt ist. Dieses Gleichnis hat einen interessanten Aspekt, der zumeist übersehen wird. Er betrifft die Entscheidung für den Heimweg und die sich daraus ergebenden Schlußfolgerungen. Denn wer sich auf den Weg macht, um in sein Vaterhaus zurückzukehren, der weiß, daß er eines hat. Wer sich also in diesem Beispiel erkennt, kann sich nicht als gleichzeitig als verloren ansehen, da er auf dem Rückweg in seine Heimat ist. Wann und warum er sie einmal verlassen hat, das sei dahingestellt. Er ist also nicht hier als ein Produkt des Zufalls, weil sich seine Eltern einmal geliebt und ihm das Leben gegeben haben, sondern er ist hier auf einer Art Zwischenstation. Seine Heimat hat er verlassen, dann ging er in die Fremde um zu lernen und zu erkennen, dann kehrt er aus eigenem Entschluß wieder in seine Heimat zurück."

Maria schaute mich mit großen, ruhigen Augen an, Volker blickte zu Boden. In der Halle war es mucksmäuschenstill.

„Von Elisabeth Scheffler habe ich im Laufe unserer langen Bekanntschaft viel gelernt. Nicht nur, weil sie viele Jahre lang meine Lehrerin war. Damals konnte sie uns Kindern ...", ich sah einige meiner ehemaligen Klassenkameraden an, die in einer der hinteren Reihen beisammen standen und nickte ihnen zu, „nur Grundkenntnisse vermitteln. Nein, was ich von ihr gelernt habe, betraf das Leben. Die meisten von uns kannten sie als eine Frau, die gradlinig und dennoch flexibel genug war, um sich nicht sinnlos den Kopf einzurennen und sich und anderen dabei weh zu tun ..."

Jetzt kam ich an die Stelle, an der ich es für notwendig hielt, in einem kleinen Rückblick ihr Leben zu streifen. Aber eben nur zu streifen, mehr nicht. Mehr wäre nicht ihr Wunsch gewesen. Ihr Anliegen war vielmehr ein Leben lang, von der Theorie weg zur Praxis zu kommen. Dabei fielen ihr ständig die verrücktesten Beispiele ein, die aber dennoch - das konnte ich neidlos zugeben - meistens ins Schwarze trafen. Nach der kleinen Betrachtung ihres Lebenswerkes fuhr ich fort:

„Ich weiß, daß es die Regel ist, gerade bei einer Beerdigung *von* der oder dem Verstorbenen zu sprechen. Darauf möchte ich verzichten, dafür aber etwas tun, von dem ich weiß, daß es viel eher ihrer Art entsprochen hat."

Eine kleine Pause unterstrich die Bedeutung des Folgenden.

„Was hätte Elisabeth Scheffler zu sagen, uns allen zu sagen, wenn sie an meiner Stelle hier stehen würde? Am deutlichsten macht dies ein kleines Beispiel. Sie sagte mir eines Tages:

'Stell dir vor, du hast einen Unfall, wirst bewußtlos und wachst im Krankenhaus auf, beide Beine in Gips.'

'Und dann?' fragte ich.

'Kannst du dir vorstellen, daß *du* den Unfall gar nicht hattest, sondern ein anderer?'

'Ich glaube, ich verstehe Sie nicht ganz', antwortete ich. 'Ein anderer hat einen Unfall, und ich wache auf mit Gips an den Beinen?'

'Genauso meine ich es.'

'Also, wenn ich Sie nicht besser kennen würde ...' meinte ich damals. 'Natürlich ist das unmöglich.'

'Du meinst also nicht, daß ein anderer was verursacht hat, das du jetzt auslöffeln mußt? Gut, dann mußt du daran glauben, daß etwas, das dir zustößt, auch etwas mit dir zu tun hat!' Jetzt war sie wieder ganz Lehrerin. 'Wenn diese einfache Logik zutrifft, dann versuche doch einmal herauszukriegen, warum die Menschen an der Gerechtigkeit Gottes zweifeln, wenn es um ihr Schicksal geht.'

Ich sehe noch genau den Waldweg vor uns, auf dem wir spazierengingen. Es war ihr ernst mit dem, was sie sagte und fragte. Und da sie einer von den Menschen war, die nicht gleich die Antwort verrieten, sondern darauf baute, daß der Schüler - denn das war ich ein Leben lang für sie - auch seinen Verstand gebrauchte, vertiefte sie das Thema an dieser Stelle nicht. Später, als ich die Lösung gefunden hatte, haben wir nochmals darüber gesprochen.

'Siehst du', sagte sie, 'eigentlich ist es ganz einfach. Jeder weiß, daß nicht *du* mit einem Brummschädel aufwachst, wenn dein Nachbar zu viel getrunken hat. Keiner verläßt den Weg der Logik. Wenn es jedoch um Gott geht, dem wir eigentlich zutrauen könnten, daß Seine Gesetze noch viel präziser arbeiten als unsere, dann setzt unser Verstand auf einmal aus, und wir verlassen doch den Weg der Logik. Dann unterstellen wir Ihm, daß Er uns etwas zu lernen oder zu tragen gibt, das mit uns nichts zu tun hat. Nur weil wir uns nicht mehr daran erinnern können, daß es sehr wohl uns betrifft! Da nehmen wir lieber Zuflucht zu den 'Geheimnissen Gottes', in die der Mensch doch nicht eindringen kann. Sicher gibt es die, daß sich aber dahinter Ungerechtigkeit und Willkür verbergen, das glaube ich nicht. Und nicht nur das: Ich *weiß*, daß es so nicht ist.'

'Und warum nicht?' fragte ich sie und erhielt die, ich möchte beinahe sagen *klassische Antwort*, die mich nie mehr losgelassen hat, und die ich - leider - viel zu spät verstanden habe:

'Weil Gott die Liebe ist.'

Wenn Elisabeth Scheffler an meiner Stelle hier stände, dann würde sie von der Liebe Gottes sprechen, in der es keinen Tod gibt, sondern nur Leben. Doch weil sie das nicht kann, möchte ich es für sie tun."

Ich glaube, es gab keinen in und vor der Halle mehr, der nicht inzwischen aufmerksam meinen Worten lauschte. Eine solche Rede war etwas Neues für sie; keiner hatte so etwas erwartet, mich selbst eingeschlossen. Einerseits war ich überrascht, andererseits auch wieder nicht. War ich doch nicht allein. Auch dazu fiel mir Elisabeth ein, die einmal gesagt hatte: „Die Menschen wundern sich immer, wenn mal was gut geht, wenn beispielsweise ein Gebet erhört wird. Eigentlich sollten sie sich wundern und hinterfragen, wenn es nicht erhört wird."

Meine ganze Konzentration galt wieder meiner Ansprache. Ich schaute kurz auf den Zettel vor mir und fuhr fort:

„Nichts liegt mir ferner, als eine neue Lehre oder Religion zu kreieren. Das konnte und wollte Frau Scheffler nicht, ich ebensowenig und sicher keiner von uns." Ich ließ meinen Blick kurz durch die Friedhofshalle schweifen, um dann weiterzumachen: „Es geht um etwas ganz anderes, eigentlich um genau das Gegenteil. Anstatt wieder neue Ideen in die Welt zu setzen, mit denen sie bereits überreich gesegnet ist, scheint es notwendig zu sein, zu den Ursprüngen zurückzukehren, zu dem, was die christliche Lehre ausmacht - zur Liebe, zur selbstlosen Liebe, die in ihrer höchsten Form die bedingungslose Liebe ist.

Diese Liebe kam in Jesus von Nazareth in diese Welt. Es war die Liebe eines göttlichen Vaters, der alle Kinder ohne Ausnahme wieder an Sein Herz zurückholen will und wird. Was haben wir uns in beinahe 2000 Jahren bemüht, diese einfache Lehre - nicht im Sinne von primitiv oder armselig, das wissen Sie so gut wie ich, sondern in ihrer natürlichen, selbstverständlichen Begreifbarkeit - was haben wir uns bemüht, sie zu interpretieren und zu erläutern! Was meinten wir, nicht alles in sie hinein- und aus ihr herauslesen zu können und zu müssen - anstatt sie zu befolgen! Man kann nur gut mit dem Herzen sehen, hören und denken. Wie oft haben wir es gehört oder gelesen, vielleicht selbst gesagt! Und wie schwer fällt es uns doch, wenn wir es anzuwenden versuchen. Da nehmen wir viel eher Zuflucht zu unserem Intellekt, und sehen dann nur noch die Buchstaben und Worte. Was sie beinhalten, erschließt sich uns nicht mehr.

Dabei wäre es so einfach. Ich bitte Sie - und ich weiß, daß das gewiß im Sinne von Elisabeth Scheffler ist -, mir für einen Moment gedanklich zu folgen. Wenn Gott für Sie die Liebe ist, wie immer man sich diese Liebe auch vorstellen mag, und wenn sie das Höchste, Größte und Mächtigste der gesamten Schöpfung darstellt, dann lassen Sie zu, daß sich Ihr Herz aufschließt und erkennt: In dieser Liebe ist kein Platz für irgendeinen Gedanken der Strafe, Drohung, Angstmacherei, Verdammung oder ähnliches. Und wenn sich Seine Kinder hundert- und tausendmal gegen Ihn versündigen: Er ist und bleibt die Liebe.

Und wenn wir daran glauben und Seine Liebe als das Allumfassendste einstufen, müssen wir Ihm auch die Allmacht zuschreiben. Die Allmacht, spüren wir für einen Augenblick in dieses Wort hinein, aber läßt sich keines ihrer Kinder nehmen. Sie hat im Gegenteil alle Möglichkeiten, *alle Macht*, einen Rückweg anzubieten und bereitzustellen.

An eine solche Liebe zu glauben, sich ihr anzuvertrauen und in allem, was sie uns zu lernen vorsetzt, den Wunsch Gottes zu erkennen, daß das verlorene Kind doch möglichst bald reif und stark genug wird für die Heimkehr und Ankunft im Vaterhaus - das bedeutete für Elisabeth Scheffler Hinwendung und Hingabe. Auch, wenn diese unvollkommen bleiben muß, weil es hier keine Vollkommenheit gibt. Darin, wenn wir denn menschliche Vorbilder brauchen, könnte sie uns auch im nachhinein Vorbild sein. Auch wenn ich weiß, daß sie eine solche Vorstellung vehement ablehnt."

Ich hatte bewußt nicht „ablehnen würde" gesagt, in der Hoffnung, daß der oder die eine oder andere den „Versprecher" vielleicht zum Anlaß nehmen würde, darüber nachzudenken. Mein Blick traf den von Peter, der mir ein angedeutetes Lächeln schickte.

„Und es bedeutete noch etwas für sie ...", kein Husten, Räuspern oder Schneuzen war zu hören, „ ... es bedeutete für sie Freiheit. Es bedeutete, sich zu lösen aus einem gefesselten Denken, die Seele atmen zu lassen und ohne Ängste leben zu können. Wußte sie doch, daß es Einen gab, der sie liebte. Und der ihr, wenn ihre Beine schon einmal in Gips lagen, damit das zu lernen vorsetzte, was sie wiederum ein Stück voranbrachte, ihrer Freiheit ein Stückchen näher."

„In der Halle ist es *toten*still geworden", dachte ich und erinnerte mich daran, daß ich mir auch zu den Punkten Leben und Weiterleben ein paar Notizen gemacht hatte und vorsichtig etwas zum „sogenannten Tod" sagen wollte. Von der Liebe leitete ich den schon erwähnten Gedanken „Leben" ab, sprach darüber, was für eine Bedeutung Leben für Elisabeth und mich hat (wieder keine Vergangenheitsform), daß Gott das Leben ist und außerhalb von Ihm nichts existiert. Seine Botschaft an mich kam mir in den Sinn, die Er mir durch mein Licht hatte zukommen lassen.

„Alles Leben ist aus Ihm, für jeden von uns trifft das zu“, wieder schaute ich in die Runde, „denn Er *ist* das Leben. Und was immer der einzelne auch von Ihm halten mag: Daß Er Sein *eigenes* Leben ablehnt, zerstört oder vernichtet, das wird Ihm sicher keiner zutrauen.“

Langsam kam ich zum Schluß. „Ich bin auch davon überzeugt, und Elisabeth war es ebenso, daß unser himmlischer Vater kein Gott der Traurigkeit und Trübsal ist. In dem Punkt mögen wir ein naives Vorstellungsvermögen haben, das macht nichts. Doch ich glaube, daß es hilfreich sein kann, sich auf eine kindliche Weise dem *Vater* zu nähern, sonst bleiben wir Ihm möglicherweise fern, wenn wir in Ihm nur den gewaltigen Schöpfer und den ehrerbietig anzusprechenden Gott sehen, dem Lob und Preis gilt. Ihm gilt in erster Linie unser Ja als Kind, auch wenn wir es noch stotternd oder zaghaft sagen, weil wir uns erst wieder daran gewöhnen müssen, Ihm frei und aufrecht zu begegnen. Zu lange haben wir uns Ihm nur befangen, verschüchtert und verkrampft genähert.

Er ist und bleibt für uns alle ein wunderbarer Vater, war und ist uns in Jesus Christus Freund und Bruder. Er ist noch viel, viel mehr. Mutlos und schwermütig aber ist Er sicher nicht. Wir könnten uns bemühen - zumindest sollten wir es versuchen -, es ebenso zu halten, auch wenn der Anlaß für uns, die wir noch Menschen sind, traurig ist.“

Ich wandte mich in Richtung Harmonium. „Sie hat sich das Lied ’Von guten Mächten wunderbar geborgen’ gewünscht. - Vielleicht gelingt es uns, in die gleiche Geborgenheit zu finden, die sie bereits verspürt.“ Dann steckte ich meinen Zettel wieder ein und ging an meinen Platz zurück.

Maria legte ihre Hand auf meine und drückte sie kurz. Nachdem das Lied verklungen war und ein weiterer Redner ans Mikrofon ging, flüsterte sie mir zu:

„Ich weiß, warum Sie die Rede halten sollten.“

„Jetzt weiß ich es auch“, flüsterte ich zurück.

Als auch der zweite Redner fertig war, wurde der Sarg hinausgefahren, und wir gingen zum Grab. Ich sprach ein Gebet, trat dann zurück und schließlich ganz an den Rand. Eine große Anzahl von Trauergästen warf Erde oder Blumen auf den Sarg und sprach im Stillen ein kurzes Gebet. Viele gingen zu Maria und Volker und drückten den beiden stumm oder ein paar Worte murmelnd die Hand. Einige der um mich Herumstehenden schauten mich aufmerksam an, zwei oder drei nickten mir zu; einer, hatte ich den Eindruck, wäre beinahe auf mich zugekommen, überlegte es sich dann aber doch.

Bis jetzt hatte ich kaum Gelegenheit, an mein Licht ein paar Worte des Dankes zu richten. Ich tat es, nicht meditativ, nicht mit geschlossenen Augen, sondern einfach, indem ich mich mit meinen Gefühlen und Gedanken nach innen wandte. Das brauchte keiner zu bemerken, und es bemerkte auch keiner. Dann sagte ich noch:

„Das war so konzentriert, so dicht in der letzten Stunde, ich mußte so viel reden. Ich habe dich nicht wirklich vergessen, aber auch nicht ununterbrochen an dich gedacht. Vielleicht weil ich wußte, daß du da warst."

Es war noch jemand da. Er hat es dir gesagt. (Richtig, aber das war noch zu neu für mich.) *Du mußt nicht ununterbrochen an Ihn denken, keiner muß das. Zum einen kann man das nicht, weil es das Konzentrationsvermögen übersteigt; zum anderen ist es nicht erwünscht, weil es ein sinnvolles Handeln unmöglich macht. Es geht nicht darum, an Ihn zu d e n k e n , sondern Seinen Willen zu erfüllen. Wenn du dich entscheidest, etwas selbstlos zu tun, handelst du in Seinem Namen. Für die Durchführung deines Tuns - was immer es sein mag - mußt du deine Fähigkeiten und Kenntnisse einsetzen. Dazu bedarf es deiner ganzen Aufmerksamkeit, du mußt „bei der Sache sein". Wenn deine Motivation für eine Handlung die richtige ist, dann ist Er es, der dir zur Seite steht. Du mußt nicht extra deine Gedanken auf Ihn richten. Du denkst an Ihn, indem du handelst. Und du betest Ihn an, indem du Seinen Willen erfüllst, nicht indem du zu Ihm betest. Das wirst du darüber hinaus aus freien Stücken tun.*

Das war mein Licht: In ein paar Sätze kurz und knapp die Weisheit eines halben Lebens verpackt!

„Während ich also eben geredet habe ..."

... hast du ununterbrochen an Ihn gedacht.

Als bis auf die Verwandten und engen Freunde und bis auf Peter und Anne fast alle gegangen waren, kam Volker auf mich zu. Er streckte mir die Hand hin. „Bitte entschuldigen Sie mein Verhalten."

Alles hätte ich erwartet, nur das nicht. Ich nahm seine Hand und schaute ihn an. Er wich meinem Blick nicht aus.

„Lassen wir's gut sein", entgegnete ich. „Auch ich habe viel gelernt in der letzten Stunde."

Aus den Augenwinkeln heraus hatte ich registriert, daß Maria uns beobachtete. Als sie sah, daß wir vernünftig miteinander sprachen, kam sie mit einem Lächeln auf uns zu.

„Gehen Sie noch mit auf einen Kaffee und ein Stück Kuchen? Was Warmes wird mir guttun. Mir ist ein bißchen kalt geworden." Sie rieb sich die Hände. Ehe ich antworten konnte, meinte Volker:

„Das wollte ich Sie auch gerade fragen. Es ist nicht weit." Er deutete mit seiner Hand auf das nicht weit entfernte Friedhofstor. „Links 'runter, nach 300 m rechts, auf der Ecke das Café."

„Wenn ich meine Tochter mitbringen kann?" Natürlich ging das. Peter verabschiedete sich, er fuhr noch ins Büro. Ich hatte mir für heute freigenommen.

„Erzähl' Eva nicht zu viel", rief ich ihm noch nach. „Die hält mich sowieso bald für ..." Ich ließ offen, was ich meinte.

Anne hakte mich unter, und wir gingen in Richtung Café. „Ich bin mächtig stolz auf dich", sagte sie nach ein paar Schritten. „Alles hätte ich dir zugetraut, nur so etwas nicht."

„Laß dich ausnahmsweise mal korrigieren." Ich lächelte sie zwar an, meinte es aber ernst. „Stolz auf was zu sein ist nie gut." Sie wollte protestieren, doch ich redete weiter. „Ich weiß ja, wie du es meinst", milderte ich meine Worte ab. „Das betrifft auch nicht dich, sondern vielmehr mich, dem so etwas wie Butter oder Sahne ..."

„... oder Olivenöl", scherzte sie in Anspielung auf meine Pizzabäckerei.

„... oder Olivenöl 'runtergeht. Lob ist Gift, habe ich mal gelesen [oder hatte mein Licht es mir gesagt?] und es nicht geglaubt. Doch inzwischen weiß ich's. Allerdings gibt es Ausnahmen."

Sie schaute mich fragend an.

„ Kindern kann man damit Mut machen, und hübsche Töchter brauchen so etwas einfach, schon damit sie noch hübscher werden.“

Sie knuffte mich in die Seite, und dann waren wir da.

Ein paar Minuten später saßen wir zwischen etwa dreißig uns weitgehend unbekannten Leuten. Maria hatte mir durch eine Geste zu verstehen gegeben, daß sie uns an ihrem Tisch bedauerlicherweise keinen Platz hatte freihalten können. Das fanden wir überhaupt nicht tragisch. Es dauerte gar nicht lange, da begann sich die anfänglich noch gedrückte Stimmung zu lockern. Die Gespräche wurden etwas lebhafter, alte Bekanntschaften wurden aufgefrischt, und Elisabeth, die zu Anfang noch im Mittelpunkt der Unterhaltungen stand, trat mehr und mehr in den Hintergrund. Das wäre ihr sicher recht gewesen.

Neben mir saß ein junger Mann, der sich angeregt mit seiner Cousine unterhielt, die er seit Jahren nicht gesehen hatte. Von zwei älteren Damen mir gegenüber wurde ich in ein Gespräch über die Vorzüge der Naturheilkunde und Ganzheitsmedizin verwickelt (sie liefen bei mir offene Türen ein), und Anne tauschte mit ihrer Tischnachbarin Urlaubserinnerungen aus. Als sich eine der beiden Damen verabschiedete und eine Gesprächspause entstand, wandte sich der junge Mann mir zu. Fast schien es so, als hätte er auf diese Gelegenheit gewartet. Er hatte ein offenes Gesicht; blaue Augen schauten wach in die Welt und sein rotes, struppiges Haar und seine Sommersprossen verliehen ihm einen lausbubenhaften Ausdruck.

„Darf ich Sie mal was fragen?“ sprach er mich an. „Übrigens“, er streckte mir die Hand hin, „ich bin der Sebastian, um drei Ecken verwandt mit Tante Lissi, wie wir sie immer genannt haben.“

Wir gaben uns die Hand, ich überlegte kurz. „Wenn du der Sebastian bist - darf ich du sagen ...?“

„Klar, find’ ich viel besser“.

„ ... dann bin ich der Ferdinand.“ Das überraschte ihn ein wenig, aber es freute ihn auch, wie ich ihm anmerkte. „Ferdinand Frei.“

„Prima. Ich wollte Sie was fragen ... dich was fragen. Deine Rede hat mir gefallen. Sie war so ganz anders als das, was ich bisher gehört habe.“ Er unterbrach sich. „Vielleicht muß ich Ihnen ... dir doch vorher was anderes sagen. Ich komme aus einem katholischen Elternhaus und studiere im fünften Semester Theologie. Eigentlich habe ich vor ...“, abermals unterbrach er sich und schüttelte leicht seinen Kopf. „Warum habe ich jetzt ‘eigentlich’ gesagt? Also, ich habe es nicht eigentlich, sondern richtig vor. Ich möchte Priester werden. Nach Abschluß des Studiums werde ich auf ein Priesterseminar gehen. So zumindest sind bis jetzt meine Pläne.“

„Und nun hast du Fragen, vermutlich auf Grund der Beerdigung bzw. der Dinge, die ich gesagt habe.“ Es war nicht schwer zu erraten, daß ihn manches beschäftigte.

„Ja, wie schon gesagt, die Ansprache fand ich zwar gut, aber für mich haben sich doch einige Fragen aufgetan. Auch schien mir manches nur angedeutet zu sein.“

„Dann hast du aber gut hingehört. Zwei, drei Punkte habe ich wirklich nur angedeutet, und manches stand zwischen den Zeilen. Ich habe sogar einiges weggelassen, weil es nicht hineingepaßt hätte.“

„Das meine ich.“ Er griff nach der Kaffeekanne auf unserem Tisch, schaute mich fragend an, ich sagte „ja, bitte“, dann schenkte er uns beiden ein. „Und dazu hätte ich gerne etwas mehr gewußt. Ich habe das Gefühl, du hast noch einiges sozusagen ‘in der Hinterhand’. Das interessiert mich.“ Eine gesunde Neugierde trieb ihn an. „Ich möchte auch gerne wissen, ob und wie das in mein Weltbild hineinpaßt. Zwar bin ich noch jung, aber ich habe natürlich schon eines, auch wenn es nicht abgerundet ist und zweifelsohne noch Löcher hat wie ein Käse. Aber ohne meine Vorstellungen hätte ich mich nicht entschließen können, einmal Priester zu werden.“

„Und wie stellst du dir das vor? Ich glaube, daß sich das nicht in zehn Minuten erledigen läßt.“

„So sehe ich das auch. Deshalb hat es wenig Sinn, jetzt und hier“, er deutete in den Raum, in dem es inzwischen lebhaft zuging, „damit anzufangen. Oder? Was meinst du? Wir könnten doch nicht mehr als nur ein paar Fragen anreißen ...“

„Und dann wärst du neugieriger als vorher“, lachte ich. „Mach’ einen Vorschlag.“

„Darf ich dich in den nächsten Tagen einmal anrufen? Ich bin nämlich entweder in der nächsten oder übernächsten Woche nochmals hier. Vielleicht finden wir dann ein bißchen Zeit für meine Fragen."

So verblieben wir. Ich gab ihm meine Telefonnummer und dann erinnerte mich Anne daran, daß wir noch zu Peter und Katharina wollten. Wir standen auf, verabschiedeten uns von unseren Tischnachbarn, und während Anne schon nach draußen ging, trat ich an den Tisch von Maria Gollberg und Volker Scheffler. Beide standen auf, Volker sagte „nochmals herzlichen Dank" und reichte mir die Hand. Wir hatten Frieden geschlossen, das merkte man. Es war ein gutes Gefühl. Sicher hatte er nicht seine Weltanschauung geändert (Warum sollte er auch? Wer hätte das erwarten wollen?), aber die Angst und Unsicherheit waren weg. Vielleicht hatte sogar in dem Punkt, der seine Ansicht über einen Beerdigungsablauf betraf, eine Spur von Fanatismus einer gewissen Weitherzigkeit Platz gemacht. Ich wünschte es ihm.

Maria begleitete mich noch bis vor die Tür. „Es wäre schön, wenn wir uns nicht aus den Augen verlieren würden, obwohl Sie ja jetzt, nachdem Mutter nicht mehr lebt, keinen Grund haben ..." Sie führte den Satz nicht zu Ende und überließ es damit mir, eine Entscheidung zu treffen. Sie hatte, wenn man so wollte, ihre Karten auf den Tisch gelegt. Ich legte meine dazu.

„Wir werden uns nicht aus den Augen verlieren, Maria. Das verspreche ich." (Hatte ich nicht vor vielen Jahren ganz ähnliche Worte zu ihrer Mutter gesagt?)

Ein sanftes Lächeln trat in ihre Augen. „Und danke für alles. Ich erzähle Ihnen später mal, wie es mir jetzt geht." Mit meinem Händedruck sagte ich ihr, daß ich mich auf dieses „Später mal" freute.

Anne stand ein paar Meter abseits, die beiden Frauen winkten sich kurz zu. Maria ging wieder hinein und ich auf Anne zu. Sie hatte die kleine Szene beobachtet, sagte aber nichts dazu, sondern tat mit einem Blick voll rätselhafter Weisheit so, als wisse sie schon viel mehr als ich.

*

Katharina hatte damit gerechnet, daß ich mit Anne vorbeikommen würde. Ihre Tochter Irene war nur ein oder zwei Jahre älter als Anne. Die Kinder waren über einen langen Zeitraum miteinander groß geworden, hatten viel Freud und Leid geteilt und sich auch nicht aus den Augen verloren, als Anne vor Jahren beruflich fortzog. Leider konnte Irene an diesem Nachmittag nicht dazukommen. Die Begrüßung zwischen Katharina und Anne war überaus herzlich; die zwei hatten sich eine Weile nicht mehr gesehen. Anne hatte inzwischen die „Tante" gegenüber Katharina genauso weggelassen wie Irene den „Onkel" bei mir - unsere Kinder waren Erwachsene geworden. Uns hatte das Weglassen gefreut, weil es ihre Beziehung zu uns von der Stufe einer guten Bekanntschaft auf die der Freundschaft hob. Für Anne war ich jedoch immer noch der „Papa". Das würde sie, hatte sie mal gemeint, auch bis an ihr Lebensende nicht ändern.

Katharina wollte Kaffee und Kuchen auftragen, doch Anne und ich vertrösteten sie mit der Bitte: „Laß uns ein bißchen Zeit, wir sind im Moment satt. Verschieben wir's um eine Stunde."

Hauptthema war natürlich die Beerdigung. Katharina wollte alles möglichst genau wissen. Ich überließ es Anne, davon zu erzählen. Dabei war nicht zu verhindern, daß schließlich doch ein kleines Loblied daraus wurde, das ich mit den Worten abbrach: „Ich habe es gern getan, doch es ist jetzt vorbei. Viel wichtiger als das, was ich gesagt habe, ist doch, daß der eine oder andere etwas zum Nachdenken mitgenommen hat. Wenn auch nur *einer* von den zahlreichen Anwesenden anfängt, ein paar vorsichtige Schlüsse zu ziehen, war es schon ein Erfolg. Und wenn nicht? Dann war es auch einer, weil ich viel dabei gelernt habe ... Außerdem", fiel mir dazu noch ein, „habe ich mal irgendwo gelesen, sollte man nie auf das Ergebnis fixiert sein."

Anne war damit nicht ganz einverstanden. „Das ist aber doch nur bedingt richtig."

„Sicher, ich habe es auch so verstanden, daß man zwar ein Ziel haben muß, nicht aber - ich sage mal - mit Gewalt darauf zusteuern sollte."

„Aber bemühen muß ich mich doch", meinte Katharina.

„Das ist vermutlich der Knackpunkt.“ Ich mußte niesen und kam gerade noch rechtzeitig an mein Taschentuch heran. „Bemühen muß ich mich, ernstlich sogar, egal was ich tu. Und dann brauche ich mir auch keine Gedanken über den Rest zu machen. Mehr als bemühen kann ich mich nicht, immer vorausgesetzt, ich habe wirklich alles entsprechend meinen Möglichkeiten und Fähigkeiten getan. Damit habe ich dann alles getan, was ich tun kann. Und mehr können als ich kann, kann ich nicht. Den Rest lege ich in andere Hände.“ Ich wußte im Moment auch nicht, woher ich das hatte.

„Wauuu.“ Anne sah mich erstaunt an. „Das ist ja die halbe Lösung für alle meine Schuldgefühle.“

„Du bist ein kleiner Philosoph geworden in den letzten Monaten.“ Katharinas Blick ruhte für einen Moment auf mir. „Ich hab' das schon bemerkt, kann mir aber keinen Reim darauf machen.“ Ich schwieg. Sie wandte sich an Anne.

„Kannst du mir das erklären, wenn er“, sie deutete frotzelnd mit dem Kopf auf mich, „uns dumm halten will?“

Anne konnte sich auch keinen Reim darauf machen, wie sollte sie auch! Gott sei Dank wechselten sie gleich darauf das Thema. Anne erzählte von dem, was sie als Krankenschwester erlebte, Katharina von ihrem Garten und Tommi, dem Kleinen von Irene. Inzwischen hatten wir auch ihren Kuchen, eine hervorragende Biskuitrolle mit Sauerkirschen, probiert. Ich war mehr Zuhörer als Teilnehmer, was mir äußerst recht war. Für diesen Tag, hatte ich das Gefühl, war mein Pensum an reden sowieso fast erschöpft.

Nach einer Stunde kam Peter heim. Er hatte eine einzelne Rose für Katharina dabei. „Die lachte mich so an“, sagte er, als er sie Katharina überreichte. Dann setzte er sich zu uns. Wir hatten ihm genügend von seinem Lieblingskuchen übriggelassen, und, wie es schien, war er hungrig.

„Macht er das öfters?“ fragte Anne.

„Daß er den Rest vom Kuchen ißt?“ antwortete Katharina unschuldig mit einer Gegenfrage. Ich mußte lachen.

„Nein, daß er dir Rosen mitbringt.“

„Ab und zu schon“. Katharina fuhr ihm über die Wange. „Im großen und ganzen kann ich mich nicht beschweren; mir hätte Schlimmeres passieren können.“

„Dir?“ Peter tat erstaunt. „Ich dachte immer, du wärst schon die Ärmste, Vernachlässigteste, Unterdrückteste und Verkannteste, die es auf der ganzen Welt gibt.“

„Das war mal so“, gab Katharina zurück. „Es hat sich geändert, als ich anfing, mich auf meine Hinterfüße zu stellen.“

„Da wurde ich der Ärmste ...“

„Nein, nein, mein Lieber, da habe ich mir nur mühsam meine 50 Prozent unserer Ehe erkämpft, die mir zustehen.“

„Und jetzt kann man's lassen.“ Peter lachte. „Nein wirklich, jetzt kann man's lassen.“

Anne nutzte eine kleine Pause. „War es schwierig für euch oder bei euch.“ Beide schauten sie an. „Wißt ihr“, erklärte sie, „das steht für mich ja auch irgendwann mal an. Obwohl ich vorige Woche Papa gesagt habe, das mit dem 'Schwiegersohn' würde vielleicht noch was dauern.“ Sie unterbrach sich.

„Ich habe euch doch von Michael erzählt?“ Peter und Katharina nickten.“ Gerade dachte ich mir, daß so ein kleines Ehe-Rezept nicht schaden kann. Falls es eines gibt, und falls ihr es mir verraten wollt.“

Ich war ganz Ohr. Vielleicht würde ich jetzt etwas dazulernen. Wir hatten nie über ein solches Thema gesprochen. Nicht, weil das ein Tabu war, sondern es hatte sich nie die Notwendigkeit ergeben. Die zwei hatten sich schon vor Jahren gut zusammengerauft, so wie das auch bei Judith und mir der Fall gewesen war. Ich hatte mir, allerdings erst nach Judiths Tod, auch meine Gedanken über das Geheimnis einer glücklichen Ehe gemacht. Was würden Katharina und Peter erzählen?

„Also ...“ Peter machte eine auffordernde Handbewegung zu Katharina hin, und beide sagten im gleichen Atemzug: „Bitte, du!“ Dann übernahm Katharina das Reden.

„Erst einmal gehört eine ganze Portion Humor dazu. Ich meine nicht nur blödeln oder Witze machen, obwohl das auch manchmal auflockernd wirkt, sondern ein Humor, der vielem die Spitze nehmen kann und der einen, am besten öfters am Tag, herzlich lachen läßt. Und den natürlich beide haben müssen. Wenn er nicht von der selben Art ist“, sie schaute Peter an und er sie, „macht das nicht ganz so viel. Man ist ja lernfähig.“

„Wenn ihr zwei euch in dem Punkt einig seid“, ergänzte Peter, „kommt das schon einer ganz guten Versicherung gleich. Aber es ist natürlich noch nicht alles. Was für uns wichtig war: Daß wir ein gemeinsames Ziel hatten. Darüber haben wir uns aber zu Anfang überhaupt keine Gedanken gemacht. Man hält das für selbstverständlich.“

„Ist es das nicht?“ Anne wandte sich an mich. „Was meinst du, Papa?“

„Ich weiß, was Peter meint. Es kommt darauf an, was man unter einem gemeinsamen Ziel versteht. Möglichst lange wie die Turteltauben verliebt zu sein, auf eine Weltreise zu sparen, ein Haus zu bauen, gemeinsam Reitturniere zu bestreiten und vieles mehr? Natürlich sind das Ziele. Sie können auch kleiner angesiedelt sein: jeden Modegag mitzumachen, möglichst jedes Stadt- oder Dorffest zu besuchen, gut zu essen und zu trinken - das sind auch gemeinsame Interessen.

„Aber es sind nicht die, die auf Dauer halten. Das ist es, was du damit meinst“, sagte Anne.

Peter nahm den Faden wieder auf. „Ja, es sind andere Zielsetzungen, die Mann und Frau verbinden, ohne daß die Gefahr besteht, daß die beiden sich auseinanderleben, sobald ein Ziel erreicht ist oder nicht weiter verfolgt werden kann. Oft genug wird so etwas ja auch angestrebt, ohne daß es jemals formuliert worden ist. Die zwei spüren oder wissen das, und dann gehen sie los. Nur, wenn eine entsprechende Absicht nicht besteht, wenn man sich um eines eher zweifelhaften oder vordergründigen Vergnügens willen zusammentut ...“

„ ... dann ist viel leichter die Möglichkeit gegeben, daß was schiefgeht“, beendete Anne den Satz. „Daran will ich denken, aber ich glaube, die Gefahr besteht bei uns nicht so sehr.“

Katharina hatte angefangen, den Tisch abzuräumen. Ob wir uns auf die Couch und in die Sessel setzen wollten, fragte sie. Wollten wir nicht, wir fanden es viel gemütlicher in der Eßecke. Dann schenkte sie uns Männern einen Cognac („zur Feier des Tages“) und sich selbst einen Kirschlikör ein. Anne lehnte ab, sie hatte noch eine Strecke zu fahren. Katharina setzte sich wieder zu uns.

„Das Wichtigste kommt meines Erachtens jetzt.“ Sie machte es spannend. Peter wußte wohl schon, was kam. Er konnte sich ein Grinsen nicht verkneifen. Sie sah es und boxte ihn in die Rippen.

„Eine Ehe kann nicht gutgehen, wenn nicht ein ausgeglichenes Kräfteverhältnis herrscht. Ich meine gutgehen, nicht einfach zusammenbleiben, nur damit es keine Scheidung gibt. Das war zu Anfang bei uns nicht gleich so.“ Peter nickte.

„Mit ausgeglichen meint Katharina halbe-halbe, nicht 49 und 51 Prozent, sondern wirklich zweimal 50. Das war für mich nicht ganz einfach. Ich war doch der Ältere - ich bin es immer noch -, der Erfahrenere ...“

„ ... der Klügere“, ergänzte Katharina.

„Na, ja.“ Peter wandt sich ein bißchen wie ein Aal. „Das mußt du nicht sagen; da werd’ ich ganz verlegen ... Aber im Ernst: Es war für uns beide gar nicht so einfach. Katharina mußte sich durchsetzen und sich ihren fehlenden Anteil holen, und ich mußte zurückstecken und ihr von dem größeren Anteil, den ich fälschlicherweise für meinen hielt, ein Stück abgeben.“ („Wie sich die Bilder doch gleichen“, dachte ich.)

„Weißt du“, richtete sich Katharina an Anne, „wenn dieser Kampf - und es ist ein Kampf! - nicht geführt wird, verschiebt sich auf Dauer was. Denn daß von Anfang an die Gewichte gleichmäßig verteilt sind, das kommt höchst selten vor, vielleicht überhaupt nicht. Außerdem geht es auch nicht darum, daß immer der Mann seine Dominanz zurücknehmen muß, umgekehrt ...“

„Hab’ ich mal gelesen“, warf ich schnell ein.

„ ... umgekehrt kann es genauso sein. Und wenn sich was verschiebt und so bleibt, dann werden beide nicht glücklich damit. Dann entstehen Abhängigkeiten, Unselbständigkeiten, Unfreiheit. Der eine gibt was vor, und der andere tut’s aus Angst oder Trägheit. Nein, nein, dann lieber mal in den sauren Apfel beißen und, nach Möglichkeit von Anfang an und selbstverständlich in aller Liebe, die Weichen richtig stellen. Gell, Großer?“ Dabei schaute sie ihren Peter aufmunternd an.

„Ich glaube, ich liebe dich“, sagte dieser. Wir mußten alle lachen.

Anne hatte aufmerksam zugehört. Sie fragte: „Kennt ihr das Ying- und Yang-Symbol?“ Wir nickten. „Kann man das, was ihr mir gerade über euer Gleichgewicht erzählt habt, nicht damit vergleichen?“

Peter übernahm die Antwort. „Das scheint mir ein gutes Bild zu sein. Jeder ist selbständig und gleichwertig, die Unterscheidung bei den regentropfenähnlichen Formen liegt lediglich in den Farben, beim Menschen würde ich sagen ‘in den Mentalitäten und Fähigkeiten’. Das Wichtigste aber ist, daß beide Formen bei all ihrer Eigenständigkeit erst zusammen ein vollkommenes Ganzes bilden. Das wäre auch für eine Ehe ein erstrebenswertes, wunderbares Ziel. Ob es zu erreichen ist, weiß ich nicht, weil zwei Hälften nicht automatisch ein harmonisches Ganzes ergeben. Aber selbst, wenn es hier auf Erden nicht ganz zu schaffen ist, lohnt doch der gemeinsame Weg dorthin.“

„Und er lohnt nicht nur, er macht auch Freude.“ Damit rundete Katharina Peters Betrachtung ab. Wir schwiegen für einen Moment.

„Ich würde auch gerne mal was sagen“, melde ich mich zu Wort, „aber mich fragt ja keiner.“

„Also frag’ ich dich, Papa.“ Anne strich mir übers Haar. „Hast du in deinem Erfahrungs-Schatzkästlein auch noch was für mich gefunden?“

„Ja, im Ernst. Mir ist vor einigen Wochen etwas klargeworden. Ich weiß nur nicht mehr den Anlaß, warum ich darüber nachgedacht habe. Für mich war es fast wie eine Offenbarung, und ich habe mich gefragt, wieso ich noch nie davon gehört habe, daß jemand auf diesen Punkt hingewiesen hat.“

Jetzt hatte ich ihre gespannte Aufmerksamkeit.

„Mir kam das Bild, daß jeder Mensch zugleich Muster und Farbe ist ...“ An ihren Mienen erkannte ich, daß ich einen anderen Ansatzpunkt suchen mußte. „Andersherum: Auch wenn sich zwei Menschen noch so lieben, so haben sie doch ihre unverwechselbaren Charaktereigenschaften und Merkmale. Diese stellen für mich das Muster dar. So, als wenn du ...“, wandte ich mich an Anne, „ ... auf eine durchsichtige Folie einen Kreis von z.B. Tellergröße malst und dort hinein ganz verschiedene Formen, runde, eckige, längliche, ovale, Kringel, Punkte, Striche, alles, was dir einfällt, zeichnest. Das wärest dann du, einmalig, nicht zu wiederholen. Dann nimmst du eine zweite Folie, malst wieder einen Kreis und füllst ihn ebenfalls mit Formen und Mustern. Das wäre dann dein Michael. Nun legst du beide Kreise aufeinander und wirst feststellen, daß da kaum etwas übereinstimmt."

„Ist das nicht ganz normal?

„Sicher ist es das, es wäre äußerst unwahrscheinlich, wenn die Zeichen übereinstimmten. Ich möchte sagen, es ist so gut wie unmöglich."

Katharina verstand als erste. „Du meinst 'zu *Anfang* übereinstimmten'. Oder?" Ich ging darauf nicht ein.

„Nun nimmst du die schönsten Farben, die du hast, und übermalst damit die obere Folie mit dem Ergebnis, daß von den Mustern darunter kaum noch was durchschimmert."

Anne schwärmte: „Ich nehme ein strahlendes Blau, ein ganz warmes Gelb und Braun, dann natürlich ein frisches Orange; ein bißchen Türkis oder Zartviolett wären auch nicht schlecht. Und was mir noch so einfällt." Sie tat so, also sähe sie das Bild im Geiste vor sich, und meinte: „Das gefällt mir. So lasse ich's."

„Liebe Anne", sagte ich mit betrübter Miene, „die Sache hat einen Haken."

Sie ging auf das Spiel ein. „Das ist aber traurig."

„Ja und nein. Paß auf, du hast meine kleine Geschichte ja längst durchschaut. Wenn zwei, die sich lieben, darangehen, die Ecken und Kanten ihrer Muster nach und nach zu runden, vielleicht unästhetische und störende Formen sogar zu entfernen, werden die Bilder zwar nicht gleich - was auch nicht der Sinn ist -, aber sie passen auf einmal gut zueinander, sie ergänzen sich, nichts tut dem Auge mehr weh. Es macht im Gegenteil Freude, dieses Bild, das jetzt wie eines wirkt, anzuschauen."

„Und der Haken?" Sie schaute mich an, und für den Bruchteil einer Sekunde glaubte ich, ihre Mutter vor mir zu sehen: die gleichen Augen, der gleiche, starke Ausdruck, die gleiche feine und doch feste

Art. Dann war der Moment vorbei. Keiner hatte etwas bemerkt. „Michael kann sich glücklich schätzen“, dachte ich noch. „Er wird hoffentlich nicht dieselben Fehler machen wie ich.“

„Die Farben verblassen, unweigerlich. Dagegen ist nichts zu machen. Es mag Jahre dauern, vielleicht Jahrzehnte, aber einmal werden sie die darunterliegenden Muster nicht mehr verdecken.“ Peter und Katharina waren ganz ruhig, sie wollten den Dialog zwischen Vater und Tochter nicht stören.

„Für was stehen die Farben? - Nein, ich weiß es ja“, gab sie sich selbst die Antwort. „Sie stehen für Leidenschaft, Vergnügen, Genuß, Fitness, Jugend, Schönheit und mehr.“

„Gegen die es absolut nichts einzuwenden gibt.“

„Nur?“

„In den Jahren, in denen sie als Farbe die unterschiedlichen, vielleicht wenig zusammenpassenden Muster überdecken, wäre es am sinnvollsten, an der Übereinstimmung der darunterliegenden Bilder zu arbeiten. Das fällt in dieser Zeit auch besonders leicht; dafür ist sie vermutlich ohnehin vorgesehen. Wenn dann die bunte Oberfläche eines Tages in zunehmendem Maße durchsichtig wird, gibt es nicht nur kein Erschrecken, sondern in hohem Maße ein Sich-erfreuen an den Früchten der gemeinsamen Arbeit früherer Jahre. Wer Angst vor den Mustern hat, die unverändert unter den dünner werdenden Farben schlummern, wird versuchen, das Verblassen der Farben so lang wie möglich - letztlich doch vergeblich - hinauszuzögern.

Man bleibt dann möglicherweise beieinander, aber nicht aus Liebe, sondern aus Bindung, Angst, finanzieller Abhängigkeit, Gewohnheit und mehr. Die Farbe ist ab, die alten Muster sind wieder da. Vielleicht hätte man sich an die Bearbeitung der Muster während der Zeit der Farben gemacht, wenn man die Notwendigkeit mit klaren Augen gesehen hätte, wenn man auf sie aufmerksam gemacht worden wäre. Vielleicht ...“

Anne schaute mich an. „Ich bin richtig neidisch auf meinen Michael.“

„Warum das denn?“ fragte ich, weil ich überhaupt keinen Zusammenhang erkennen konnte.

Sie lachte. „Weil er einen so tollen Schwiegervater bekommt."

12.

Der Raum um mich herum weitete und erhellte sich. Vielleicht war es auch der Raum in mir, mein Inneres. Eigentlich war es mir egal. Entscheidend war, daß mein Licht erschien. Wir begrüßten uns.

Erinnerst du dich an den Bogen, über den wir vor einiger Zeit einmal gesprochen haben?

Ich erinnerte mich sehr gut, und das deshalb, weil unter anderem zu den damaligen Erkenntnissen die Aufklärung über die Inkarnationsvorbereitungen gehört hatte.

Wenn man es genau nimmt, haben wir zwei Bogen betrachtet: einen kleinen und einen großen. Der kleine betraf das Kind Gottes, das die Himmel verlassen hat, um die Dunkelheit mit seinem freien Willen zu erforschen, und um dann schließlich wieder in die Himmel zurückzukehren. Damit waren die Fragen nach dem Woher?, Warum? und Wohin? beantwortet. Der Bogen hatte sich zu einem Kreis geschlossen. Der Urzustand im Dasein des Kindes war wiederhergestellt.

Der zweite Bogen, den ich den großen nennen möchte, ist in der Praxis noch offen. Er betrifft die große Auseinandersetzung zwischen Licht und Finsternis.

„Mir ist etwas aufgefallen. Im Zusammenhang mit 'Auseinandersetzung' sprichst du von Licht und Finsternis. Wenn du jedoch vom 'Kampf' sprichst, sagst du 'die Finsternis gegen das Licht'." Ich konnte gerade noch zurückhalten: „Hast du das auch bemerkt?" Es nützte nichts.

Ja, ich habe es bemerkt. Es ist keine Höflichkeit, daß ich der Finsternis den Vortritt lasse und sie zuerst nenne. Die Erklärung ist denkbar einfach: Die Finsternis kämpft gegen das Licht und nicht umgekehrt. (Ich hätte die Frage verdient, warum ich nicht selbst darauf gekommen bin. Aber so etwas würde ich bei meinem Licht wohl nie erleben.) *Eigentlich hättest du selbst darauf kommen können.*

Ich stutzte, ging für einen Moment in mich und hatte dann die Antwort: Es war kein Vorwurf in dieser Aussage - wenn ich das doch auch schon könnte -, es war ein Ansporn, geistig nicht träge zu werden, sondern die inzwischen schon oft geübte Form des Verstandes-Gebrauchs gelegentlich wieder zu praktizieren.

„Okay", dachte ich ganz, ganz leise, um nicht wieder Anlaß für eine Unterbrechung zu geben.

Der große Bogen begann mit dem Fall, er endete - vom Geiste aus betrachtet - mit der Erlösertat Christi auf Golgatha. Auch wenn er auf der Materie noch weitergeht, so ist er doch bereits entschieden. Auf Golgatha wurde die Niederlage der Finsternis besiegelt. Dort leitete Jesus Christus die Wende ein. Der weitere Fall war gestoppt und die Rückkehr in die Himmel wurde wieder möglich. Darüber haben wir ausführlich gesprochen.

Ich nickte.

Deshalb kann ich sagen: Die Entscheidung i s t bereits gefallen. Der Kampf geht nur deshalb noch weiter, weil die Abgefallenen nicht mehr so weit vorausschauen können, um das bereits eingetretene - nicht das beschlossene! - Ende zu erkennen. Ihr eingegrenzter geistiger Horizont macht dies unmöglich. So können sie ihre Niederlage auch nicht akzeptieren.

„Hat die Gefahr jemals bestanden, daß nicht das Licht, sondern die Dunkelheit die Oberhand behalten würde?"

Die Menschen würden sagen: „theoretisch" und „auf dem Papier". So kann man, wie im Sandkasten, alles planen und durchspielen und zu den unterschiedlichsten Ergebnissen kommen.

Überraschend für mich kam die Frage, die mehr eine Feststellung war:

Du spielst doch Schach?

„Ja." Ich war gespannt, was jetzt folgen würde.

Weiß hat den ersten Zug? „Stimmt". *Wenn nun Weiß, nur einmal angenommen, nur theoretisch und auf dem Papier, keinen Fehler macht, muß Weiß gewinnen. Oder?*

„Theoretisch ja, praktisch kaum, weil man nicht spielen kann, ohne nicht irgendwann einen Fehler zu machen."

Wenn du den Figuren des Lichtes und der Dunkelheit auf einem Schachbrett die Farben zuordnen solltest, was würdest du sagen: Wer ist Weiß, und wer ist Schwarz?

Das schien mir eine leichte Frage zu sein. „Das Licht ist Weiß." Der Rest ergab sich von alleine.

Und an der Spitze von Weiß ...

„ ... steht Gott."

Und Gott spielt fehlerfrei.

Ich habe noch Jahre später an dieses Beispiel denken müssen. Neben dem Inhalt war es auch die Art, wie es mir nahegebracht, fast zelebriert wurde, die mich faszinierte. Natürlich konnten Beispiele, so gut sie auch waren, nie die Beschreibung eines tatsächlichen Sachverhalts oder eines wirklichen Geschehens ersetzen. Aber gerade darum wurden sie ja verwendet: Um das, was als Original nicht verstanden wurde, im Lichte eines Beispiels vielleicht besser begreifen zu können. Ich brauchte nur an die Gleichnisse im Neuen Testament zu denken ... Das Beispiel mit dem Schachspiel auf jeden Fall hatte ich verstanden.

Nach einer kleinen Weile, die mir anscheinend zur „Erholung" zugestanden wurde, knüpfte mein Licht an die zuvor erwähnte Auseinandersetzung an, die sich im Geistigen abspielt.

Wenn auf der Erde zwei Nationen oder ihre Armeen gegeneinander kämpfen, so haben beide stets die Absicht, der anderen Seite möglichst große Verluste zuzufügen. Darum geht es im Kampf der Finsternis gegen das Licht nicht. Es k a n n gar nicht darum gehen.

Ich war wieder ganz der alte, dankbare und aufmerksame Zuhörer.

Weißt du warum?

„Ja." Soviel hatte ich schon verstanden. „Auf der einen Seite kämpft die Liebe, und die Liebe verletzt oder vernichtet nicht. Auf der anderen Seite kämpfen der oder die Widersacher Gottes, und die sind nicht - und waren nie - in der Lage, dem Licht Schaden zuzufügen." Das ließ in mir eine Frage auftauchen, über die ich vorher nie nachgedacht hatte. „Um was geht es dann eigentlich, wenn nicht um das gegenseitige Niederzwingen oder Auslöschen?"

Es geht um dich.

Das erschreckte mich im ersten Moment; doch ich kannte mein Licht gut genug, um zu wissen, daß eine auflösende, hoffentlich ermutigende Erklärung folgen würde. So war es.

Es geht um dich und um die Milliarden von Menschen, die diese Erde bevölkern, die sie schon bevölkert haben und noch bevölkern werden. Ihr seid der Einsatz in diesem „Spiel", dem ich nur des besseren Verständnisses wegen diesen Namen gebe, das aber wahrlich keines ist. Wenn ihr die Regeln nicht kennt, werdet ihr zum Spielball zwischen den Kräften. Heute ein bißchen „lieber Gott" und morgen ein wenig „die anderen Angebote sind auch ganz interessant". So seid ihr hin- und hergerissen, weil ihr auf der einen Seite das alles andere als langweilige „Abenteuer mit Gott" nicht kennt, auf der anderen Seite eure Bequemlichkeit und euer Desinteresse bestärkt werden, möglichst alles so zu belassen, wie es ist.

Wenn die Menschen einmal begriffen haben, daß sie keine Zuschauer in diesem Theater sind, sondern die Hauptdarsteller, denen ständig zwei Regisseure mit völlig entgegengesetzten Bestrebungen unterschiedliche Texte ins Ohr flüstern, dann wird es eine entscheidende Wende geben. Denn wer wird sich schon freiwillig seinem Henker ausliefern.

„Und die Lösung?" fragte ich.

Wir werden sie uns gemeinsam erarbeiten. Doch es gibt eine Kurzformel, die du kennst, und an die ich dich erinnere:

Willst du die Finsternis bekämpfen, dann kämpfe gegen deine Schwächen. Willst du sie besiegen, dann besiege deine Schwächen. So entziehst du ihr den Boden.

Jetzt erinnerte ich mich. Wir hatten einmal darüber gesprochen. „Was für eine phantastische Kurzformel!" dachte ich. „Und was für ein - im Prinzip - 'einfaches' Vorgehen! ('Einfach' ist gut!) Es trifft den Kern. Damit steht und fällt jede Inkarnation."

Du gibst mir das Stichwort für die nächste Überlegung. Laß uns den „großen Bogen" nicht aus den Augen verlieren. Ich möchte dir helfen, ihn zu erkennen und seine Bedeutung richtig einzuschätzen, auch wenn er in seinem ganzen Ausmaß von euch nicht zu überschauen ist.

Doch so gigantisch er auch ist, er besteht doch aus nichts anderem als aus den unzählbaren kleinen Bogen, die die Einzelschicksale, die jeweiligen Inkarnationen darstellen. Ohne Menschen und Seelen gäbe es keine Finsternis, weil ihr der Ackerboden fehlen würde. Eine Erde mit Menschen, die so friedvoll und geistig hochentwickelt sind, daß sie den Gegenkräften keine Nahrung in Form von Negativ-Energie mehr liefern, ist fast gleichbedeutend mit dem Ende der Dunkelheit.

Denn es wäre kaum noch als Leben zu bezeichnen, was für sie übrigbliebe, wenn sie - aller anderen Energien beraubt - zurückgeworfen würde auf die Flamme ihres Gottesfunkens, die sie selbst auf dieses Minimum reduziert hat.

Die Finsternis braucht Energie, und sie braucht ihren Machtbereich. Das Zentrum ihres Machtbereiches ist nun einmal die Erde, einer der schönsten, ehemaligen Himmelskörper der geistigen Welt, der mit dem Fall der Stützpunkt der Finsternis wurde. Ein Machtbereich aber, in dem es keine willfährigen Untergebenen gibt, ist nicht viel wert. Kannst du mit diesen Informationen die sich daraus ergebende Schlußfolgerung ziehen?

„Du hast mich gelehrt, daß es manchmal sinnvoll sein kann, sich in die Lage des Gegners zu versetzen. Ich will es versuchen." Es folgte eine kurze Denkpause, ehe ich sagte:

„Ich würde, wenn meine Existenz davon abhinge, alles, aber auch wirklich alles versuchen, um mir eine möglichst große Zahl von Untergebenen zu sichern. Und das nicht nur für die Spanne *eines* ihrer Leben, sondern nach Möglichkeit für viele Inkarnationen. Denn sobald es mir gelungen ist, sie in einer ihrer Inkarnationen - und sei diese mit noch so guten Absichten vorbereitet und angetreten worden - ein wenig oder sogar viel von ihrem Ziel abzubringen, steht ihre folgende Inkarnation unter einem für mich günstigeren und für sie ungünstigeren Stern. Sie treten sie nämlich geschwächt an. Auf diese Weise würde ich versuchen, meine Opfer für lange Zeit zu halten."

„Oder anders ausgedrückt", fiel mir dazu noch ein, „ich müßte sie daran hindern - nach Möglichkeit ununterbrochen -, das Geschenk des freien Willens, das sie mitbekommen haben, mal richtig auszupakken. So kämen sie auch nicht auf die Idee, daß sie ihren ursprünglichen Entschluß, die Himmel zu verlassen, aus freien Stücken heraus wieder rückgängig machen können."

Nicht schlecht, schien mir ein besonders farbiger Strahl des Lichtes zu sagen, der mich für einen Augenblick umfing. Das war aber auch die allerhöchste Form von Beifall, die mein Licht mir gelegentlich (sehr gelegentlich!) zollte.

Und welche Mittel würdest du einsetzen?

Jetzt wurde es schwieriger für mich. „Das einfachste wird sein“, dachte ich, „ich schau mir verschiedene Stationen meines Lebens an.“ Mir war sehr wohl bewußt, wann und wo ich von meinem Weg abgewichen war, manchmal kleinere, manchmal größere Strecken.

„Laß mir einen Moment Zeit“, bat ich. Ich hielt eine kleine Rückschau und betrachtete einige der in Frage kommenden Situationen. Dabei stellte ich fest, daß es dort, wo ich meinen Weg verlassen hatte, immer etwas gab, das mich anscheinend interessiert oder neugierig gemacht hatte, meine starke Aufmerksamkeit geweckt oder mich sogar fasziniert hatte. Auf jeden Fall war immer etwas in mir angesprochen worden, von dem ich oft nicht einmal wußte, daß es da etwas gab, das anzusprechen war. Das konnten relativ harmlose Neigungen, aber auch Charakterschwächen sein, Unwissenheit, alte Gewohnheiten, die ich schon längst hatte aufgeben wollen, falsche Ideale, ein Hang zum Fanatismus, Anerkennung-Heischen und vieles mehr. Der Schlüssel zu allem schien mir jedoch ...

„Ich hab’s. Der Schlüssel zu allem ist der Apfel aus dem Paradies - ihn so verlockend unter Ausnutzung der Schwächen des anderen darzustellen, daß er als ein lohnendswertes Objekt oder Ziel erscheint. Als Oberbegriff für all die großen und kleinen Formen der Motivation, den ‘Paradies-Apfel’ haben zu wollen, schreibe ich in Gedanken auf eine Tafel BEGEISTERUNG.“

Und nun tue den nächsten Schritt. Das entspricht in etwa der Methode des Fragens- im-Rückwärtsgang; nur geht es diesmal vorwärts.

„Wenn ich den anderen dazu gebracht hätte, meinen Vorstellungen, Einflüsterungen oder Ideen zu folgen, könnte ich ihn ... müßte ich ihn ... bearbeiten und steuern, damit er auch weiterhin in *meine* Richtung geht“. (So, wie der Nebel die torkelnde Gestalt in der Astralwelt beeinflußt hatte, fiel mir ein.)

Das gelingt dir aber nur, wenn der andere dazu bereit ist bzw. nicht anders kann. Ein einmaliges Vergehen, zumal dann, wenn es sich um etwas Harmloses handelt, wird aber nicht ausreichen, daß du ihn wie eine Marionette benutzen kannst.

„Also muß ich ihn zuvor ... Hilfst du mir? Ja! Danke ... zuvor von mir abhängig machen. Ich würde ihn, natürlich geschickt, so daß er es nicht bemerkt, dazu bringen, daß er nicht mehr oder nur noch sehr schwer zurück kann. Selbst dann nicht, wenn er es im Grunde seines Herzens möchte." Welche Mittel würde ich dafür einsetzen?

„Zuerst einmal die Angst. Angst kann man vor allem haben: vor Liebesentzug, Schmerzen, vor Verlust des Ansehens, der Existenz, des Vermögens, der Sicherheit, der Freiheit usw. Dann würde ich versuchen, den anderen - wenn es die Situation erlaubt - zu isolieren. Und schließlich würde ich ihn an mich binden; Gewohnheiten sind schnell zu eingefahrenen Geleisen geworden, die Trägheit des Menschen käme mir dabei zugute. Also ..."

Ich schrieb als zweites Wort auf meine Tafel ABHÄNGIGKEIT. Der Rest war einfach.

„Wenn ich ihn abhängig gemacht habe, ist die Voraussetzung für die MANIPULATION gegeben. Dann hätte ich ihn dort, wo ich ihn haben wollte. Könnte er mir jetzt noch viel an Verteidigung entgegensetzen?" Ich holte tief Luft. „Behüte mich Gott davor, jemals so etwas zu tun."

... in großem Stil zu tun. Es auch im kleinen Stil zu lassen, wäre zwar ebenfalls wünschenswert, doch das ist allzuoft menschlicher Alltag: In der Ehe, in der Erziehung, am Arbeitsplatz, überall dort, wo es darum geht, sich einen Vorteil zu verschaffen oder den anderen dazu zu bringen, sich entsprechend - deinen Wünschen entsprechend - zu verhalten.

Das also ist das Prinzip. Es hat unzählige Varianten, denn die Gegenseite geht mit größter Raffinesse vor. Du kannst damit „arbeiten" in den ganz persönlichen, zwischenmenschlichen Bereichen, in der Politik, in der Wirtschaft; du kannst es anwenden auf den einzelnen, auf Gruppen, auf ganze Völker, und du kannst damit Religionsanschauungen und Ideologien durchsetzen. Wenn du es geschickt an-

stellst - und so gut wie nie wird es von jemanden bemerkt, weil es so geschickt gemacht ist -, hältst du auf diese Weise große Teile der Menschheit gefangen.

„Und wenn man es hinausschreien würde in alle Welt ...", warf ich ein.

... würde es keiner glauben. Man würde dich auslachen, du würdest zum Gespött der Leute werden.

So mußte es Platon schon empfunden haben, kam es mir in den Sinn, als er sein berühmtes Höhlengleichnis schrieb. [1)]

„Du hast mir geholfen, das Prinzip zu erkennen", sagte ich nach einer Weile des Schweigens. „Ich glaube, daß ich es einigermaßen verstanden habe. Damit sind natürlich noch nicht alle Fragen beantwortet. Es wird ohnehin nicht möglich sein, daß ich alles verstehe und alle Zusammenhänge sehe, solange ich Mensch bin. Ich stelle daher so manches zurück, schon deshalb, weil ich die Erfahrung gemacht habe, daß entweder du es mir zum richtigen Zeitpunkt sagst, oder ich die Antwort auf eine andere Art und Weise bekomme. Doch etwas interessiert mich noch zu dem Thema, das wir heute besprechen. Darf ich?"

Ich freue mich über dein Interesse. Es gibt noch vieles dazu zu sagen; wir haben gerade erst die gröbsten Aspekte herausgearbeitet.

„Du hast von 'unzähligen Varianten' gesprochen. Das ist das eine. Das andere ist, daß sicher nicht immer und überall mit den drei Stufen 'Begeisterung, Abhängigkeit und Manipulation' gearbeitet wird, weil es nicht möglich ist oder sein muß. Ich vermute mal, daß dies nur dort zutrifft oder notwendig ist, wo es um die Verführung des ein-

---

[1)] Platon, „Der Staat", 7. Buch. Darin geht es darum, daß in einer Höhle Gefesselte, die ein Leben lang nur nach vorne an die Wand schauen können, das, was sich als Schatten auf der Wand zeigt, für die Realität halten. Würde einer aus seinen Fesseln gelöst, aus der Höhle ans Licht geführt, und könnte er sich einen Eindruck von der Wirklichkeit außerhalb der Höhle verschaffen, so würde er selbst größte Schwierigkeiten haben, seine alten Vorstellungen aufzugeben. Käme er dann mit seinen neuen Erkenntnissen zu seinen ehemaligen Kameraden zurück, um ihnen von dem wirklichen Leben zu berichten und sie auf ihre Fesselung aufmerksam zu machen, würden sie ihn auslachen. „Wer aber Hand anlegte", heißt es bei Platon, „um sie zu befreien und hinaufzuführen, den würden sie wohl umbringen, wenn sie nur seiner habhaft werden und ihn töten könnten."

zelnen oder auch der Massen geht mit dem Ziel, sie fest in das satanische Geflecht einzubinden. Es wäre deshalb gewiß nicht richtig, allen oder den meisten Menschen zu unterstellen, sie hätten sich hereinlegen lassen und würden nun schon mit einem Bein im Sumpf stecken, nur weil sie dieses Bein noch nicht 'im Himmel' haben. Entschuldige, du weißt schon, was ich meine."

Das Beispiel ist gar nicht so schlecht. Würde jemand so denken, wäre er ungerecht und hätte die Grenzen hin zur Verurteilung schon überschritten. Die Varianten, die ich erwähnte, betreffen unter anderem die Situation, die du beschreibst, und in der sich viele Menschen befinden. Es gibt sowohl Varianten im Vorgehen als auch hinsichtlich ihrer Wirkungsweise. Nimm dein Beispiel und verliere dabei das angestrebte Ziel der Finsternis nicht aus den Augen, das da lautet:

Möglichst viele Menschen möglichst lange im Bereich der Materie - und später als Seelen in den Astralbereichen - zu halten. Denn hier findet der Kampf statt, hier hat sie Einfluß, hier erringt sie ihre kleineren und größeren Zwischen-Siege. Hat sich ein Mensch erst einmal auf den Weg gemacht, Jesus von Nazareth nachzufolgen - ich meine nicht, Seine Lehre zu hören und an Ihn zu glauben, sondern Ihm nachzufolgen -, dann verläßt er den Einflußbereich der Dunkelheit und kann von ihr nicht mehr erreicht werden. Das sind die Zwischen-Siege des Lichtes.

Wenn du also diese Absicht vor Augen behältst, ergeben sich die Antworten fast von alleine. Nur der geringste Teil der Menschen wird ganz in den Sumpf gezogen und damit zu bewußten Anhängern gemacht. „Halb hinein", das gelingt schon öfters. Soll man sich aber damit begnügen? Soll man die große Masse ziehen lassen?

Nein, wenn man sie schon nicht halb oder ganz in den Sumpf bekommt, kann man sie aber doch daran hindern, festes Land zu betreten.

„Man hält sie auf schwankendem Boden." Ich begann zu begreifen.

Wie würdest du vorgehen? Willst du es noch einmal versuchen?

„Ja." Eine kleine Pause folgte. „Ich gehe davon aus, daß meine vielen Mitmenschen sich nichts lieber wünschen, als glücklich zu sein, auch wenn nicht jeder definieren kann, was er darunter versteht. Mangels anderer Ziele und Erfahrungen, ich meine damit geistige, halten sicher die meisten ihre momentane Situation für ausreichend zufriedenstellend - abgesehen von denen, die von Hunger, Krankheit oder Sorgen geplagt werden. Ich meine jedoch die überwiegende Mehrheit in der westlichen Welt, die mit sich und ihren Umständen ganz gut zurechtkommt, und nicht die Armen und Ärmsten in der Dritten Welt."

Plötzlich tat sich in mir etwas wie ein Gedankenfenster auf, in das ich regelrecht hineinschauen konnte.

„Wenn ich jemanden halten will, damit er sich nicht in Richtung 'lichtes Festland' bewegt, muß ich ihn entweder so satt und zufrieden machen, daß er kein Interesse verspürt, nach anderen Dingen außerhalb seines Gesichtskreises zu schauen, oder ich muß seine Gelüste und seine Unzufriedenheit ständig anstacheln, so daß er auf Grund seiner Befriedigungsversuche nicht zur Ruhe kommt und dadurch genausowenig über seinen Gartenzaun hinaus blickt bzw. blicken kann." [1]

Das ist das Prinzip des Kapitalismus', der westlichen Welt. Gib im Überfluß, und der Mensch fragt nicht mehr nach seinem Weg.

„In den armen und unterentwickelten Ländern wird sich des gegenteiligen Prinzips bedient, das auch in den kommunistischen Ländern gegriffen hat und greift: dem Mangel. Die Menschen können nicht zur inneren Ruhe finden, weil sie von früh morgens bis spät abends gezwungen sind, für ihren kärglichen Lebensunterhalt zu sorgen."

In allen Fällen, sei es durch Sattheit, Ablenkung zum Zwecke der „Glücks"-Erfüllung oder durch den Überlebenskampf wird das gleiche Ziel erreicht: Eine Möglichkeit zur Weiterentwicklung wird nicht für notwendig erachtet, nicht erkannt oder kann nicht genutzt werden ...

„ ... mit der Folge, daß man auf der Stelle tritt", vollendete ich den Satz.

Und auf der Stelle treten heißt: Die Menschen bleiben der Finsternis zu einem großen Teil erhalten. Zumindest mal für die nächste Inkarnation, vielleicht auch darüber hinaus. Und dann sieht man weiter ....

---

[1] Ganz spontan entsann ich mich eines Ausspruchs von Peter Sellers: „Der moderne Mensch kennt offenbar kein höheres Ziel, als gesund zu sterben."

„Die Methoden verfeinern sich; sie als Fallen zu erkennen, wird immer schwieriger. Der in höchsten Tönen gepriesene Fortschritt z.B. gehört auch dazu, wenn und weil man ihn mißbraucht und für Gold verkauft, was Blech ist ... Aber was soll man denn tun?“ rief ich, zwar nicht aufgebracht, aber doch für einen Moment mutlos, als mir die unzähligen Menschen in den Sinn kamen, die dem allem ausgeliefert waren. Die hilfloser waren als ich, der ich mein Licht hatte. Wenn ich an die unüberschaubare Zahl derjenigen dachte, die guten Willens sind und die sehen wollten und würden, läge da nicht eine Binde auf ihren Augen. Oder an die Jugend, der man versucht, durch Musikvideos, Bands, Comedy, Yoga und Tanzen im Gottesdienst eine verdrehte Botschaft zu vermitteln ... *wo doch der gelebte, und nicht nur der gehörte, gesungene und getanzte Weg d a s Abenteuer sein kann, wenn man ihn mit Christus, der in jedem wohnt, geht. Mehr Überraschungen kann ein Dasein, das man ohne Ihn lebt, wahrhaftig nicht bieten.*

„Als ich gerade an die Jugend dachte, wurde ich an eine Aussage in ‘Maitreya - Christus oder Antichrist?’ [1)] erinnert: ‘Die Jugend soll durch eine Erziehung auf falschen Grundsätzen und lügenhaften Lehren verdummt, verführt und verdorben werden.’ Das mag auf den ersten Blick weit hergeholt sein; nachdem ich bei dir jedoch lerne, tiefer als früher in die Dinge hineinzuschauen, ist mir eines klargeworden.“

Ich holte erst einmal tief Luft, um meine Emotionen nicht überschäumen zu lassen. „Wer die Finsternis unterschätzt, wird von ihr geschluckt. Sie führt ihren Kampf mit wirklich *allen* Mitteln. Eines der schäbigsten ist für mich ... (‘bleib’ ruhig’) ... ihr Ansatz bei den Kindern und Jugendlichen. Kinder und Jugendliche sollten, einer Baumschule ähnlich, von ihren Eltern langsam stark gemacht und vorbereitet werden auf das, was sie im Leben erwartet. Ich habe mir überlegt, wie ich vorgehen müßte, wollte ich ein Volk innerhalb von spätestens zwei Generationen aushöhlen oder unterwandern. Ich sag’ es dir.“

[1)] Coralf, Konny Müller Verlag, 1997

Der Ferdinand, von dem ich schon ein paarmal angenommen hatte, es gäbe ihn nicht mehr, war dabei, die Oberhand zu gewinnen.

„Ich würde zuerst die Schwächen der Eltern ausnützen, die keine natürliche Autorität mehr haben, weil sie sich selbst und in der Folge natürlich auch den Kindern gegenüber nicht mehr konsequent sind. Dann würde ich eine Wohlstandsgesellschaft schaffen, in der Kinder und Jugendliche mehr und mehr Geld in die Hände bekämen. Der nächste Schritt wäre: Anreize modischer, technischer und unterhaltender Art zu schaffen, die die Kinder dazu bringen würden, ihr Geld dafür auszugeben. Und schon hätte ich sie. [1]

Weißt du auch warum? Weil ihre eigene Unterscheidungsgabe, was richtig und falsch, sinnvoll und unsinnig, notwendig und überflüssig ist, noch nicht entwickelt ist, und die Eltern keinen Einfluß mehr haben oder nehmen. Also erwische ich sie zu einem Zeitpunkt, wo sie viel zu früh der Versuchung unterliegen *müssen*, weil ihr Verantwortungsbewußtsein noch nicht ausgebildet ist, noch gar nicht ausgebildet sein kann. Und sich vielleicht nie mehr richtig ausbilden wird. Die Schere ist bereits gefährlich weit auseinander gegangen: Auf der einen Seite die Möglichkeiten, die man ihnen bietet, und die sie wahrnehmen; auf der anderen Seite eine zu diesem Zeitpunkt noch nicht vorhandene, innere Reife. Ein Erkennen und richtiges Entscheiden ist da noch nicht möglich. Kannst du dir vorstellen, wie eine so verwöhnte und, man kann schon sagen verführte Generation die nächste Generation noch nach den 'antiquierten' Grundsätze der Liebe, Demut und Bescheidenheit erziehen kann, wenn sie sie selbst nicht mehr lebt?"

„Das war jetzt pauschal gesprochen, das sehe ich ein", fügte ich hinzu. „Aber es ändert nichts daran, daß es leider auf viele schon zu-

---

[1] „Todeskandidat Marv" heißt das Spiel, das sich z.Zt. in USA gut verkauft. „Marv", eine 30 cm große Figur, stirbt auf dem Elektrischen Stuhl - wann immer der Startknopf gedrückt wird. Erst beginnen seine Hände, dann der ganze Körper zu zittern. Seine Augen werden rot und quellen aus dem Kopf hervor, er röchelt und spricht mit zusammengebissenen Zähnen seine letzten Worte: „Ist das alles, Ihr Schwächlinge?" Dann beginnt das Spiel von vorn. „Marv", so teilt die Spielanleitung mit, „hat den Mörder seiner Freundin Goldie, einer Nutte, umgebracht." Auf der Verpakkung heißt es: „Geeignet für Kinder ab 13 Jahren." Heilbronner Stimme vom 11.9.2000

trifft. Dabei sind die Kinder und Jugendlichen die Verführten. Die Verführer sitzen irgendwo im Unsichtbaren.“ Jetzt war ich in Rage. „Das ist eine Riesensauerei.“

Mein Licht berührte mich mit besonders prächtigen Strahlenspitzen. Es dauerte eine Zeit, bis ich wieder in meinem Inneren ruhte und schließlich als erster das Schweigen brach.

„Ich habe mir das, was wir vor meiner Rede besprochen haben, noch einmal durch den Kopf gehen lassen [völlig überflüssig dieser Satz, ich war ja wie ein offenes Buch; vielleicht war er mir auch nur herausgerutscht, weil ich mich ein wenig erregt hatte]. Dabei ist mir etwas aufgefallen.“

Es hätte mich gewundert, wenn es dir nicht aufgefallen wäre. (Na, bitte!)

„Wenn uns einer zugehört hätte, wäre er vermutlich zu der Überzeugung gekommen, seine Familie, sein Auto, sein Beruf, sein Häuschen - all das wäre ‘vom Teufel’, weil es eine Behinderung darstellt.“

Darstellen kann.

„Gut, darstellen kann. Aber so kann es doch nicht sein. Dann könnte man ja nur als Eremit zu Gott finden.“

Das könnte genauso eine Behinderung sein. „Jetzt brauche ich aber wieder deine Hilfe.“ *Erinnere dich an das, was ich dir vor nicht allzulanger Zeit gesagt habe: Gott nimmt dir nichts, Er schränkt dich nicht ein, Er macht dich nicht arm, Er versagt dir deine Freude nicht, Er verbietet dir nicht den Umgang mit deinen Freunden, Er beansprucht keine Zeit, die du Ihm nicht freudig und freiwillig gibst. Solche Vorstellungen konnten entstehen und vermittelt werden, weil Er nicht erkannt wurde.*

Der Weg ins Licht besteht aus kleinen Schritten, denen eine Entscheidung vorausgeht. Keiner wird verurteilt oder verdammt, wenn er diese Schritte nicht tun möchte. Das Kind bleibt geliebt, egal was es tut oder nicht tut. Viele von euch halten jedoch dieses Stehenbleiben auf schwankendem Boden schon für einen Schritt in Richtung Himmel, etwa nach dem Motto: Weil ich nicht falle, fliege ich schon. So ist es nicht. Dennoch versucht die Finsternis, diesen Eindruck zu vermitteln.

„Und du und all die anderen Geschwister aus dem Licht versuchen ununterbrochen, uns zu sagen, daß dieser Stillstand zwar nicht - wie soll ich sagen? - ‘sündhaft’ ist, daß aber Evolution etwas anderes bedeutet. Mir fällt dazu auch ein Satz ein: Unser Problem besteht nicht so sehr darin, daß wir ständig Böses tun, sondern darin, daß wir das Gute unterlassen.“

Du hast den Nagel auf den Kopf getroffen. Das Gute - oft nur ein Lächeln, eine kleine Hilfe, ein nettes Wort, eine liebe Geste - sind die Schritte, von denen ich spreche. Sie können und sollen im Alltag getan werden, m i t - und nicht trotz - Familie, Auto, Beruf und Häuschen, wie du es zu nennen pflegtest. Sie sind vielfach ebenso unscheinbar wie die winzig kleinen Schritte, zu denen die Finsternis so gerne verleitet. Nur sind beide in ihrer Wirkung völlig unterschiedlich.

„Wer beginnt, die ersten Schritte zu tun, dessen persönlicher Bogen fängt an, sich langsam zu schließen ...

... bis er seine Vollendung in den Himmeln gefunden hat. Dann existiert der Teil des Bogens, der das Leben auf der Materie und in den Seelenbereichen betraf, nur noch in der Erinnerung. Die Dunkelheit hat, trotz größter Anstrengung und ungezählter Versuche, das Kind auf Dauer nicht halten können. So wird sie nach und nach einen nach dem anderen ziehen lassen müssen. Ungezählte sind schon von dannen gezogen, Ungezählte werden es noch sein.

Wenn ein kleiner Bogen nach dem anderen wegfällt, kann der große Bogen sich in seiner ungesetzmäßigen Form, die ihn weit aus den Himmeln weggeführt hat, nicht mehr halten.

Doch ich füge zur nochmaligen Erinnerung hinzu: Die Finsternis, das sind deine und meine Brüder und Schwestern. Sie sind trotz ihres gegensätzlichen Handelns nicht unsere Feinde. Alle Wesen des Lichtes und viele Menschen auf der Erde arbeiten daran, sie ins Licht zurückzuholen. Erst dann, wenn sich auch dieser Bogen im Kreis vollendet hat, um sich für alle Zeit zu schließen, wird unser aller Glück vollkommen sein.

Die Rückführung ist beendet. Die Erlösung hat ihren Abschluß gefunden. Der Fall ist nur noch Erinnerung.

„Weiß hatte den ersten Zug ...“

... und Weiß hat den letzten.
Wieder hatte sich ein Puzzleteil gefunden.

13.

Am nächsten Morgen erwachte ich früh und frisch. Unsere nächtliche Unterhaltung hatte mich gestärkt. Ich freute mich auf den mit Arbeit vollgepackten Tag, der vor mir lag. Wie immer in den letzten Wochen nahm ich mir nach dem Frühstück Zeit, in mein Inneres zu gehen. Nach den Aufklärungen und Hilfen der letzten Nacht war mir dies ein besonderes Anliegen.

Heute morgen war in erster Linie Dank in meinem Herzen. Ich mußte ihn nicht unbedingt formulieren, das wußte ich. Ich brauchte daher nicht nach schönen Worten zu suchen, um einen sprachlich möglichst korrekten Satz zustande zu bekommen. „Gott schaut nicht auf meine Worte, sondern in mein Herz“, dachte ich. Wenn ich lernen würde, mein Herz sprechen zu lassen, so müßten eigentlich, wenn die richtigen Empfindungen darin wären, auch die richtigen Worte herauskommen. Und wenn es keine Worte wären, so müßten doch auch die darunter liegenden Empfindungen und Gefühle ausreichen.

„Worte sind eigentlich nur Krücken“, war mein nächster Gedanke. „Weil wir untereinander nicht in der Lage sind, ohne Worte zu kommunizieren - es sei denn, die Situation ist stark emotionsgeladen -“, schränkte ich ein, „bedienen wir uns der Sprache.“ Sollte es nicht möglich sein, im Inneren ohne Sprache auszukommen? Oder nur das aufsteigen zu lassen, was sich von alleine formuliert?

Ich schloß einfach die Augen und bat die Kraft des Christus in mir (indem ich mich an „meinen Bruder und Freund“ Jesus Christus wandte), mich bei der Kontrolle meiner Gedanken zu unterstützen. Denn schon wollten sie zu der anstehenden Tagesarbeit vorauseilen. Dann machte ich in Empfindungen „mein Herz auf“ und ließ alles hinausströmen, was ich an Dankbarkeit empfand. Es mischten sich einzelne Gedanken und unausgesprochene Worte hinein; das störte mich absolut nicht. Es war gut so. Die Nähe einer Kraft, die man nur spüren, aber nicht näher beschreiben kann, war für mich beinahe greifbar.

Ich blieb eine Weile in dieser inneren Haltung, „ ... die einem Gebet gleichkommt“, dachte ich plötzlich.

Es ist ein Gebet.

Mein Licht war also auch da. Ich versuchte, noch stiller zu werden, noch tiefer einzutauchen in ein inneres Licht, das ich mir vorstellte. Ich sah dieses Licht in der Nähe meines Herzens. Es vergrößerte sich, durchdrang von innen her meinen Körper und strahlte schließlich nach außen. Ich war im Mittelpunkt dieser Strahlkraft, und gleichzeitig war sie in *meiner* Mitte. Meine Dankbarkeit war inzwischen mehr und mehr einem Gefühl der Geborgenheit und einer bisher nicht erlebten Sicherheit gewichen. „Das muß mein erstes Empfinden dafür sein, was mein Licht 'Sicherheit in Gott' genannt hatte", ging es mir durch den Kopf. So nahe, so geliebt, so beschützt.

Ich konnte gar nicht anders, als mein Herz bis an seine, wenn auch noch bescheidenen Grenzen aufzumachen. Zaghafte, aber auch zum ersten mal *bewußt* aus meinem Inneren hinausgelassene Empfindungen der Liebe stiegen empor. Worte waren nicht nötig; ich hätte sie auch nicht formulieren können. Ich kam mir vor wie ein kleines Kind, das sich nicht nur entschlossen hatte, irgendwann einmal laufen zu lernen, sondern dem der erste Schritt nun unmittelbar bevorstand. Wohin würde mich mein Schritt führen? Was lag vor mir? Im Kopf hatte ich alle Antworten parat. Und mein Herz? *Wollte* es den Schritt nur tun - oder *tat* es ihn auch?

DIE HÖCHSTE FORM DER LIEBE IST DIE HINGABE.

Darauf war ich nicht vorbereitet; ich wußte auch nicht gleich, was da gerade geschehen war. Es hätte nicht viel gefehlt, und ich hätte die Augen geöffnet, um mich umzuschauen und in die Realität wieder zurückzufinden, von der ich für einen Moment glaubte, sie verlassen zu haben. „Was war das für ein glasklarer Gedanke?" überlegte ich. „Fast so deutlich, als hätte ich ihn mit meinen Ohren vernommen." Es war nichts Unangenehmes, Aufdringliches daran gewesen. Im Gegenteil: Er war von Sanftheit und dennoch von Stärke geprägt. Er hatte mich nur unvorbereitet angetroffen ...

„Die höchste Form der Liebe ist die Hingabe", klang es in mir nach. Hingabe an den Einen, der alles ist, und aus dem alles ist. Ich war dabei, dieser Hingabe entgegenzugehen; sie nicht nur mit Worten aus der Ferne zu begrüßen, sondern ihr die Hand zu reichen. Es war eine kleine Hand, das war mir klar, doch ich würde sie voller Vertrauen ausstrecken. Würde, wollte oder tat ...?

Auf einmal war die Erinnerung an die „Stimme“ da, die in der Friedhofskapelle in mir und zu mir gesprochen hatte: ICH BIN DA. Es war die gleiche.

„Bist Du es?“ fragte ich in mich hinein - und vielleicht gleichzeitig zu den Sternen empor und in die Unendlichkeit hinaus. Ich weiß es nicht mehr. Zu sehr hielt mich die Einmaligkeit des Augenblicks gefangen. Wen ich mit der Frage meinte, schien ich nicht genauer bestimmen zu müssen. Es gab für mich nur Einen.

ICH BIN ES.

Ich ließ es wie ein Echo immer und immer wieder in mir nachhallen: ICH BIN ES.

Sollte ich etwas antworten? Und wenn, was? Konnte ich so ohne weiteres eine Kommunikation beginnen? War dieses gerade beginnende Aufbrechen dafür überhaupt gedacht? Ich erinnerte mich an das erste Auftreten des Lichtes. Damals war ich genauso sprachlos gewesen. Damals war mir die Aufforderung mitgegeben worden *Gebrauche deinen Verstand.* Und heute ...?

Heute war es eine Frage.

BIN ICH ES, DEN DU LIEBST?

Ich blieb noch lange Zeit, nachdem meine Empfindungen abgeklungen waren, in meinem Sessel sitzen. Wie mit Feuer schien sich die Frage in meine Seele eingebrannt zu haben. Im allerersten Moment wollte ich sie spontan beantworten und rufen „Ja, du bist es ...“, doch dann hielt ich inne. Nicht umsonst war die Frage gestellt worden. Ihre für mich etwas ungewöhnliche Formulierung bedeutete ja nicht, daß man sie nicht mit Ja beantworten könnte oder sollte. Eines jedoch war mir in den Minuten, die ich noch in der Stille verbrachte, klargeworden: Es sollte ein wohlüberlegtes, aus tiefstem Herzen kommendes und in völliger Freiheit gesprochenes Ja sein, das die Hingabe an die Liebe einschloß. Und es sollte nach Möglichkeit dauerhaft sein, auch wenn es immer wieder neu gegeben werden müßte. So nahm ich mir die Frage mit in den Tag, obwohl ich die Antwort in mir schon wußte.

Als ich meine Augen öffnete, bemerkte ich erst die Tränen, die mir die Wangen hinuntergelaufen waren.

*

Im Büro gab es nur ein paar Anrufe zu erledigen. Die Besuche waren vorbereitet, Eva hatte auch nichts mehr für mich, so daß ich schon früh losfahren konnte. Der Vormittag verging wie im Flug; der Besuch gegen 11.30 Uhr beschränkte sich auf ein Gespräch von zwei Minuten, weil mein Gesprächspartner kurzfristig aus dem Haus mußte. Ich überlegte, daß ich den nächsten Kunden erst ganz kurz vor Mittag erreichen würde, was bei ihm aber nicht erwünscht war, weil sich unser Gespräch dann möglicherweise ein Stück bis in die Mittagspause hineinziehen würde. So entschied ich mich dafür, schon jetzt einen Platz für meine Pause zu suchen. Wie fast immer fand ich einen abseits gelegenen Waldparkplatz. Es hatte aufgehört zu regnen, doch der Boden war naß, so daß ich im Wagen sitzen blieb. Ich kurbelte das Fenster ein Stück herunter, brachte meinen Sitz in Schräglage und schloß die Augen. Jetzt konnte ich mir Zeit nehmen, über mein inneres Erlebnis vom Morgen nachzudenken.

So eindringlich es auch gewesen war, und so dankbar ich mich auch fühlte, so wollte ich doch nicht den Fehler begehen, nun in einer falschen Euphorie und im Überschwang meiner Gefühle innerlich abzuheben. Darin erkannte ich eine Gefahr und erinnerte mich an einen Ausspruch, den ich irgendwo einmal gelesen hatte: „Sei wachsam, wenn du etwas willst. Denn sobald du einen starken Wunsch verspürst, dieses oder jenes haben oder tun zu wollen, ist deine Kritikfähigkeit eingeschränkt." Wie wahr, hatte ich dabei in Rückerinnerung an so manche Zielsetzung in meinem Leben gedacht. Denn eines hatte ich erkannt: Man kann sich kaum ein drängendes Bedürfnis erfüllen und gleichzeitig neutral dagegenstehende Argumente in Betracht ziehen. Die allgemeine Praxis war: Dann lieber gleich die Augen vor möglichen Bedenken verschließen oder verschließen lassen.

Also bleib' wachsam, Ferdinand.

Eine kluge Entscheidung, mein Bruder.

Wie schön, daß mein Licht da war. Hier hatte ich doch eine Kompetenz, mit der ich reden konnte; sicher auch einmal in der Ausführlichkeit, wie dies sonst meist nur nachts möglich war.

„Du hast alles miterlebt?"

Und mitgefühlt. Meine Freude war und ist groß. Ich habe mir gedacht, daß du Fragen dazu hast.

„Du hast vor Wochen zu mir über die sogenannte Innere Stimme oder das Innere Wort gesprochen, die Kommunikation mit *Gott*, dem Vater, bzw. *Christus*, dem Bruder. Heute morgen, das war der Anfang, so habe ich es empfunden. Eigentlich habe ich es in der Situation schon gewußt, auch wenn es überraschend geschah.

In mir streiten zwei Gefühle, und ich bitte dich, mir zu helfen, sie zu ordnen. Einerseits, habe ich gelernt, Gott und Christus leben in jedem. Ein Gespräch mit Ihm oder Ihnen ... ?" Ich zögerte.

Der Vater und Ich sind eins, hat Christus in Jesus von Nazareth gesagt. Gehst du zum einen, bist du gleichzeitig beim anderen. Und umgekehrt.

„ ... ein Gespräch mit Ihm müßte also das Allernormalste sein, in etwa so, als wenn ich mich mit Anne oder Peter oder meinem Nachbarn unterhalte. Andererseits ist es etwas so Gravierendes, Entscheidendes, fast wie der Durchbruch eines Dammes - nur im Positiven -, daß ich darin nur schwer eine Normalität sehen kann."

Das ist ein wichtiger Punkt. Doch so kompliziert dir die Lösung auch erscheinen mag, die Antwort ist denkbar einfach. Es ist beides: das Größte und das Alltäglichste zugleich. Das bleibt auch später so, ja bis in alle Ewigkeit, nur ist die Empfindung zu Anfang besonders stark, weil es ein neues, ungewohntes Erleben darstellt.

Es ist deshalb das Größte, weil es nichts Größeres gibt, als mit dem Leben in dir, mit dem höchsten Bewußtsein, Kontakt zu haben. Aus dieser Quelle bist du, diese Quelle nährt dich, und in diese Quelle wirst du wieder eintauchen. Für alle Ewigkeit. Was kann eine größere Bedeutung haben? Es liegt an dir, was du aus diesem ersten Kontakt machst. Du kannst ihn pflegen, ihn ausbauen, ihn enger und inniger werden lassen. Du kannst ihn auch, was ich nicht annehme, links liegenlassen, ohne daß sich die Liebe dir verweigert, wenn du später, nach Monaten oder Jahren, den Kontakt wieder suchst.

Wachsen deine Sehnsucht und Liebe, dann nimmst du diese zuerst kleinen Zwiegespräche - eigentlich sind es mehr Impulse - mehr und mehr in dein Leben, d.h. in deinen Beruf, deine Freizeit, deine Interessen hinein, so daß es für dich einmal selbstverständlich sein wird, mit dem Wort in dir zu kommunizieren. Du wirst dann auch nicht mehr konzentriert hinhören müssen - was sowieso falsch ist und in den seltensten Fällen gelingt -, sondern du läßt es geschehen in dem tiefen Vertrauen, daß du im richtigen Moment das Richtige „gesagt" bekommst.

Insofern ist es etwas Selbstverständliches, etwas Alltägliches. Warum sollte Gott auch schweigen in dir, in jedem? Würdest du dich weigern, mit deinen Kindern zu sprechen? Daß Seine Kinder Ihn nicht hören, ist eine ganz andere Sache. In ihrem eingeschränkten Bewußtsein schließen sie daraus, daß Er schweigt. Und nicht nur das: Sie be-schließen, daß es so sein muß und machen es zu ihrer Lehre oder Ideologie.

Mein Licht ließ mir im Anschluß an diese Erläuterungen Zeit, darüber nachzudenken. Schließlich kam der wohl noch fehlende Teil.

Vor e i n e r Gefahr kann ich dich nicht deutlich genug warnen, der Gefahr des Hochmuts. Es ist a b s o l u t n i c h t s B e s o n d e r e s , was dir widerfahren ist, und du wirst dadurch erst recht nicht zu etwas Besonderem. Es ist, und hier komme ich wieder auf das Alltägliche, etwas ganz Normales, das im Gesetz der Liebe vorgesehen ist, und das jeder früher oder später erleben wird. Verhalte dich also am besten so, wie bisher; bleib' so, wie man dich kennt.

Mit einer Art Schmunzeln fügte mein Licht hinzu: *Was dich natürlich nicht davon abhalten sollte, kontinuierlich kleine und größere Verbesserungen an dir vorzunehmen.*

„Danke für die Warnung, ich will sie beherzigen. Und wenn ich sie doch einmal - nur aus Versehen, weißt du - vergesse, dann hoffe ich doch, daß du mich erinnerst. Oder?"

Darauf kannst du dich verlassen; das ist nicht die Frage. Die Frage ist: Dringe ich dann zu dir durch?

„Also wenn du das nicht schaffst ...“, dachte ich. („Achtung, Freund hört mit!“) Zu spät. Wieder war es passiert.

Bei deinem Eigenwillen und deiner - entschuldige - Sturheit ist mir das nicht immer gelungen. Glaubst du mir? Oder soll ich dich erinnern an ...

„Entschuldige“, sagte ich rasch und meinte es ehrlich. „Natürlich glaube ich dir; ein bißchen habe ich mich ja dank deiner Hilfe schon kennengelernt.“ Ich wollte die Zeit unseres Beisammenseins nützen. Es gab noch vieles im Zusammenhang mit der Inneren Stimme, das ich nicht verstand. Vielleicht konnte das eine oder andere doch noch besprochen werden.

„So, wie du es mir geschildert hast, vergleiche ich das, was ich heute morgen erlebt habe, mit einem Raumschiff und einer Raumstation, die sich langsam nähern. Zuerst sieht man sich nur auf dem Radarschirm, dann mit dem Auge; je näher man sich kommt, um so besser kann man sich erkennen, schließlich erfolgt das Andocken. Damit ist der erste Kontakt hergestellt.“

Mit diesem ersten Kontakt tritt das Abenteuer, das schon vorher begonnen hat, in eine andere Phase. Du wirst keine sofortige Veränderung bemerken; deine Aufmerksamkeit ist nach wie vor gefordert, vielleicht mehr noch als zuvor, weil die Angriffe raffinierter geführt werden; deine Arbeit an dir selbst wird nicht aufhören, sie wird jedoch leichter werden, wenn du lernst, dem Wort in dir zu vertrauen. Du wirst der gleiche bleiben - abgesehen von den schon erwähnten Verbesserungsmöglichkeiten -, aber deine Schritte werden nun etwas sicherer werden. Das Bein, das du aus dem Sumpf gezogen und auf festen Boden gestellt hast, findet nun Halt.

Aber - du mußt aufpassen. Das erste Aufbrechen bedeutet weder Garantie noch vorläufige, geschweige denn endgültige Sicherheit; es ist eher so etwas wie eine Verheißung. Es muß auch nicht sein, daß du nun kontinuierlich im Ausbau deiner Kommunikation mit Gott voranschreiten wirst. Es werden Tage und Wochen dazwischen sein, da wird es dir schwerfallen, die innere Verbindung herzustellen oder aufrechtzuerhalten. Da wirst du kein Wort in dir vernehmen, auch wenn du noch so sehr hinhörst.

„Womit hängt das zusammen, oder wovon hängt das ab?“

Nimm dein Beispiel mit den Raumschiffen. Die Verbindung ist noch nicht stabil. Sie besteht, aus der Ewigkeit betrachtet, erst wenige hundertstel Sekunden. Würde im Weltraum ein Sturm wehen, so wärest du als das kleine Raumschiff davon betroffen, während das große Mutterschiff unbehelligt bleibt.

Hier auf der Erde wehen, auch im übertragenen Sinn, Stürme. Man wird versuchen, dir deinen Halt auf festem Boden wieder zu nehmen. Wenn man den Schritt schon nicht verhindern konnte, wird man doch Anstrengungen unternehmen, dich dazu bewegen sollen, ihn rückgängig zu machen. Am besten so, daß du es selbst nicht oder kaum bemerkst. Der einzige, der dies unterbinden kann - auch wenn er hier und da mal ein Scharmützel verlieren wird -, bist du. Vor ein paar Wochen hat einmal jemand gesagt: „Aber es kann Sie auch nichts und niemand daran hindern, eine ganz persönliche Entscheidung zu treffen ...“

„Ich erinnere mich schwach.“ Ich mußte lachen. „Gut, ich hoffe, diesen Teil habe ich verstanden. Ich will also nicht traurig sein, wenn es langsam und mit kleineren und größeren Pausen vor sich geht. Aber ich will aufpassen, daß ich ‘meine Linie’ beibehalte. Und dann lasse ich es kommen oder geschehen, wie Er es für richtig hält, und wie es Ihm möglich ist ...“

Seine Möglichkeiten hängen von dir ab, das weißt du. Ehrgeiz, Wünschen oder Wollen sind Gift für eine geistige Entwicklung.“

„ ... deren Motor einzig und allein die gelebte Liebe ist.“

Ja, doch auch dann ist das, was im einzelnen aufbricht und wächst, verschieden. In erster Linie ist Sein Wort für dich persönlich gedacht als Anstoß, Ermutigung, Ermahnung, Unterstützung, als Impuls z.B. für eine bestimmte Situation, in der du dich gerade befindest. Das heißt nicht, daß du einem anderen nicht etwas vermitteln kannst, das du selbst erlernt hast und inzwischen lebst. Es wird auch passieren, daß Er durch dich deinem Nächsten etwas sagen wird, von dem du zunächst gar nicht annimmst, daß Er es war, der da gesprochen hat. Du hältst deinen Satz oder deine Aufmunterung für etwas, das aus dir kam.

„Ich glaube, das ist mir schon ein paar mal passiert. Immer dann, wenn ich nichts für mich wollte, wenn ich einfach nur für den anderen da war und es unbewußt einfach habe 'reden lassen'. Hinterher habe ich mich manchmal darüber gewundert, daß nur *ein* Wort oder *ein* Satz bei dem anderen solch eine Wirkung hatte. - Dann war also Er das", sagte ich nachdenklich.

Er ist es viel öfters, als du denkst. Das gilt nicht nur für dich. Darin liegt ein kleines Geheimnis des Inneren Wortes: Anzunehmen und zu akzeptieren, daß nicht alles das, was du für deine Gedanken und Worte hältst, auch von dir ist. Diese Akzeptanz, daß Er auch d u r c h dich sprechen kann und spricht, ist der erste Schritt zur Anerkennung der Möglichkeit, daß Er auch i n dir spricht, und du Ihn bewußt wahrnehmen kannst. Wer dies nicht für denkbar hält, macht dem Geist in sich die Türe erst gar nicht auf.

„Ist es immer so?"

Nein, denke nur an Paulus. Das, was ich dir gerade erläutert habe, betrifft die ganz persönliche Zwiesprache Gottes mit seinem Kind. Bei den meisten beginnt sie unter ähnlichen Umständen wie bei dir, sofern sie diesen Aufbruch zulassen. Fast alle sind wie du überrascht bis erschüttert.

Vergiß deine Fragen nicht ... [mir war gerade einiges in den Sinn gekommen] *... laß mich diesen Gedanken nur zu Ende führen.*

Andere Menschen haben die Aufgabe, Sein Wort im kleinen Kreis aufzunehmen und weiterzugeben, die Suchenden aufzuklären, vielleicht auch anderen dabei zu helfen, ihre ersten Erfahrungen mit der Inneren Stimme zu machen, die ersten Gedanken als Seine Gedanken zuzulassen und auszusprechen.

Wieder andere schreiben das, was die Stimme Gottes ihnen im Herzen mitteilt, nieder. Und dann vergiß nicht die Propheten der Zeit vor Jesus, auch nicht die Propheten des Urchristentums, durch die Gott die Gemeinden direkt belehrte, ehe das Prophetentum von der immer mächtiger werdenden, äußeren Organisation Kirche zurückgedrängt wurde. Und mit Jesus von Nazareth hat Gott nicht aufgehört - und Er wird nie aufhören -, zu Seinen Kindern zu sprechen. Du hast es ja in dir selbst erlebt, wenn auch erst im allerkleinsten Stadium. Alles das fällt unter das Innere Wort.

„Danke für die Ausführlichkeit. Du bist ein Schatz ...“ Ich wollte den letzten Satz zuerst noch abstoppen, weil er mir als ein zu lockerer Spruch erschien, dachte dann aber: „Warum eigentlich? Es ist ja auch ein Schatz. *Mein* Schatz! Und ich bin ein Glückskind!“

Alle Kinder Gottes sind Glückskinder. Sie könnten es zumindest sein, wenn sie es zuließen. - Aber du hast noch etwas auf dem Herzen.

„Ich habe an die Gefahr gedacht, in die man doch geraten kann, wenn man allzu leichtgläubig und neugierig Versuche unternimmt, irgend etwas hören zu wollen.“

Die Gefahr ist allgegenwärtig. Zahlreiche Fallen sind aufgestellt, um Ahnungslose hineinzulocken. Vorsicht ist also geboten. Diese Wege führen nicht zu Gott; sie machen dich im Gegenteil abhängig von Kräften, die das Streben zu Gott unterbinden wollen. Deshalb ist es richtig und wichtig, davor zu warnen.

Das Streben zu Gott kann aber auch unterbunden werden, wenn a l l e s verteufelt wird. Wer die direkte Kommunikation Gottes mit Seinen Menschenkindern leugnet, verhindert ebenfalls geistiges Wachstum und erreicht - ob er es will oder nicht - im Endeffekt das gleiche: Nämlich Stillstand der Söhne und Töchter, die sich auf den Weg ins Vaterhaus machen sollten und wollten.

„Mir scheint die Unterscheidung der Geister nicht einfach zu sein. Ich stell’ mir das vor wie eine Gratwanderung“, gab ich zu bedenken.

Ja und nein. Ja, weil der Weg zu Gott immer einer Gratwanderung gleichkommt. Und nein, weil es eine einfache Regel ...

„ ... ‘geben *muß’*, wirst du jetzt wahrscheinlich sagen, so wie ich dich kenne.“

... geben muß, weil ansonsten nicht alle in der Lage wären, sich der Liebe in ihrem Inneren zu nähern. Daß dazu viele ganz offensichtlich nicht fähig sind, hat nichts mit der Regel zu tun. Es hängt damit zusammen, daß sie nicht wollen oder es nicht können oder es nicht besser wissen.

Diese einfache Regel heißt ... willst du sie nicht sagen? Du kennst sie doch!

„Ich kenne sie?“ wollte ich schon fragen, besann mich dann aber und dachte lieber nach. Dieses „geben *muß*“ erinnerte mich an unsere früheren, gemeinsamen Überlegungen, daß es *einen* Weg zu Gott geben muß, den alle gehen können. Ansonsten würde keine Chancengleichheit bestehen. Wir hatten diesen Weg herausgearbeitet: *Liebe und sonst nichts!* Es lag auf der Hand, daß beim Inneren Wort eine ähnlich gelagerte Gesetzmäßigkeit zugrunde liegen mußte.

Ich überlegte noch einmal kurz, dann war der erste Ansatz da.

„Weil das Innere Wort erfahren werden kann, muß es auch einen geschützten Weg dahin geben, weil ansonsten das liebende Kind sich dem liebenden Vater nicht gefahrlos nähern könnte. Es können also nicht *alle* Wege gefährlich sein; *einer* muß sicher sein.“

Und dann hatte ich es.

„Der einzig sichere Weg ist der, sich ausschließlich auf Gott oder Christus auszurichten. Auf nichts anderes. Nicht auf Menschen, nicht auf Gruppen und Gemeinschaften, nicht auf menschliche Führer, Meister oder Vordenker, nicht auf Techniken und Versprechungen.“ Noch etwas fiel mir dazu ein, auch wenn wir es schon kurz erwähnt hatten. „Kein Wünschen und Wollen, keine Neugierde, kein Hineinhören in eine unbekannte, unsichtbare Welt, ob da nicht vielleicht doch einer ist, der mir eine Frage beantwortet. Nichts als meine Sehnsucht und Liebe, die ich einfach aus meinem Herzen strömen lasse, ohne sie mit Erwartungen oder Ergebnissen zu verbinden.

Eine solche innere Haltung *muß* der sichere Wege sein, von dem du gesprochen hast. Denn wenn auch er nicht sicher ist, dann gibt es keinen.“

Wenn dann die ersten klaren Gedanken im Menschen aufsteigen und er fragt: „Wer bist du, der mir das Wort in meine Gedanken gelegt hat?“ kann und wird kein Wesen der Himmel außer Gott selbst deine Frage beantworten. Er wird ihm - wenn auch nicht mit gleichen Worten, weil dies nur ein Beispiel ist - sagen: „Ich Bin dein Vater seit Ewigkeiten“.

So wird, so muß es geschehen. [1)]

Wer seine Hinwendung zu Gott vermischt mit anderen Interessen, läuft Gefahr, von Kräften beeinflußt zu werden, die seine Neigungen fördern und bestärken. Sie tun dies, indem sie sich wichtig machen, seine Unwissenheit ausnützen und ihm angeblich die „größten Weisheiten des Kosmos" offenbaren. Im günstigsten Fall erfährt er nichts entscheidend Neues, im schlimmsten Fall steht am Ende einer solchen Bindung physische und psychische Zerrüttung. [2)]

Mir fiel nach dieser gemeinsam herausgearbeiteten Erkenntnis ein Stein vom Herzen. Nicht so sehr meinetwegen, weil ich ja in der glücklichen Lage war, mein Licht zu haben, sondern wegen der Millionen Menschen, von denen ich nun wußte, daß sie geschützt waren, wenn sie auf ihrem Weg nicht ihr Ziel aus den Augen verlieren würden. Und dann gab es auch noch die Schutzengel und ihre Helfer, so daß keiner, der es ehrlich meinte, in Gefahr sein würde.

Zwei Dinge interessierten mich noch. Dabei hoffte ich auf eine gewisse Nachsicht meines Lichtes, weil meine Fragen doch mehr meinem Wissensdurst entsprangen. Ein bißchen war ich schon der Meinung, heute mitgedacht zu haben. Vielleicht würde das eine gewisse Großzügigkeit ...

Was mußt du denn noch wissen? („Ich glaub', ich liebe dich", dachte ich übermütig in Erinnerung an die Worte meines Freundes Peter. Und doch meinte ich es ernst.)

„Das eine ist, ob es viele Menschen auf der ganzen Welt gibt, die den inneren Kontakt zu Gott gefunden haben."

Du wärest überrascht, wie viele es sind. Du findest sie überall, und es werden immer mehr. Die Gnade Gottes verströmt sich in unvorstellbarem Maße gerade in dieser Zeit, in der die Dunkelheit ver-

---

1) Mir fiel ein, daß mir eine Freundin einmal berichtet hatte, daß ihr erster Kontakt mit dem Vater sinngemäß mit den Worten endete: „Es gibt eine einfache Methode, auszuprobieren, ob Ich der Bin, für den Ich Mich ausgebe: Erprobe Mein Gesetz der Liebe. Wenn sich dann die Dinge in deinem Leben zu ordnen beginnen, kannst du entscheiden, ob Ich aus dem Licht Bin oder aus der Finsternis."

2) Ein gutes Beispiel dafür findet sich in: Hildegard Gesbert, „Prüfet die Geister", Hildegard Wolpert, 41751 Viersen, Breyeller Str. 61, 1998

sucht, die Menschen in ihrer Position des Stillstands zu halten oder sie in den Sumpf zu ziehen.

„Und das andere ...“ Beinahe schwand mir der Mut, weil es doch eine sehr persönliche Frage war. Andererseits war mein Licht bei dem Geschehen heute morgen an meiner Seite gewesen. Und da wir Freunde waren, würde es mir vielleicht sagen, wie es bei ihm gewesen war. Hatte mir mein geliebter Bruder aus dem Licht doch einmal „verraten“, daß er auch inkarniert ...

Ich will es dir sagen. Auch meine Innere Stimme sprach eines Tages zu mir, nicht ganz so sanft, wie du es erlebt hast. Sie sagte: „Erhebe dich aus dem Staub der Erde. Du bist Mein Sohn.“ Ich habe mich erhoben.

„Das war deine Wende.“

Ja, doch es bedurfte noch eines zweiten Satzes, ehe ich mich wirklich besann.

„Möchtest du mir auch den sagen?“ Ich war tief berührt.

„Künde von Meiner Liebe.“

14.

Es war ein Tag, an dem einfach alles zusammenpaßte. Meine Besuche am Nachmittag waren eine reine Freude, nicht nur des geschäftlichen Erfolges wegen; auch das gute Miteinander zwischen meinen Kunden und mir trug mit dazu bei. Und dann natürlich mein Licht und all das, was ich erfahren und lernen durfte.

Mir war klar, daß sich dieses Hochgefühl nicht auf Dauer halten würde. Das wäre auch nicht gut, denn gesundes Wachstum - ich brauchte nur an den Kalenderzettel von Viktor Gabliczek zu denken - bedeutet Kommen und Gehen. Deshalb wartete ich aber lange noch nicht auf das nächste Tief. Etwas Erfreuliches hatte ich in letzter Zeit an mir bemerkt: Daß das Pendel des Schicksals oder der Gefühle nicht mehr so weit in die negative Seite ausschlug wie früher. Ich wollte in jedem Fall wachsam sein gegenüber allem, was mir begegnete.

Das Geschäft meines nächsten Kunden lag in der Innenstadt. Ich ließ mein Auto auf einem Parkplatz etwas außerhalb stehen und ging dann die paar Minuten zu Fuß. Eine Bäckerei bot frische Berliner an. Das machte mir Appetit, und ich kaufte gleich drei Stück, weil ich die Idee hatte, damit vielleicht auch meinem Kunden - einem älteren Ehepaar, das ich schon lange kannte - eine Freude zu machen. Auf dem Weg zu einer Fußgängerampel kam ich an einem Bettler vorbei, dessen trauriger Blick mich für einen kurzen Moment traf, ehe er wieder seinen Kopf senkte.

Ich hatte ein zwiespältiges Gefühl. Während des Weitergehens fragte ich mich, ob ich ihm Geld geben sollte. Was würde er damit machen? Tat ich etwas Gutes, oder unterstützte ich damit seinen ... (Vorsicht!). Inzwischen hatte ich die Ampel fast erreicht, ohne eine Entscheidung getroffen zu haben. Da wurde sie mir abgenommen: Die Ampel sprang auf Rot, und ich mußte warten.

Eine Frage stieg in mir auf, die ich sofort nach innen richtete: “Was soll ich tun, Vater?“

HÖRE AUF DEIN HERZ.

Unser kleines Zwiegespräch spielte sich in ein, zwei Sekunden ab. Bevor die Ampel für mich Grün zeigte, hatte ich mich umgedreht, war die paar Meter zurück- und neben dem Mann in die Hocke gegangen. Er blickte auf, und es kam eine kleine Unterhaltung zustande. Ich ging ohne die Tüte mit den drei Berlinern zu meinem Kunden.

Auf der Heimfahrt mußte ich an diese kleine Episode, mehr war es ja nicht, denken. Meine Geste dem Bettler gegenüber war ehrlich gewesen, das konnte ich mit gutem Gewissen sagen. Aber sie war absolut nichts Besonderes; wenn sie überhaupt etwas war, dann war sie viel zu klein oder zu gering ausgefallen. Das machte mir immer wieder zu schaffen: Daß ich nicht schnell und klar genug eine solche oder ähnliche Situation einschätzen und dann richtig entscheiden konnte. Ich hoffte, ich würde es lernen.

Was mich glücklich gemacht hatte, war der kurze innere Kontakt gewesen. „Doch auch das ist nichts Besonderes", dachte ich, um den Satz dann in einem kleinen Wortspiel zu beenden, „auch wenn es für mich noch etwas Besonderes ist." Freuen darüber konnte und wollte ich mich in jedem Fall.

Abends rief mich Sebastian, der Theologiestudent, an. Er wollte mich am kommenden Samstag besuchen.

*

Sebastian kam gegen 14.00 Uhr. Diesen frühen Termin hatte ich vorgeschlagen, weil ich annahm, daß es keine kurze Unterhaltung werden würde. So hatten wir die Möglichkeit, eine ausgedehnte Wanderung zu unternehmen, unterwegs einzukehren, um dann - vielleicht auf einem anderen Weg - wieder zurückzugehen. Mir mit meiner vielen Autofahrerei würde das guttun. Er war sofort einverstanden. „Man kann auch viel besser reden dabei", meinte er. Da mußte ich ihm zustimmen. Und die frische Luft hatte mein Denken auch immer gefördert.

„Gehst du mit?" hatte ich mein Licht völlig überflüssigerweise gefragt und dann gegrinst über den Lapsus, der mir passiert war. Sebastian hatte mein Grinsen bemerkt, konnte sich aber keinen Reim darauf machen und hatte auch nicht gefragt.

Wir fuhren ein paar Kilometer mit meinem Wagen, um uns anschließend auf den Weg zum „Forsthaus am Weiher“ zu machen. Gut anderthalb Stunden Weg lagen vor uns; wir freuten uns beide darauf. Der Eindruck, den ich vom ihm auf der Beerdigung bekommen hatte, bestätigte sich. Er war bei aller Offenheit und Munterkeit seines Wesens ein junger Mann, der die richtigen Dinge zum richtigen Zeitpunkt ernst genug nahm, um sich mit ihnen zu beschäftigen.

Keiner von uns brauchte zu fragen: „Wo fangen wir an?“ Es ergab sich von allein. Es ging auch nicht darum, einzelne Aussagen oder Passagen meiner Beerdigungsrede zu untersuchen. Alles würde, wenn es wichtig wäre, genau in die Stellen hineinpassen, in die es hineingehörte. Davon war ich überzeugt.

Sebastian erzählte mir von seiner Kindheit und Jugend und wie im Laufe der letzten Jahre von ganz allein der Wunsch in ihm entstanden sei, Priester zu werden.

„Willst du mir sagen, warum?“ fragte ich.

„Aber sicher, das ist sozusagen die wichtigste Frage überhaupt.“ Er hielt inne, suchte sich ein kleines Stöckchen und half einem Käfer, der auf dem Rücken lag, wieder auf die Beine zu kommen. „Und obwohl es die wichtigste ist, denke ich manchmal, ich habe immer noch keine klare Antwort gefunden.“

„Weißt du es nicht, oder kannst du es nicht formulieren?“

„Manchmal beides, doch meistens letzteres.“ Er machte eine kleine Pause. „Ich versuch's mal. Tief hier drinnen“, er deutete auf seine Brust, „ist etwas, das mir sagt: ‘Das ist deine Aufgabe’. Solange ich darauf höre, ist alles gut. Schalte ich meinen Kopf ein, wird das Bild unscharf. Dann weiß ich auf einmal nicht mehr, warum oder für wen ich das tue. Für mich? Das wäre sicher der schlechteste Grund. Um anderen helfen zu können? Das wäre schon ein besserer Grund. Aber kann ich das dann wirklich?“

„Hast du mal überlegt, ob es noch jemanden gibt, für den du es vielleicht tun könntest?“

„Noch jemanden?“ Dann hatte er begriffen. „Du meinst Gott?“ Ich nickte. Wir gingen ein paar Schritte schweigend.

„Eigentlich ist das eine komische Sache“, meinte er dann. „Warum fällt mir, der ich Priester werden möchte, so etwas nicht oder nur auf Nachfrage ein? Wo doch mein späterer Oberhirte sogar Gottes Stellvertreter auf Erden ist.“

Ich störte ihn nicht bei seinen Überlegungen. *Laß die Dinge geschehen. Ein anderer hat die Gesprächsführung in der Hand.*

Er beantwortete seine Frage selbst. „Ich glaube, das liegt daran, daß versucht wird, Gott oder die Wissenschaft von Gott, oder wie du es bezeichnen willst, zu studieren. Das macht alles so abstrakt. Man braucht Intellekt dazu, um die Zusammenhänge zu sehen, die Geschichte zu erfassen, die Lehre zu verstehen. Es stimmt, von Gefühlen spricht keiner, die wären wohl auch im Hörsaal fehl am Platz. Wie einer mit dem Herzen daran geht - ob überhaupt -, kann ja auch gar nicht vermittelt werden. Das muß man wohl schon mitbringen oder auch nicht.“

„Könnte es sein, daß darin der Unterschied zwischen einem Seelsorger und einem Theologen besteht?“

„Ja, das glaube ich. Ich habe sowohl vom Kopf als auch vom Gefühl etwas mitbekommen. Und dann natürlich durch die Prägung des Elternhauses. Viele Jahre als Meßdiener - und es ist einfach dein Leben.“

„Wenn du anstatt Theologie Medizin studieren würdest, hättest du bei der Wahl zwischen Kopf und Gefühl entweder eine Karriere als anerkannter Wissenschaftler oder als Landarzt mit einem 14-Stunden-Tag vor dir.“

„Oder in der Theologie als Kardinal oder Landpfarrer.“ Er lachte. „Könnte ich nicht beides miteinander verbinden?“

Ich ließ ihm Zeit, die Antwort selbst zu finden. „Es würde schwer werden“, sagte er schließlich. „Du bist mir um einiges an Jahren ...“

„Gut dreißig.“

„ ... und an Lebenserfahrung voraus, das habe ich bei der Beerdigung gemerkt. Du hast eine Art, die Dinge darzustellen, daß es einem fast nicht möglich ist, deinen Gedanken *nicht* zu folgen. Wie ein Hund muß man auf der Fährte bleiben. [„Das ist wirklich des Lobes zuviel“, dachte ich. Aber ein ganz klein bißchen war dran, das wußte ich.] Natürlich kann man an dieser oder jener Stelle nein sagen oder eine andere Meinung haben. Aber ich hatte bei mir irgendwie das Gefühl, wenn ich das tun würde, käme ich vom Pfad der Logik oder folgerichtigen Argumentation ab. Und das hätte mein Verstand nicht zugelassen. Da war ich in einer gewissen Zwickmühle, aber gerade das hat mich so fasziniert."

„Lieber Sebastian, damit hast du gute Aussichten, in deinem Leben hinter so manches zu schauen."

„Und wo soll ich anfangen? Wie hast du es gemacht? War es schwer?"

„Welche Frage soll ich dir zuerst beantworten?" Wir mußten beide lachen. „Zuerst einmal ein Kompliment an dich, daß du überhaupt fragst. Ich habe mich in deinem Alter mit solchen Fragen noch nicht beschäftigt. Das ist das eine."

Ich war stehengeblieben, weil ein Schnürsenkel aufgegangen war. Ich bückte mich und band ihn neu. Dabei hatte ich Zeit zum Nachdenken, gleichzeitig schickte ich eine kurze Bitte los.

„Und das andere?" Er war neugierig.

Die Hilfe war schon da. „Mühsam, sehr mühsam habe ich mir eine wichtige Erkenntnis erarbeitet, die für mich so etwas wie eine Patentlösung geworden ist." Ich sah seinen erstaunten Blick. „Ich meine es ernst. Den ersten Teil habe ich in meine Beerdigungsrede hineingepackt."

„Du meinst die Sache mit dem Beinbruch? Fand ich gut, das Beispiel."

„Nur die konsequente Anwendung ist nicht immer so gut. Das heißt, gut ist sie schon, aber nicht immer angenehm. Die Essenz aus meinem Beispiel lautet: Alles, was mir widerfährt, hat mit mir zu tun."

Er wollte zustimmen, doch ich stoppte ihn. „Sag' nicht vorschnell ja. Es kann nämlich dein Weltbild auf den Kopf stellen oder es einstürzen lassen. Und dann stehst du da. Dein altes ist kaputt, und ein neues hast du noch nicht."

„Du hast immer Bilder parat ..." Er schüttelte den Kopf.

„Der zweite Teil meiner Patentlösung besteht aus ... Machen wir's anders herum. Bist du damit einverstanden, wenn ich sage, daß das Leben ein Lernprozeß ist?"

„Ja, das habe ich bisher immer gedacht." Er schaute mich von der Seite an. „Du willst mir jetzt doch nicht was anderes beweisen wollen?"

„Im Gegenteil, ich möchte es bekräftigen. Aber dieser zweite Teil ist nicht minder gefährlich wie der erste. Er könnte ein weiteres Weltbild einstürzen lassen."

„Ich trau' mich", antwortete er, „es werden ja nicht alle einstürzen. Ein paar werden hoffentlich noch übrigbleiben." Humor blitzte in seinen Augen auf. „Zur Not können wir ja die alten wieder aufbauen."

Es hatte leicht zu regnen angefangen. Ich machte meinen Zweimannschirm auf, den ich vorsichtshalber mitgenommen hatte. Der Regen störte uns nicht. Das Nebeneinander unter dem großen Schirm vermittelte uns den Eindruck, als würden wir uns schon lange kennen.

„Mit der Erkenntnis, daß alles mit dir zu tun hat, und dich alles etwas lehren will", knüpfte ich an meine vorigen Überlegungen an, „hast du ein Instrument in der Hand, dem kaum ein Problem widerstehen kann. Nimm die erste Hälfte. Du hörst auf, mit Gott und der Welt zu hadern, du schickst deinen Ärger und deine Wut nicht mehr zu den angeblich Schuldigen in aller Welt hinaus, du machst keinen anderen mehr für dein Schicksal verantwortlich (Wie das auf einmal floß, danke. *Bitte.*), du lädst deinen Frust nicht mehr bei deinem Nächsten und Übernächsten ab, denn alles hat mit dir zu tun und kommt daher nicht aus Versehen auf dich zu. Wenn es nichts mit dir zu tun hätte, sondern mit deinem Nachbarn, würde *ihm* das vorgesetzt. Beträfe es aber doch deinen Nachbarn und du bekämst 'den Segen ab', hätte Gott einen Fehler gemacht." Ich legte eine kleine Pause ein. „Wenn du aber glaubst, daß Er Fehler macht, dann würde ich Ihn an deiner Stelle nicht studieren. Du kannst auch ohne Studium lernen, wie man Fehler macht." Der Scherz in meiner Stimme war nicht zu überhören, obwohl es mir ernst war. Aber man konnte die Dinge ja auch ruhig mal ein bißchen lockerer betrachten.

Sebastian sprang über eine große Pfütze, die sich von dem wenigen Regen heute noch nicht gebildet haben konnte. Er kam wieder zu mir unter den Schirm, obwohl das bei seiner Wind- und Wanderjacke, die er trug, gar nicht nötig gewesen wäre. Aber es gefiel ihm so. „Das habe ich gemeint mit deiner Art, die Dinge aufzuzeigen. Was mache ich jetzt? Soll ich dir zustimmen? Darf ich erst nachdenken?"

„Du *mußt* sogar erst nachdenken. Wehe, du stimmst nur meinetwegen zu. Und wenn du glaubst, eine bessere Erklärung zu haben, dann untersuch' deine Auffassung auf Lücken und geheimnisvolle, schwarze Löcher, die in ihrer Unersättlichkeit so gerne die kleinen Vernunftbausteine einsaugen. Wenn dir dann deine Meinung immer noch als die bessere erscheint - sei es auch aus Erziehung, Gewohnheit, Unflexibilität, Angst und vielem mehr -, dann bleibst du bei deiner. Du *kannst* gar nicht mit einer Überzeugung leben, die nicht deine eigene ist."

„Ich könnte ja auch sagen: 'Ich versteh' das nicht'." Es war nichts Persönliches in unserer Rede und Gegenrede. Wir versuchten mehr nach Art des „Advocatus Diaboli"[1], die Erkenntnisse „herauszukitzeln".

„Dann, Sebastian, hättest du gelogen, weil du eigentlich hättest sagen wollen: 'Ich glaub' das nicht'."

„Also gut, dann sage ich: 'Ich glaub' das nicht'."

„Das würde ich sofort akzeptieren, weil dagegen nichts zu sagen ist. Nur hätte es dann natürlich auch wenig Sinn, wenn wir versuchen würden, noch tiefer einzudringen."

Der Regen wurde schlagartig stärker. Wir hielten nach einer Möglichkeit Ausschau, um uns unterstellen zu können. Auf einer kleinen Lichtung, nur ein paar Meter in den Wald hinein, entdeckten wir eine Schutzhütte. Wir hatten sie kaum erreicht, als es 'runterprasselte, was es nur konnte. „So ein wunderbarer Zufall." Sebastian mußte laut sprechen, fast schreien, um das Geräusch zu übertönen, das die Regenflut in den Bäumen und auf dem Hüttendach hervorrief.

Trotz allem war der Situation eine gewisse Romantik nicht abzusprechen. Es roch nach kalter Feuerstelle, und Sebastian ließ seiner Phantasie freien Lauf und bot Rehen, Hasen („Im Wald?") und Füch-

---

[1] wörtlich: „Anwalt des Teufels". Jemand, der die Einwände vorbringt (im kath. Heilig- oder Seligsprechungsprozeß), aber allgemein auch: scharfer Kritiker

sen („Aber bitte keine Wildschweine.“) Platz in unserer Hütte an. Als der Regen auf ein Normalmaß zurückging, so daß eine Unterhaltung in üblicher Lautstärke möglich wurde, nahm ich den Faden wieder auf und brachte den zweiten Teil der Patentlösung ins Gespräch..

„Bist du soweit?“

„Es kann losgehen, Ferdinand.“

„Du hattest zugestimmt, daß das Leben ein Lernprozeß ist.“ Ein Nicken. „Wann finden die Lehrstunden statt? Montags bis mittwochs ganztägig? Oder täglich morgens von acht bis neun?“ Ein Blick in sein Gesicht zeigte mir, daß er nicht sofort verstand. „Das war nicht wörtlich gemeint. Ich wollte damit fragen, ob bestimmte Zeiten oder Tage für das Lernen reserviert sind.“

Jetzt machte es klick bei ihm. „Nein, ich nehme einmal an, das gilt für das ganze Leben.“ Auf einmal fing er an zu grinsen. „Du bist ein richtiger Fallensteller. Warst du früher mal Trapper?“

„Vielleicht im letzten Leben. Ich kann mich aber nicht erinnern.“

Er nahm die Bemerkung nicht ernst und ging deshalb auch nicht darauf ein. („Okay, war ja auch nur ein Versuchsballon.“) „Weil ich gerade ‘für das ganze Leben’ gesagt habe, wirst du mir jetzt klarmachen, daß alles, mit dem ich mich während meines Lebens auseinandersetzen kann, darf oder muß, unter dem Aspekt des Lernens zu betrachten ist. Gutes und Böses, Leichtes und Schweres, Wichtiges und weniger Wichtiges. Alles.“

„*Du* hast gesagt ‘für das ganze Leben’. *Du* müßtest den Faden jetzt zu Ende spinnen - wenn du möchtest. Vielleicht kommst du ja nochmals zu der Erkenntnis, daß Gott Fehler machen muß. Oder du drückst dich vor der letzten Antwort und läßt die Frage einfach offen.“ Ein letzter Satz fiel mir ein. „Oder du folgst der Logik, die dich so fasziniert.“

Fast bewundernd schaute er mich an. „Mann, bei dir kann man was lernen. Und Jesuit warst du auch nicht, da bist du sicher?“ Wir hatten unsere Freude an unserem kleinen Geplänkel, wobei ich nicht vergaß, daß der überwiegende Teil dessen, was ich von mir gab, nicht auf meinem Beet gewachsen war. Daß auch Sebastian der ernsthafte

Hintergrund unseres Gesprächs bewußt war, bewies er mit seiner nächsten Frage.

„Wenn ich etwas zu lernen vorgesetzt bekomme, muß ich auch regelmäßig entscheiden. Hier tut sich für mich eine Schwierigkeit auf. Woher weiß ich, welche die richtige Entscheidung ist?"

Ich konnte ihn gut verstehen. Das war auch für mich viele Jahre eine unbeantwortete Frage gewesen. Mit Hilfe meines Lichtes hatte ich die Antwort gefunden, auf mich und meinen Alltag angewendet und durfte nun eine Antwort geben, die nicht mehr aus dem Wissen alleine kam.

„Können wir voraussetzen, auch wenn das jetzt alles nur Theorie ist, daß du eine anstehende Frage oder Problematik ernsthaft prüfst und auch bereit bist, aus den Fehlern zu lernen?"

„Ja."

„Dann ist die Antwort denkbar einfach: Jede Entscheidung ist richtig." Ich ahnte, daß ich ihm damit einiges zumutete, aber die Lösung würde sich schon bald abzeichnen.

Er kam wirklich ins Straucheln. „Jede Entscheidung soll richtig sein? Und wenn ich mich falsch entscheide, beispielsweise in der Frage meines Priesterberufes?"

Jetzt mußte ich ihn behutsam führen. „Wenn dir eine Aufgabe gestellt wird, deren Lösung du noch nicht weißt, bedeutet das doch, daß du hier noch ein Wissens- oder Erfahrungsdefizit hast. Oder?" Ich schaute ihn fragend an.

„Das ist richtig."

„Wenn du nun keinen danach fragen kannst, was richtig oder falsch ist, bist du auf dich selbst und dein unzureichendes Wissen angewiesen. Du kannst dabei auf deinen Kopf oder auf dein Herz zurückgreifen. Im Kopf arbeitet dein Intellekt, im Herz dein Gefühl; was aber nicht heißt, daß du bei Herzensentscheidungen den Verstand ausschalten mußt. Und schlußendlich bleibt dein Gewissen die letzte Instanz.

Doch selbst dann, wenn du einen oder mehrere fragen kannst und Antworten erhältst - im schlimmsten Fall unterschiedliche -, mußt immer noch *du* entscheiden, weil *du* für deine Handlungen und Weichenstellungen verantwortlich bist."

Sebastian war vollste Aufmerksamkeit. „Das ist mir klar."

„Du könntest dich aber nun auch weigern und keine Entscheidung fällen ..."

„ ... dann würde irgend jemand oder irgend etwas für mich entscheiden, vielleicht das Schicksal, mein Chef, mein Gegner, die Umstände und so weiter. Und im Grunde genommen hätte auch dann *ich* entschieden, nämlich durch meine ängstliche Verweigerung in der Absicht, mir die Verantwortung vom Leib zu halten." Ihm ging ein Licht auf; zwar war es noch klein, aber es brannte bereits. Es war schön für mich mitanzusehen, wie er - bildlich gesprochen - selbst den Weg durch das Dickicht fand. Ganz durch war er noch nicht, aber es fehlte nicht mehr viel.

„Wenn sich aber nun effektiv herausstellt, daß die Entscheidung falsch war?"

„Warum hast du denn nicht die richtige getroffen?"

„Ich wußte ja noch nicht, welches die ..." Jetzt leuchtete das Licht hell. „Und wenn die richtige Antwort für mich noch im Dunkeln liegt, so muß ich die geben, die ich laut Kopf oder Herz für die richtige halte. Da ich bereit bin, daraus zu lernen, hat die scheinbar falsche Entscheidung dazu geführt, eine neue Erfahrung zu machen und neues Wissen zu sammeln, um beim nächsten Mal richtig zu handeln. Phantastisch."

Er klopfte mir vor lauter Freude und jugendlichem Übermut auf den linken Oberschenkel.

„Wenn du dazu nicht bereit bist, wirst du den alten Fehler immer wieder machen", sagte ich.

„Bis es mir zu dumm wird, mit dem Kopf immer wieder vor denselben Ast zu laufen. Dann schaue ich mir die Ursache meiner Kopfschmerzen an und säge entweder den Ast ab oder ziehe den Kopf ein. So erzieht das Leben."

„Du könntest auch sagen: So erzieht Gott. Er leiht dir, um in deinem Bild zu bleiben, sogar noch die Säge."

Auf Grund unserer angeregten Unterhaltung hatten wir nicht bemerkt, daß es fast aufgehört hatte zu regnen.

„Sollen wir wieder?" Sebastian schaute mich fragend an.

„Ich meine, wir sollten es riskieren“, antwortete ich. „Wir haben noch etwa die Hälfte der Strecke vor uns.“

Schon nach knapp zweihundert Metern ging der Waldweg in eine kleine, asphaltierte Straße über. Die führte jetzt am Waldrand entlang. Von Regen war inzwischen nichts mehr zu spüren, und da es über uns auch keine Zweige und Blätter mehr gab, von denen es hätte heruntertröpfeln können, schloß ich meinen Schirm.

Sebastian kam nun doch kurz auf die Beerdigungsansprache zurück. „Mir war klar, daß das weder eine evangelische noch eine katholische Rede war. Vielleicht hat sie mir deshalb so gut gefallen. Da war nichts von dem ... beinahe hätte ich Mief gesagt, aber das wäre zu stark gewesen. Du weißt schon, was ich meine ... von der Aussichtslosigkeit und Schwermut und Düsterkeit drin, die manchmal eine Beerdigung noch trauriger machen, als sie ohnehin schon ist.“ Ich gab ihm recht. „Dann bist du also weder das eine noch das andere? Ich meine, daß du keiner Kirche angehörst.“ Wiederum stimmte ich ihm zu. „Was bist du dann?“

„Das ist einfach zu beantworten. Ich bin Christ.“ Das mußte ich ihm natürlich erläutern, und es brachte uns zwangsläufig zu der Frage, welche der vielen Kirchen, Gemeinschaften, Gruppierungen und Sekten innerhalb und außerhalb des Christentums wohl die richtige ist. Durch seine Zugehörigkeit zur römisch-katholischen Kirche waren sein Denken und Glauben natürlich mit den Inhalten der katholischen Lehre angefüllt. Wie hätte es auch anders sein können, und es war ja auch nicht falsch. Sie bildeten das Fundament seines Vorhabens, den Priesterberuf zu ergreifen. Es entsprach seinem Bewußtsein, seiner Sprosse auf seiner ganz persönlichen Himmelsleiter, die ein jeder - bildlich ausgedrückt - mit sich herumträgt. Da jeder sie unterschiedlich nutzt, steht auch jeder auf *der* Sprosse, die momentan genau die richtige für ihn ist. Ein paar Sprossen höher oder tiefer würde sich keiner zurechtfinden oder wohl fühlen, weil die dortigen Erfahrungen entweder schon hinter ihm lagen bzw. erst noch gemacht werden mußten.

Bis in mir, der zuvor alles andere als tolerant gewesen war, diese Einstellung gewachsen war, hatte mein Licht ein ganz schönes Stück

Arbeit mit mir gehabt. Doch göttliche Geduld war dabei, sich bezahlt zu machen ...

Was mich freute war seine Offenheit gegenüber den Protestanten, die ganz im Gegensatz stand zu der vor ein paar Wochen erst wieder aufgekommenen Diskussion zum Thema Ökumene. „Das ist nicht ganz richtig ausgedrückt“, dachte ich. „Eine Diskussion zwischen zwei Partnern ist es nämlich nicht, höchstens eine innerhalb der evangelischen Kirche. Rom diskutiert nicht, Rom hat Klarheit geschaffen. Die Protestanten sind jetzt nur ent-täuscht. Vielleicht hätten sie das ‘Kleingedruckte’ besser lesen sollen? Der Vatikan hat aus seinem Selbstverständnis heraus eigentlich nur einen Sachverhalt bekräftigt, der bekannt gewesen sein muß.“

Dazu hatte ich durch eine Leserzuschrift, veröffentlicht in der örtlichen Presse, etwas Interessantes erfahren. Es ging darin um das Dogma „Dem römischen Papst sich zu unterwerfen, ist für alle Menschen unbedingt zum Heile notwendig: Das erklären, behaupten, bestimmen und verkünden Wir“. [1)]

„Der Geist der Ära des Johannes XXIII. wollte dies ein wenig ‘entschärfen’“, hieß es da. „Mehr als entschärfen war aber nicht möglich, da es eine Annullierung oder Änderung eines Dogmas nicht geben kann. So wurde 1964 auf der Allgemeinen II. Kirchenversammlung im Vatikan ergänzend, aber das vorige Dogma nicht aufhebend (!), beschlossen: ‘Darum könnten jene Menschen nicht gerettet werden, die um die katholische Kirche und ihre von Gott durch Christus gestiftete Heilsnotwendigkeit wissen, in sie aber nicht eintreten oder in ihr nicht ausharren wollten’.“ [2)]

Ich erzählte Sebastian nichts von dem, was mir da gerade durch den Kopf gegangen war. Es würde ihn vielleicht nur belasten oder verunsichern. Wenn sein Entschluß ernstgemeint war, würde er seinen Weg finden. Und warum sollte er nicht innerhalb einer kirchlichen Gemeinschaft seine Aufgabe erfüllen? Ja, vielleicht war es gera-

---

[1)] Papst Bonifaz’ VIII. verkündete diese Bulle („Unam sanctam“) 1302. Neuner-Roos: Der Glaube der Kirche, Verlag Friedrich Pustet, Regensburg, 11. Auflage, Glaubenssatz Nr. 430

[2)] 5. Sitzung, Dogmatische Konstitution über die Kirche, 2. Kapitel, Neuner-Roos Nr. 417

de seine Aufgabe, in der Kirche zu wirken, um dort die positiven Kräfte zu stärken. Wußte ich es?

Was wir noch vor einer viertel Stunde kaum für möglich gehalten hatten, war passiert: Die Sonne war durchgekommen. Zwar hatte uns der Regen nichts ausgemacht, aber jetzt wurde das Bild erst komplett, zumal sich, als wir um eine Waldecke kamen, ein wunderbarer Blick in ein kleines, verträumtes Tal vor uns auftat.

„Ist es noch weit?“ fragte Sebastian.

„Gute zehn Minuten noch. Hast du Hunger?“

„Ein bißchen, aber deshalb frage ich nicht. Einfach so.“

Ich schaute ihn von der Seite her kurz an. Ich wollte ihm eine Frage stellen, ihn aber damit nicht provozieren. So gut müßte ich ihn aber schon kennen, dachte ich, daß er das richtig versteht. Es gehörte noch zu unserem Anwalt-des-Teufels-Spiel, auch wenn wir es auf unsere Art spielten. „Glaubst du, daß der Himmel katholisch ist?“

Er schaute überrascht. „Du kommst auf Ideen! - Aber die Frage ist gar nicht so schlecht.“ Dann wiederholte er sinnierend: „Ist der Himmel katholisch? Also, irgendwie kann ich mir das nicht vorstellen. Das würde ja bedeuten, daß außer einem Katholiken keiner in den Himmel käme. Tante Lissi, die du beerdigt hast, dann zum Beispiel auch nicht.“ Er entschied sich. „Kann nicht sein.“

„Da bin ich voll deiner Meinung.“ Meine Auffassung, daß es neben *dem* Himmel, den wir beide meinten, sehr wohl Bereiche gab, die die buchstaben- und gesetzestreuen Katholiken, Protestanten, Juden, Moslems, Hindus und andere für den Himmel *hielten*, verschwieg ich ihm. Ich hatte das Gefühl, das würde uns in eine fruchtlose Debatte führen. „Aber du weißt, daß du mit deiner Auffassung nicht konform gehst mit dem, was du glauben und später vielleicht auch mal lehren mußt.“

Irgendwie schien ihn das aber nicht zu stören. „Weißt du, ich werde versuchen, mich nicht einengen zu lassen. Ich glaube, daß ich hier drinnen“, wieder zeigte er auf seine Brust, „viel Spielraum habe.“

„Das wünsche ich dir“, sagte ich und hoffte inständig, daß es ihm gelingen würde, sich die Freiheit zu erhalten, die notwendig wäre, um mehr Seelsorger als Theologe zu sein. Ich sah ihm an, daß ihn noch etwas beschäftigte. „Laß es ‘raus."

„Ich komm' noch mal auf deinen katholischen Himmel zurück."

„*Meinen*?" protestierte ich. „*Du* bist doch ..."

„Du weißt, wie ich's meine."

„War ja auch nur Spaß."

„Habe ich schon verstanden." Er grinste. „Also gut. Können wir uns auf *unseren* einigen?"

„Wenn es sein muß."

Sebastian blieb stehen, so daß auch ich, wollte ich nicht unhöflich sein, nicht weitergehen konnte. Ich drehte mich zu ihm um. „Wie kommst du darauf, Ferdinand, so ... wie soll ich sagen? ... so anders oder quer oder meinetwegen auch geradlinig zu denken?"

Ich erzählte ihm *den* Teil der Wahrheit, in dem es um *Gebrauche deinen Verstand* ging, ohne zu erwähnen, wer mich erst in die richtigen Geleise hatte setzen müssen. Ohne ihn zu überfordern („Mein liebes Licht, paß' du bitte mit auf.") berichtete ich von einigen meiner Schritte und von meinem Bedürfnis, schon als Kind den Dingen möglichst auf den Grund gehen zu wollen.

„Wenn du nicht zu früh mit deiner Fragerei aufhörst, wirst du interessante Antworten finden."

„Das habe ich auch schon bemerkt", entgegnete er, „nur fall' ich den Leuten dann oft auf die Nerven."

„Dann fang' bei dir selbst an, ehe du zu anderen gehst. Du glaubst nicht, was in deinem Gehirn - ich gebrauche gerne das Wort ‘Bewußtsein', was aber nicht das gleiche ist - was da alles schlummert. Es will nur geweckt werden. Und vergiß nicht, daß du dich auf deiner Suche mit deinen Fragen auch an Gott wenden kannst. An den Gott, von dem ich glaube, von dem ich weiß, daß Er in mir und in dir wohnt."

„In mir und in dir wohnt", wiederholte er langsam.

„Ja, denn du bist mehr als dein Körper und mehr als deine Seele, du bist auch Geist. Geist heißt für mich: Der Geist Gottes wohnt in mir, in jedem."

Wieder schaute mich Sebastian fragend an. „Wie definierst du denn Körper, Seele und Geist? Was ist was?"

Gott sei Dank - in des Wortes wahrstem Sinn - war mir erst vor ein paar Tagen dazu ein Beispiel eingefallen.

„Nimm eine Kirsche und stell dir vor, das bist du. Die Haut ist der Körper, das Fruchtfleisch die Seele und der Kern der Geist, in dem Gott lebt, weil du aus Ihm bist. Haut und Fruchtfleisch vergehen, was übrig bleibt ist der Kern, das was später wieder einmal in den Himmel zurückkehrt."

„So einfach stellst du dir das vor?" Er schmunzelte. „Dann brauchte ich ja nicht zu studieren."

„Ich bin ziemlich sicher, daß es so einfach ist. - Im Prinzip", schränkte ich ein. „Was sich daraus für das Leben ergibt, ist in der Umsetzung und Anwendung allerdings alles andere als einfach. Aber vom Prinzip her *muß* es einfach sein - was die Vielfalt und Variationsbreite nicht einschränkt -, weil für mich Gott der größte und vollkommenste Konstrukteur ist, den ich mir vorstellen kann; und weil trotz aller Komplexität die Genialität in der Einfachheit liegt." Noch ein Grund fiel mir. „Es muß auch schon deshalb einfach sein, weil Gott Seine Kinder liebt. Deshalb muß die Möglichkeit vorgesehen sein, daß man die Dinge - natürlich begrenzt - schon zu Lebzeiten erkennen und verstehen kann, wenn man Ihm nur ein bißchen nahegekommen ist. Man muß dann nicht darauf warten, was wohl nach dem sogenannten Tod passieren wird. Einiges kann auch schon hier zur Gewißheit werden."

Irgend etwas mußte ihn wohl an meine Rede auf der Beerdigung erinnert haben. „Bist du nicht vielleicht neben Trapper und Jesuit auch noch Theologe?" fragte er schelmisch.

Ich lachte lauthals. „Auch das noch! Das außerdem noch kombiniert mit einem Hobby-Mediziner, an den mich vor Wochen jemand erinnert hat - das ist eine Mischung!"

Dann sahen wir das „Forsthaus am Weiher" vor uns liegen.

*

Knapp zwei Stunden später machten wir uns gestärkt wieder auf den Weg. Für den Rückmarsch würden wir ein wenig länger brauchen, weil wir uns eine andere als die Hinstrecke ausgesucht hatten. Die Sonne hatte sich inzwischen behauptet. So, wie es schien, würde sie sich für heute auch nicht mehr verdrängen lassen. Wir schritten zügig los.

Während unserer Pause hatten wir natürlich unser Gespräch fortgeführt. Es war viel, was Sebastian zu fragen und zu sagen hatte. Wie sich herausstellte, fehlte es ihm an Möglichkeiten, diese Art von Unterhaltung zu führen. Ich hatte das Gefühl, unser Reden - vor allem die Art, wie wir es machten - tat ihm gut. Wenn es für ihn zu viel würde, hatte ich ihm gesagt, sollte er es sagen. Keine Spur, hatte er gemeint, im Gegenteil.

Irgendwie war er noch einmal auf die Sache mit der Entscheidung zurückgekommen. Da wir kurz zuvor über die Bibel gesprochen hatten, war mir dazu ein Beispiel eingefallen.

„In den drei Jahren seines Lehrens und Wirkens hat Jesus von Nazareth doch bestimmt mehr als nur das gesprochen und getan, was in der Bibel steht. Wenn alles aufgeschrieben worden wäre, nur mal angenommen, dann müßte das Neue Testament viel umfangreicher sein, als es ist. Wenn ich nur daran denke, daß er Tag und Nacht mit seinen Apostel zusammen war. Die haben sich doch bestimmt nicht die meiste Zeit angeschwiegen.“ Er hatte mir zugestimmt.

„Ist es nicht so“, hatte ich gefragt, „daß sowohl aus Sicht der katholischen als auch der evangelischen Kirche die Verkündigung als abgeschlossen gilt? Und daß neu auftauchende, zusätzliche oder angeblich zusätzliche Lehren und Aussagen von Jesus Christus - ich denke da z.B. an die sogenannten Neuoffenbarungen - dann abgelehnt werden, wenn und weil sie nicht mit den bisher bekannten Texten der Bibel übereinstimmen?“ Da hatte er zustimmen müssen.

„Wir verlieren deine Frage nach einer richtigen oder falschen Entscheidung, die ja nichts mit meinem Beispiel zu tun hat, sondern grundsätzlicher Art ist, nicht aus den Augen. Es hat sich nur gerade so schön angeboten. Jetzt nur einmal angenommen, über die bisher nicht bekannten Gespräche, Lehren, Wunder und vieles mehr tauchen die fehlenden Berichte auf, nur mal angenommen. Wenn du dich nun entscheiden mußt, ob du die neuen Texte anerkennen sollst oder nicht, bist du in einer Klemme."

„Nicht, wenn ich meiner Obrigkeit folgen werde, egal wie deren Entscheidung aussieht."

„Richtig", hatte ich entgegnet, ihn dann aber an den Spielraum erinnert, den er sich bewahren wollte. „Wenn du deine Eigenverantwortung nicht aufgeben willst, mußt du selbst entscheiden. Wenn du an die neuen Texte den Maßstab der Bibel anlegst, wirst du feststellen, daß du so nicht weiterkommst. Denn der Maßstab heißt: Was in der Bibel nicht drin ist bzw. nicht dazu paßt, gehört auch nicht da hinein! Beispielsweise bisher unbekannte Wunder oder Aussagen. Damit könnte man die Sache ad acta legen. Nur wirst du dann nie herausbekommen, ob es falsche waren oder doch richtige, die nur jetzt erst entdeckt wurden."

„Das Beispiel ist nicht schlecht", hatte Sebastian nach einer Zeit des Überlegens geantwortet. „Aber es zeigt mir auch, daß die Sache mit der Eigenverantwortung gar nicht so ganz ... wie soll ich sagen ... ungefährlich ist. Was meinst du?"

„Da ich - wie hast du gesagt? - ein 'alter Querdenker' bin, kann ich vielleicht nicht unbedingt als Vorbild dienen. Aber wenn du mich schon fragst: Wenn ich nicht wirklich sicher bin, daß die Auffassung eines anderen richtiger ist als meine, treffe ich lieber meine eigene Entscheidung. Und zwar aus einem einfachen Grund: Wenn schon die Gefahr besteht, daß ich einen Fehler mache, dann bitte meinen eigenen und nicht den, den mir ein anderer aufoktroyiert."

„Und wenn ich eine andere Meinung annehme, weil ich nach Prüfung von Wenn und Aber davon überzeugt bin, daß sie richtiger und besser ist als meine eigene ...?"

„Dann hast du ja sowieso kein Problem - es sei denn, du wolltest damit doch ein klein bißchen die Verantwortungs-Kompetenzen verschieben." Da hatte er eine Zeit lang geschwiegen, weil das, wie er erkannte, nicht so einfach war. Zumal nicht für einen jüngeren Menschen. Mehr als genug ältere haben damit ihre Schwierigkeiten.

Als ich später in den diversen Taschen meiner Wanderjacke nach ein paar Pfefferminzbonbons suchte, fühlte ich plötzlich ein Stückchen Papier. Zu meiner Überraschung stellte es sich als ein Kalenderzettel heraus. Frau Jakobs hatte nach der Abreise meines Tischnachbarn mich damit beglückt. Ich hatte ihn damals eingesteckt und vergessen. Jetzt reichte ich ihn Sebastian.

„Heute werden wir aber mit Lebensweisheiten gesegnet", meinte ich. Er las den Text halblaut vor sich hin: *Uns hilft nicht, wer uns Krücken leiht, sondern wer uns gehen lehrt.*

„Das ist ein hoher Anspruch", sagte er nach einer Weile. Er war jetzt etwas stiller geworden. Verschiedene Gesichtspunkte unserer Gespräche hatten schon angefangen, in ihm ihre Arbeit aufzunehmen. Wie gut ich das kannte!

„Ja, das ist wahr", entgegnete ich. „Das war und ist auch mein Thema. Mich hat mal jemand aufgefordert, doch bitte zuerst schwimmen zu lernen, bevor ich anfange, andere retten zu wollen. Wie recht er hatte."

Sebastian drehte den Zettel herum und las das Gedicht von Rilke, das auf der Rückseite stand. Dann knüpfte ich noch einmal an den Spruch mit den Krücken an.

„Weißt du, in der Aussage ist noch ein hochinteressanter Aspekt verborgen. Einer, der leicht viel zu oft nicht erkannt oder übersehen wird. Findest du ihn?"

„Komm, sag mir's, sonst brauche ich zu lange."

„Weißt du, welcher Meister der größte ist?" Ich half ihm, indem ich die Antwort gab. „Derjenige, der keine Gesellen mehr hat ...", ich machte es spannend, „ ... weil er sie selbst zu Meistern und damit von sich unabhängig gemacht hat. Und der geistige oder weltliche Lehrer ist der größte, der seine Schüler motiviert und anleitet, ihn zu übertreffen."

Er war mit seinen Gedanken beschäftigt und schien ein wenig irritiert, denn er sagte nicht gleich etwas dazu. Schließlich fragte er: „Und der Theologe ist der größte, der seine Schäfchen auch zu Theologen gemacht hat?"

„Nein", antwortete ich, „der sie zu Gott geführt hat."

„Aber dann hätte er ja keine Schäfchen mehr."

„Das ist vielleicht das Problem; aber er hätte unzählige Brüder und Schwestern."

*

Wir hatten nach unserer großen Unterredung keinen persönlichen Kontakt mehr miteinander. Sebastian rief mich in den nächsten Wochen noch zwei- oder dreimal an, ließ mir auch durch Maria einmal einen Gruß ausrichten, ansonsten aber trennten sich unsere Wege. Ich mußte oft an diesen Nachmittag denken; wenn mir dazu ungewollt das Wort „Zufall" in den Sinn kam, konnte ich ein Schmunzeln nie verhindern. „Gottes Wege scheinen verschlungenen Pfaden zu gleichen. Seine Vorhaben sind für uns nicht überschaubar", dachte ich dann, „doch sie sind mit einer Präzision vorbereitet und werden ebenso präzise durchgeführt, daß wir eigentlich diese schon -zigfach gemachten Erfahrungen als Vertrauensgrundlage ansehen könnten, wenn wieder mal etwas Ungewisses ins Haus steht."

Ganz besonders wurde ich an diese, meine Überzeugung erinnert, als Maria und ich Sebastian ein paar Jahre später während eines Sommerurlaubs an der Ostsee trafen. Völlig überraschend standen wir voreinander. Viel Zeit hatte er nicht, doch als wir die wichtigsten Neuigkeiten ausgetauscht hatten - er war tatsächlich Priester geworden -, fragte er mich mit seinem jungenhaften Grinsen, das er immer noch trug:

„Und, Ferdinand, war meine Entscheidung richtig?"

Im gleichen Spaß gab ich zurück: „Aber sicher, du hättest gar keine falsche treffen können."

„Und wenn ich nun doch eine andere getroffen hätte, mein hochverehrter Herr Lehrer ...?"

„ So wäre die auch richtig gewesen - du Lausbub", konnte ich mir nicht verkneifen.

15.

Es waren erst wenige Tage vergangen seit der Teilaufklärung über die Vorgehensweise der Finsternis. Mein Licht hielt es jedoch für angebracht, mir die restlichen - *die vorerst restlichen* - wichtigen Aspekte zu erläutern und meinen Blick in eine ganz bestimmte Richtung zu lenken. Mir schien, als sollte ich so etwas wie einen „Schnellkurs im Durchblicken" machen. Anders konnte ich es mir nicht erklären.

An der Spitze des besprochenen Kampfes steht auf der Seite des Lichtes unser Bruder Christus. Ich muß auf diesen Punkt noch einmal zurückkommen, weil es für dein Vertrauen in Seine Führung, für die Sicherheit und die Freiheit, die du dadurch gewinnst, unumgänglich ist, daß du die Zusammenhänge richtig verstehst. Ich bitte dich um deine Aufmerksamkeit; es ist entscheidend.

Das Ziel der gefallenen Engel war ursprünglich eine eigene Schöpfung. Als dies mißlang, strebten sie die Auflösung der gesamten Schöpfung an. Der niedrigste Punkt jener Bereiche, die sich durch ihre Abkehr von Gott gebildet hatten, war und ist das materielle Universum, genauer: die Erde. Dort begann durch die Inkarnation des Christus-Geistes bei der Geburt des Kindes in Bethlehem ein geistiges Geschehen ungeahnten Ausmaßes. Gott selbst griff - wenn du so willst - als die bedingungslose Liebe in das Geschehen ein und stellte sich in Christus an die Spitze des Kampfes. Ein Aufschrei des Schreckens und der Wut ging durch die Dämonen-Welten, als sie den Schachzug des Lichtes erkannten.

33 Jahre später war dieser Kampf zugunsten des Lichtes entschieden, denn mit dem Tod des Menschen Jesus verströmte sich die geistige Kraft des Christus i n die Seele eines jeden Menschen und in alle Seelen in den Astralbereichen. Es ist die zusätzliche Energie, die seither dir und jedem zur Verfügung steht, um den Weg zurück in die Himmel erfolgreich gehen zu können.

Und noch etwas darfst du nicht aus den Augen verlieren, weil du sonst allzuleicht ein verführtes Opfer wirst.

Ich war so konzentriert wie selten. Es war einer jener Augenblikke, die mir fast heilig zu sein schienen, weil sie so eine enorme Kraft und Weisheit enthielten.

Wie leicht bestätigt der Mensch, daß Gott die Liebe ist, ohne daran zu denken, daß Er dann auch nur aus der Liebe heraus handeln kann. Weil dem so ist, konnte es nur einen einzigen Weg geben, die abgefallenen Kinder zurückzuholen. Es ist ein Weg, den menschliches Bewußtsein sich weder ausdenken kann noch versteht .

Die Liebe mußte der Dunkelheit beweisen, daß das Böse, das aus Gewalt, Haß und Vernichtung besteht, durch die selbstlose, gewaltfreie, verzeihende Liebe besiegt werden kann. Jesus Christus hat dadurch, daß Er sich hat kreuzigen lassen, die Überlegenheit der Liebe offenkundig gemacht und ist gerade durch diese Tat im Geistigen Sieger geblieben.

„Hätte Er, rein theoretisch, die gleichen oder ähnliche Mittel angewendet wie Seine Gegner, denen Er ja von Seinem Bewußtsein, Seiner Kraft und Größe um ein unnennbar Vielfaches überlegen war, und damit den Kampf im Äußeren gewonnen, so hätte die Finsternis dennoch den Sieg davongetragen, weil sie bewiesen hätte, daß das Böse in der Lage ist, die Liebe zur Aufgabe ihrer Prinzipien zu zwingen. Ist das so?“

Genauso ist es. Eine solche Überzeugung, daß die Liebe die stärkste Kraft darstellt - nicht nur als Theorie, sondern auch in ihrer praktischen Vorgehensweise -, ist für die allermeisten von euch unvorstellbar. Und doch steht auf dem Banner, das im Unsichtbaren das Heer des Lichtes mit sich trägt: „Die Liebe wird siegen“; auf dem Banner des Gegners steht nach wie vor: „Ihr werdet vor unserer Macht kapitulieren“.

„Und die Figuren in diesem Spiel sind die Menschen, die mal in diese, mal in jene Richtung tendieren und gezogen werden.“

„Wir werden die Menschen beeinflussen, verführen und halten“, steht auf einer weiteren Fahne der Finsternis. Und auf einer weiteren des Lichtes steht: „Ich werde Meine Kinder zum Guten anhalten“.

Nun kennst du auch diesen Teil des Hintergrundes. Noch etwas gilt es, sich immer wieder ins Gedächtnis zu rufen. Der Kampf scheint für das Licht schon deshalb viel schwerer zu sein, weil es die Menschen und Seelen weder beeinflußt noch verführt noch hält. Der freie Wille bleibt in jedem Fall gewahrt.

Die Dunkelheit kennt diese Rücksichtnahme nicht. Sie täuscht, lügt, verspricht und fälscht. Deshalb ist es auch so wichtig, seinen Verstand zu gebrauchen und sein Urteilsvermögen zu entwickeln, das aus dem sich langsam erschließenden Bewußtsein kommt. Die Unterscheidung der Geister ist heutzutage wichtiger denn je.

„Du schneidest damit ein Thema an", sagte ich, „zu dem ich einiges auf dem Herzen habe. Zuvor aber: Wer kämpft alles auf der Seite des Lichtes? Und wer auf der Gegenseite?"

Der Kampf spielt sich, wie schon erwähnt, im Unsichtbaren ab. Dort werden die Schachzüge geplant, vorbereitet und in die Wege geleitet. Beide Seiten brauchen aber Menschen, um ihre Vorsätze auf der Materie durchführen zu können. Deshalb haben beide ihre menschlichen Helfershelfer, die versuchen, die jeweiligen Vorhaben in die Tat umzusetzen. Die zwei Heere bestehen also aus denen, die im Geistigen arbeiten, und aus denen, die ihre Interessen vertreten, die oft genug mit einem ganz bestimmten Auftrag, einer gezielten Absicht inkarniert sind. Und sie bestehen aus denen, die hier auf der Erde gewonnen werden können, entweder die Truppe der einen oder der anderen Seite zu verstärken.

„Und ständig pfuscht der eine dem anderen ins Handwerk 'rein," fiel mir dazu ein, wobei ich für einen Augenblick die von mir selbst empfundene Segnung dieser Stunde vergaß, „indem er versucht, das, was der Gegner gerade ankurbelt, zu unterminieren."

Abgesehen von deiner Ausdrucksweise ist die Aussage korrekt.

„Und keiner merkt was. Ist doch wahr ...", dachte ich. Meine kleine Verstimmung galt der Tatsache, daß das alles so eindeutig und so logisch war, aber keiner etwas davon wußte.

„Da wird von Sünde und Versuchung, Tod und Teufel, Himmel und Hölle gesprochen, und fast keiner hat eine Ahnung, wie die Wirklichkeit ... aussieht." Ich rief mich noch rechtzeitig zur Ordnung, sonst hätte ich „funktioniert" gedacht und mir wieder eine Rüge eingehandelt.

Wer auf der Seite des Lichtes kämpft, weißt du. Wer die Gegenseite darstellt, wer zu ihr gehört, und wie sie im einzelnen vorgeht, wird weder von Gott noch von uns verraten. Mit den Mitteln des Verrats kämpft die Dunkelheit. Das Licht geht anders vor, woran du wiederum die unterschiedlichen Grundsätze des Handelns erkennen kannst. Einerseits verrät die Liebe nicht, obwohl sie alles sieht und weiß, andererseits kann sie ihre Kinder nicht blind herumlaufen lassen.

„Also muß sie sie warnen oder aufklären und ähnliches tun. Sie müßte schreien, sie müßte rütteln, sie müßte ... ich weiß, was ich täte. Aber gut", gab ich zu, „ich bin ja auch noch nicht die Liebe. Und was tut sie nun genau?" wollte ich wissen.

Sie gibt jedem Maßstäbe an die Hand. Du hast zum einen dein Gewissen, du hast das Hauptgebot der Gottes- und Nächstenliebe, die Zehn Gebote - falls du sie zusätzlich zum Hauptgebot noch brauchst - und die Bergpredigt. Weiterer Kriterien bedarf es nicht, um Gut und Böse unterscheiden zu können.

Ich hatte mich wieder beruhigt. „Entschuldigung", sagte ich, „du kennst mich ja." Ein besonderer Lichtstrahl signalisierte einerseits Verständnis, andererseits fast so etwas wie eine gewisse Ergebung in das Schicksal, mein Führer zu sein. Das tat mir leid. „Ich liebe dich doch", sagte ich, „und es wird auch von mal zu mal besser mit mir."

Dem gibt es nichts hinzuzufügen.

Wo waren wir stehengeblieben? Richtig, bei den Kriterien. Jetzt fiel mir auch wieder ein, was ich noch auf dem Herzen hatte: die Unterscheidung der Geister. Ich bat um einige Hinweise.

Was nun folgt, auch wenn es dir in Ansätzen schon bekannt ist, hat in seiner Wichtigkeit einen vielleicht noch höheren Stellenwert als das Wissen um den unsichtbaren Kampf. Es ist das Zentralstück entweder einer Entscheidung für den Herrn oder aber für irgendeinen der sogenannten Meister.

Der Fall wurde gestoppt durch Christus, die Erlösertat wurde vollzogen durch Ihn, die Himmel haben sich wieder geöffnet durch Ihn, und die Kraft, die du und mit dir jeder Mensch und jede Seele in sich trägt, ist Seine Kraft. Es ist weder die Kraft irgendeines anderen „Erlösers", Weltenlehrers oder Meisters. Es ist die Kraft des Chri-

stus, der Liebe Gottes. Eine andere Kraft als die Kraft Gottes gibt es somit in dir nicht!

Dies nicht nur zu hören und zu erkennen, sondern a n z u e r k e n n e n , macht den entscheidenden Unterschied. Es ist für den größten Teil der Christen leider ebenso neu wie für die Anhänger anderer Religionen. Während Letztere Christus oftmals einen niederen Rang zuweisen und Ihn einstufen als einen von vielen Weisen oder Propheten, glauben die Christen zwar an Ihn; aber mangels richtiger Unterweisung bleibt auch bei Ihnen die erlösende Christuskraft unverstanden. Genauso stößt die Tatsache, daß überhaupt eine göttliche Kraft i m Menschen lebt, die ihn voller Weisheit und Liebe führen möchte, vielerorts auf Unverständnis und Ablehnung. Obwohl alle vom „Blut der Erlösung" sprechen.

Diese Unwissenheit macht sich die Finsternis zunutze. Selbst die Aufklärung über die wahren Hintergründe, würde sie denn gegeben, fällt nicht gleich vom Kopf ins Herz und führt damit auch nur schwer zur praktischen Arbeit mit dieser Kraft.

Erinnere dich daran, daß die Dunkelheit mit größter Raffinesse vorgeht. Was, glaubst du, verspricht mehr Erfolg bei der Verblendung der Massen: Wenn du behauptest „Es gibt keinen Gott", oder wenn du den Verunsicherten, Verzweifelten, Suchenden - die durchaus aufrichtigen Herzens, aber oftmals blind sind - das schön verpackte Angebot machst „Liebe Freunde, ihr habt so viele unbeantwortete Fragen auf eurem Weg zu Gott. Kommt, ich gebe euch die Antworten und zeige euch den richtigen Weg"?

Die Antwort lag für mich klar auf der Hand. Ich sagte es auch. Viele würden sich verführen lassen.

Nicht sie „würden", sie lassen sich bereits verführen. Viele sind dabei, die nach dem Christus ihres Herzens in den Kirchen gesucht, Ihn dort aber nicht gefunden haben. Sie hängen oftmals einer der vielen, scheinchristlichen Lehren an, die eines gemeinsam haben: Es kann nur ein ähnlicher, nicht aber d e r Jesus Christus gepredigt werden. Es sind zwar Feinheiten, die den Unterschied ausmachen, andererseits sind sie aber s o fein gar nicht. Auch Christen und Menschen, die noch nach Ihm suchen, könnten erkennen, daß es sich n i c h t um den Erlöser handeln kann, wenn sie richtig hinsehen und hinhören würden.

„ ... und wenn sie um die Erlöserkraft im Menschen wüßten."

Mein Licht machte eine kleine Pause. Ich ordnete das Gehörte, da ich annahm, daß noch einiges kommen würde, das auch seinen Platz brauchte. So war es denn auch.

Eine der beliebtesten Verdrehungen besteht darin, Jesus oder Christus zu einem der vielen anderen Meister zu machen, vorzugsweise zu einem der "aufgestiegenen Meister". Es ist dabei gar nicht nötig, die geistige Tragweite Seiner Erlösertat abzustreiten. Da sie ja weitgehend ohnehin nicht richtig erkannt wird, kann man diesen Punkt vernachlässigen. Dafür macht man den Menschen Jesus, der nach Seiner Kreuzigung, die Er überlebt haben soll, angeblich nach Indien gegangen ist, zu einem Meister neben anderen. Damit wird, ohne daß man es ausdrücklich betonen muß, Christus - die Liebe des Vaters in Jesus - demontiert.

Als Ersatz spricht man von einem sogenannten „Christusbewußtsein", das zu erlangen allen möglich ist, und das auch andere große Weisheitslehrer außer Jesus in sich erschlossen haben.

Die gleiche Vorsicht ist auch dort geboten, wo die Rede davon ist, daß du Gott bist. Nicht nur a u s Ihm, sondern Ihm g l e i c h , weil du ja ein Teil von Ihm bist.

Schärfe deine inneren und äußeren Sinne auch, wenn es um die Wiederkunft Christi geht.

Mein Licht mußte das große Fragezeichen bemerkt haben, das sich in mir aufgetan hatte. Es ging nämlich gleich auf meine sich schwach abzeichnende Unsicherheit ein. Wie sollte ich oder ein anderer das alles auseinanderhalten und richtig einschätzen können?

Sicher erfordert eine Entscheidung, die deinen Weg möglichst nicht unnütz verlängern soll, Klarheit. Laß uns gerade diesen letzten Punkt nehmen, die Wiederkunft. Du hast vor gar nicht langer Zeit über das Thema „Entscheidungen" gesprochen. Meinst du, du kannst eine Antwort geben, die dich auch später noch zufriedenstellt?

Also gut, ich war gefordert. Zu Wiederkunft fielen mir ein: die geistige und die körperliche. Darum würde es gehen, nahm ich an. Würde Christus im Geiste erscheinen, oder käme Er als Mensch wieder, in einer erneuten Inkarnation? So wie damals in Bethlehem? Ich vermutete, daß mir mein Licht half, denn die Antwort zeichnete sich auf einmal ab.

„Mit dem Wissen um die Erlösung kann es nur eine Antwort geben: Es wird eine Wiederkunft im Geiste sein. Weil mit der Erlösung *der* Teil der Inkarnation des Christusgeistes - ich sag mal, ohne daß du bitte gleich mit mir schimpfst - 'erfolgreich' abgeschlossen war, der den Stillstand des Falls zur Folge hatte, wird es keine Notwendigkeit geben, diese Tat noch einmal zu vollbringen. Daher kann die Wiederkunft eigentlich nur im Geiste erfolgen." (Soweit ich das überblikken konnte.)

Du siehst, daß manches wirklich „ganz einfach" ist, wenn man einmal den richtigen Ansatz gefunden hat.

Ich fügte noch einen Gedanken hintenan. „Deshalb wird die Erlösung auch dann und dort geleugnet - zwar indirekt, damit es nicht gleich auffällt, aber doch immerhin erkennbar -, wenn von der bevorstehenden Wiederkunft im Fleische gesprochen wird."

Plötzlich erinnerte ich mich an das Buch „Maitreya - Christus oder Antichrist?" [1], das ich schon im Zusammenhang mit der Verführung der Jugend erwähnt hatte. Es würde sich lohnen, es noch einmal in Ruhe durchzulesen. Es behandelte genau das Thema, das mir mein Licht gerade nahebrachte. Ich glaube, ich hatte es mir mal von Max, dem Schwiegersohn von Peter, geborgt. Max! Siedendheiß fiel mir ein, daß ich noch zwei Bücher von ihm ungelesen auf meinem Nachttisch liegen hatte. Ich müßte sie bald lesen. Oder ich müßte sie ihm zurückbringen, ohne hineingeschaut zu haben. Ich würde ihn fragen.

---

[1] Coralf, Konny Müller Verlag, 1997. In dem Buch, das die Vorgehensweise Maitreyas und seines für die Öffentlichkeitsarbeit zuständigen Jüngers, Benjamin Creme, beschreibt, wird das Lügengebäude Maitreyas aufgedeckt. Creme behauptet darin u.a., „der esoterischen Lehre zufolge habe sich der Christus vor 2000 Jahren in Palästina durch die 'Überschattung' seines Jüngers Jesus, der heute der Meister Jesus sei, manifestiert. Diesmal komme MAITREYA, das sei der persönliche Name des Christus, selbst als Weltlehrer für das Zeitalter des Wassermanns". Maitreya steht der Hierarchie der aufgestiegenen Meister vor. Es wird angekündigt, Maitreya-Christus komme als Mensch aus Fleisch und Blut und nicht im Geiste.

Ganz zu Ende war unsere heutige Lehrstunde noch nicht.

Die einzige auf Dauer wirkungsvolle Methode, die vielen Fallen zu erkennen, ist in ein Bewußtsein hineinzuwachsen, das lernt, in die Dinge hineinzuspüren. Es ist mit dem Aufruf Christi gleichzusetzen, die Liebe zu leben; denn dadurch schärfen sich deine inneren Sinne, deine Intuition. Das ist nichts anderes, als daß der Geist in dir, der ja um alle Dinge weiß, langsam beginnt, deinem Menschen seine mühsame Arbeit abzunehmen.

Da die Fallen raffiniert aufgebaut und überall zu finden sind, gehört auch Aufmerksamkeit auf einem anderen Gebiet dazu. Es betrifft dein Ego.

Ich kam nicht gleich darauf, was mein Licht meinte, weil ich in meiner Erinnerung kramte, anstatt mein Herz zu fragen. „Haben wir schon mal darüber gesprochen?"

Vielleicht nicht direkt, aber bestimmt in einem Rahmen, der es dir möglich macht, auch diese Falle zu erkennen.

Wenn es mein Ego betraf - *nicht nur deines* - (Gott sei Dank!), dann hatte es was mit Selbstwertgefühl, Aufwertung, Hochmut, Gefallen-Wollen und ähnlichem zu tun. Was waren die Merkmale eines Gotteskindes? Demut, Bescheidenheit, Vertrauen, Nächstenliebe - und das in Verbindung mit Kraft, Sicherheit, Weisheit, Liebe und vielem mehr. Also mußte das Gegenteil die offene Tür darstellen, die gegensätzlichen Kräften den Zugang ermöglichte.

Du wirst nie verhindern können, daß du angegriffen und versucht wirst, weil dies dem Gesetz des freien Willens entgegenstehen würde, das auch die Finsternis mit Recht für sich beansprucht. Gerade darin liegt ja für dich und für sie der Wert einer Versuchung. Du kannst erkennen, ob du in Liebe schon ein klares Nein sagen kannst, und die Gegenseite wird feststellen, wie wirkungsvoll ihr Schwert dir gegenüber noch ist, oder wie wirkungslos es schon geworden ist.

„'Ein Vampir kann dich nur besuchen, wenn du dein Fenster offengelassen hast', habe ich mal irgendwo gelesen."

Das ist sehr treffend ausgedrückt. Achte daher darauf, ob du ein oder mehrere Fenster aufläßt. Wie sie heißen mögen, hast du eben schon beantwortet. Nimm einfach die Spiegelbilder der von dir auf-

gezählten, positiven Eigenschaften. Dann schaust du in dich hinein, ob solche Türen und Fenster noch vorhanden sind, und als nächstes suchst du einen offenen Spalt oder mehrere. Dann kannst du dich ja entschließen, alle Fenster und Türen oder auch nur einige zu schließen.

Es gibt nur ein kleines Problem dabei.

„Und das wäre? Wenn du es mir verrätst?"

Vampire finden sich in der Dunkelheit hervorragend zurecht. Sie entdecken auch dort noch einen offenen Spalt, wo du absolut sicher bist, alles fest verschlossen zu haben ...

„Du machst mir wieder Mut", murmelte ich.

... aber ich bin ja bei dir. Möchtest du noch eine kleine Anregung mitnehmen?

„Danke im voraus dafür; ich meine das ernst."

Ich weiß. Du hattest dir, wenn ich mich recht entsinne, einige Bücher ausgeliehen, um sie im Urlaub zu lesen. Zwei müßten eigentlich noch irgendwo ungelesen liegen. ("Das stimmt, gerade eben sind sie mir eingefallen.") *Schau doch gelegentlich mal hinein. Viel Freude beim Lesen.*

Das rief in mir etwas wach. Aber was? Ach ja: *Viel Freude bei deiner alten Lehrerin.*

Gedanken darüber, ob ich Max die Bücher ungelesen zurückbringen sollte, brauchte ich mir jetzt nicht mehr zu machen. Und mein Puzzle? Ich hatte das Gefühl, es wuchs und wuchs ...

*

Der nächste Tag sah mehrere Besuche in einer Ecke meines Gebietes vor, in die ich nicht so regelmäßig kam. Ich hatte bis zu meinem ersten Kunden eine Fahrtzeit von etwa anderthalb Stunden vor mir und war deshalb entsprechend früh losgefahren. Eva hatte mir die nötigen Unterlagen hergerichtet und noch ein Stückchen Schokolade dazugelegt. Ich würde ihr gelegentlich auch mal wieder eine Kleinigkeit mitbringen.

Der Verkehr auf der Straße war schwach, so daß ich die Zeit nutzte, um über das Besprochene der letzten Nacht und der letzten Tage nachzudenken. „Wenn ich zusammenfassen müßte“, dachte ich, „wie würde ich das mit wenigen Sätzen formulieren?“

Also: Die große Auseinandersetzung hat einen unüberschaubaren, geistigen Hintergrund. Hier auf der Erde wird der Kampf zwar ausgetragen; dennoch ist das, was weltweit festzustellen ist, nur die Spitze eines Eisbergs. Die Dunkelheit will den Niedergang, das Licht die Rückführung aller Menschen und Seelen. Beide arbeiten mit unterschiedlichen Methoden, beide haben ihre Anhänger und Helfershelfer. Jesus von Nazareth hat das Gesetz der Himmel in dem Gebot der Gottes- und Nächstenliebe auf den Punkt gebracht, auf die Kurzformel: Liebe - und sonst nichts! Er führt als der Christus Gottes seit 2000 Jahren das Heer des Lichtes an. Das Christentum ist seitdem das Bollwerk gegen die Dunkelheit. Es ist die Barriere, die dem Ansturm standhält, ihn zurückwirft und zum Gegenangriff übergeht. Mit der gleichen Kraft, die Jesus Christus gelehrt hat, und mit der Er vorangegangen ist - mit der Kraft der Liebe ...

Was hatte ich da zuletzt gedacht? Da war wohl meine Phantasie mit mir durchgegangen. Schön wäre es ja gewesen, aber es war Wunschdenken, mehr nicht. Wie hatte doch Viktor Gabliczek gesagt: „ ... wir sind schwache Menschen!“

Zumindest aber mußte das, was sich als mein Wunschbild gezeigt hatte, so vorgesehen gewesen sein, denn ich konnte mir nicht vorstellen, daß der Schachspieler Gott einen Zug bis ins letzte Detail vorbereitet, ohne an die „Nachbearbeitung“ zu denken. Also war es so, daß die Anhänger und Nachfolger des Jesus von Nazareth die Aufgabe übernommen hatten, den Kampf, dessen Ausgang im Geistigen bereits feststand, auf der Materie weiterzuführen. Mit welcher Absicht? Mit dem Ziel, ein hochwirksames, undurchdringliches Bollwerk oder eine sich nach vorne schiebende Barriere zu sein. Den besten Feldherrn und die schärfste und dennoch sanfteste Waffe hatten Seine Nachfolger auf ihrer Seite. Was war aus der Barriere geworden? Augenscheinlich war sie überrannt worden und lag nun in zwei großen und vielen kleinen Teile da. Das eine große Stück hatte sich mehr auf einen Dogmen-und-Sakramente-Status zurückgezogen, das andere auf die Glauben-und-Gnade-Linie. Wirklich ernstzunehmende Gegner, die der Finsternis noch eine Niederlage hätten zufügen können, waren es keine mehr.

Da hatten sich plötzlich interessante Fragen aufgetan. Konnte ich, um hier die Antworten zu finden, die Methode des Fragens-im-Rückwärts- oder Vorwärtsgang anwenden? Oder einfach nur warum?, warum?, warum?. Oder war es vielleicht noch einfacher?

Obwohl ich keineswegs bummelte, wollte mich unbedingt jemand überholen. An einer günstigen Stelle gab ich ihm ein Zeichen, und kaum hatte ich richtig hingeschaut, war er schon vorbei und nach ein paar Sekunden hinter der nächsten Kurve verschwunden.

Also, wie sollte ich die Sache angehen?

Gibt es nun ein geistiges Immunsystem?

„Oh", sagte ich überrascht, „ich danke dir."

Das war doch ein Ansatzpunkt. Das Immunsystem des etablierten Christentums hatte seine Aufgabe nicht erfüllen können! Konnte ich an die weitere Analyse herangehen wie ein Arzt, der seinen Patienten untersucht? Einfach nur, um in einer Art Bestandsaufnahme etwas festzustellen und nicht, um den Patienten mit Vorwürfen zu überhäufen? Ich wollte es versuchen.

Hatten wir nicht erst in der Nacht über die Angriffe auf das Ego gesprochen? Ich versetzte mich in die Lage der Gegenseite: Welche Punkte würde ich mir als Angriffsziele aussuchen? Diejenigen, die ganz gut gesichert waren? Bestimmt nicht. Oder die Schwachstellen? Vielleicht sogar ein paar Pforten, Türen oder Fenster, die gar nicht bewacht waren, oder die man völlig vergessen hatte? Schon eher. Würde ich den Belagerten ein Angebot machen? Und was würde ich ihnen anbieten?

Plötzlich weiß ich, wie ich vorgehen werde. Ich bin mir auch ganz sicher, daß ich gewinnen werde, und zwar schon aus einem einfachen Grund. Ich habe immer von den Belagerten gesprochen; das ist nur bedingt richtig. *Ich* weiß, daß sie belagert und angegriffen werden - von mir. *Sie* wissen es nicht! Sie halten es noch nicht einmal für möglich, daß so etwas geschehen kann! Sie werden erst dann erstaunt schauen, wenn ich bereits mitten in ihrer Stadt stehe! Und wenn ich mich dann noch mit einem provisorischen Heiligenschein - an einen richtigen komme ich ja leider nicht heran -, also mit einem provisorischen Heiligenschein zeigen werde, habe ich sicher die Hälfte, wenn nicht noch mehr, auf meiner Seite. Zum eigentlichen Kampf, außer zu ein paar kleinen Gefechten, wird es gar nicht gekommen!

Außerdem werde ich ihnen natürlich etwas mitbringen, wie es ein guter Freund tut. Was kann das sein? Ich brauche nur an das erwähnte Ego denken: Ich werde ihnen Macht, Ansehen und Reichtum anbieten (damit wäre ich beinahe, damals in der Wüste, schon einmal durchgekommen; leider nur beinahe). Das können sie nicht ablehnen, denn was ist dagegen ihr sogenannter innerer Reichtum, ihre Demut, ihre Liebe! Ich werde sie erst gar nicht zu der Erkenntnis kommen lassen, daß sie eine innere Rückverbindung zu ihrer Quelle haben; natürlich werden sie dann auch nichts vom Inneren Wort wissen, geschweige denn, das Wort in einer tiefen Liebesverbindung vernehmen. Ich werde den Glanz und das Laute meiner Welt dagegensetzen. Das war's dann.

Ach ja, fällt mir dazu noch ein, natürlich dürfen sie das meiste von ihrer Ideologie behalten, leicht - aber entscheidend - verändert, versteht sich. Wenn ich es geschickt anstelle, werden sie die Änderung selbst vornehmen, und das auch noch in der besten - allerdings bereits von mir unterwanderten - Absicht, es im Sinne ihres Feldherrn zu tun. Und die Hauptsache ihres Tuns werde ich von innen nach außen verlagern, so daß sie sich mehr mit dem Drumherum beschäftigen. Nicht, daß an einem schönen Äußeren mit Blumen, Glocken, Festen, Umzügen, Zeremonien, Liedern und vielem mehr was falsch ist. Im Gegenteil: Aus meiner Sicht ist das goldrichtig, weil ich den Schwerpunkt darauf verlagern und sie - nicht alle, aber viele - davon abhalten werde, sich mit den wichtigen Dingen ihres Glaubens zu befassen. Das war's aber dann wirklich.

Ich ziehe eine kleine Bilanz und betrachte, was schon war, und was - meinen Vorstellungen entsprechend - noch sein wird.

Leider konnte ich nicht verhindern, daß mancher nicht in der Stillgestanden-Haltung verbleiben wollte. Das wird auch künftig nicht anders sein. Auch kann ich nicht alle meine Schäfchen halten. Na gut, dann werde ich eben weiterhin versuchen, für jedes verlorengegangene ein neues zu finden.

An der ganzen Sache ist, wenn ich es recht bedenke, eigentlich wenig Gefährliches dran, zumindest nicht für mich persönlich. Mit Gewalt wird mich keiner von denen aus dem Licht zu einem Nachfolger des Mannes aus Nazareth bekehren; davon habe ich mich längst überzeugt. Sie halten ihre Sanftmut und Liebe für Stärke; ich halte sie für Schwäche.

Eine andere Gefahr besteht, das muß ich zugeben; allerdings mehr für das Wachstum meines Reiches und meiner Macht. Aber ich schätze sie nicht sehr groß ein: Es gibt in allen Teilen der zersprengten Barriere Menschen, die sich ihre Liebe und Sehnsucht zu ihrem Gott bewahrt haben; und nicht nur das. Sie suchen sie ständig zu vertiefen. Dem liegt anscheinend ein Prinzip zugrunde, das ich nicht verstehe. An diese Menschen komme ich nicht so richtig heran. Ein paar Angriffe hier, kleine Versuchungen dort, manchmal fallen sie auch, stehen aber mit der Kraft eines mich blendenden Lichtes immer wieder auf.

Wenn ich ehrlich sein soll [jetzt muß ich lachen: Ich und ehrlich!]: Eigentlich komme ich an sie überhaupt nicht heran! Sie gehen schrittsicher durch ihre Welt, was mich insofern besonders ärgert, als es doch *meine* Welt ist, in der *ich* das Sagen habe. Sie aber sind geschützt. Da ist so ein Licht, das führt sie über die tiefsten Schluchten, durch die dunkelsten Wege und durch die unwirklichsten Regionen, ohne daß ich ihnen jemals ernstlich Schaden zufügen kann. Und wenn es in seltenen Fällen doch einmal gelingt, dann stellt sich hinterher heraus, daß es überhaupt kein Schaden für sie ist, sondern daß sie sich aus dem Trümmerhaufen (oder aus dem, was ich dafür halte) eine Brücke, eine Leiter oder sonst etwas bauen, und so auch die gefährlichsten Passagen mit einer traumwandlerischen Sicherheit überwinden. Wobei ich davon überzeugt bin, daß sie selbst noch nicht einmal im Detail wissen, was um sie herum eigentlich vor sich geht.

Diesen Schutz haben übrigens nicht nur jene, die aus den christlichen Teilen der zerbrochenen Barriere kommen, sondern auch andere; allerdings nur dann, wenn ihr Streben nach selbstloser Liebe aus einem kindlichen Herzen kommt. Da spielt es dann keine Rolle, ob sie ihrem Gott einen anderen Namen geben. Es ist eigenartigerweise immer dasselbe Licht, das sie schützt, egal, aus welcher Religion oder Kultur sie kommen.

All jene, deren Anzahl sich in letzter Zeit zu meinem Bedauern ein wenig vergrößert, haben etwas gemeinsam. Das ist auch der Grund, warum ich sie kaum erreichen kann. Sie tragen eine ehrliche Sehnsucht nach *der* Liebe in ihrem Herzen, von der ich sie abhalten will. Zugegeben, da habe ich ein kleines Problem. Andererseits besteht es schon immer.

Zwar hatten sich meine Überlegungen auf einer wenig befahrenen Landstraße und in einer Zeitspanne von kaum mehr als 3 - 4 Minuten abgespielt, dennoch hatte ich das dringende Gefühl, daß es mir guttun würde, eine kleine Pause einzulegen. Ich fand bald einen Parkplatz, stieg aus, schloß den Wagen ab und ging ein paar Meter. Dabei atmete ich tief durch. Meine Hoffnung, ich könnte mich dadurch von dem Thema lösen, trog. Zumindest einige Gedanken gehörten wohl noch dazu, denn es dauerte nicht lange, bis der „Film wieder ablief". Zuvor aber bekam ich etwas zur Stärkung meiner Seele.

Mir ist bewußt, wieviel lieber du dich in Gedanken in die Geborgenheit und das Vertrauen hinein begeben würdest. Aber auch dann, wenn dich das, was dir im Moment durch den Kopf geht, nicht unbedingt aufbaut („Das scheint mir aber diesmal eine Untertreibung deinerseits zu sein."), *so entwickelt sich doch gerade ein für dein Verständnis unentbehrliches Teil deines Puzzles. Du weißt, daß du nicht allein bist. Sei so gut* (Mein Licht hatte tatsächlich „sei so gut" gesagt!) *und „schau" dir auch den Rest an.*

Ein Mensch, bisher Vasall, Mitläufer oder auch einfach nur ein in den Tag hinein Lebender, beginnt sich immer dann abzusetzen und sich meinem Einfluß zu entziehen, wenn er eine Entdeckung macht: Wenn er nämlich den Schlüssel findet, von dem ich immer glaube, er sei unauffindbar tief im Menschen selbst versteckt: die Sehnsucht nach seinem Ursprung. Wenn das passiert, kann ich sicher sein, daß ich ihn nicht halten kann. Ich kann ihn eigentlich gleich abschreiben. Für mich ist er mit seinen neuen Interessen, die sich deutlich in seiner Seelenstrahlung ablesen lassen, wertlos geworden. Wertlos für den Moment, nicht aber gänzlich uninteressant. Denn hier und da gelingt es mir doch, durch geschickte Schachzüge auch so jemanden wieder in mein Boot zu holen. Das ist um so einfacher für mich, je mehr sich der Ausreißer in Sicherheit wähnt. Ich kann und darf ihn ja angreifen, wann und wo immer ich will. Dünkt sich einer schon mit einem Bein auf festem Boden, so winke ich mit ein wenig Stolz, einem ganz kleinen Gefühl der Überlegenheit - und schon habe ich ihn wieder. Ich habe seinen Blick getrübt (Nebel eignete sich gut dafür!), so daß sich sein geistiger Horizont eingeschränkt hat.

(Mir - Ferdinand Frei - war schon bewußt, daß ich seit einiger Zeit nicht mehr die Annahmeform *hätte*, *würde* und *könnte* verwendete, sondern die Tatsachenform *habe*, *werde* und *kann*. Das zeigte mir, wie sehr ich mich in meinem Rollenspiel in die Gegensatzkraft hineinversetzt hatte.)

Das Prinzip ist eigentlich recht einfach, ebenso die Anwendung, denn dafür stehen mir genügend Mittel zur Verfügung. Ein Problem tut sich nach wie vor dann auf, wenn sich das Wachstum von Sehnsucht und Liebe nicht verhindern läßt. Beim nächsten Schritt, der ernstlichen Hinwendung zu ihrem Feldherrn, um in seinen Spuren zu gehen, wird es für mich noch schwieriger. Fast aussichtslos ist es, wenn sich jemand diesem lächerlichen Gesetz der Liebe ganz unterstellt, sich der Liebe damit hingibt.

Ich kann nur froh sein, daß die Milliarden nicht sehen können, was im Unsichtbaren um sie herum geschieht. Sonst würden sie mir scharenweise davonlaufen. Wenn sie nämlich erkennen würden, in was für einen Schutz sie sich allein durch ein ehrliches Bemühen hineinbegeben - ich würde nacheinander alle verlieren.

Bisher habe ich das große Davonlaufen verhindern können. Wie? Gar nicht einmal auf eine so ausgeklügelte Weise, daß man es nicht hätte bemerken können. Ich habe mich lediglich eines alten Grundsatzes entsonnen, wonach Wachstum am besten dadurch gestört oder gar verhindert wird, indem man dem Boden die Nährstoffe entzieht.

Im übertragenen Sinn sind die Nährstoffe die Liebe. Ich habe mich deshalb gefragt: Was kann ich wirksam dagegen tun, daß sie sich entwickeln bzw. sich das, was sich bereits entwickelt hat, wieder zurückgeht? Denn die Liebe, weiß ich, zieht die Erkenntnis nach sich. Aber umgekehrt hat eine Liebe, die nicht gelebt wird, den Rückgang bzw. die Nichtentwicklung von Erkenntnis und Weisheit zur Folge. Dies machte ich mir zunutze.

Schon nach relativ kurzer Zeit begannen die Räder meines Vorhabens zu greifen: Rückgang der flammenden Begeisterung bedeutete Einschränkung der Erkenntnis. Das führte zwangsläufig zu Halbwissen und schließlich zur Unwissenheit. Daraus resultierten Fehlentscheidungen und falsche Lehren, die mir für viele hundert, wenn nicht gar tausend Jahre den von mir erhofften Stillstand sichern. Falsche Lehren ziehen ein falsches Verhalten nach sich. Die so dringend benötigte, geistige Führung konnte und kann nicht greifen. Reife, Einblick und ein tiefes Verstehen konnten auf diese Weise verhindert werden. So, wie ich das Ganze einschätze und überblicken kann, für alle Zeit.

Wäre mir das nicht so elegant gelungen, wie es sich heute darstellt, dann wäre genau das Gegenteil eingetreten: Die gelebte Liebe hätte zu vermehrter Aufklärung und Erkenntnis geführt, das Ergebnis daraus zu entsprechenden Entscheidungen mit der Folge einer intensiven Führung durch meinen gegnerischen Feldherrn, was wiederum das Innere Wort und schließlich die Vereinigung Gottes mit seinem Menschenkind nach sich gezogen hätte. Das war, ist und bleibt das Ziel meines Gegenspielers.

Dies konnte ich bisher auf breitester Front blockieren. Einige von ihnen glauben doch tatsächlich noch, *sie* wären das Bollwerk! Dabei habe ich *meines* zu einer grandiosen Festung ausgebaut, gegen die sie seit Jahrhunderten vergeblich anstürmen. Es war so einfach!

Allerdings habe ich nie vergessen, ihr Ego zu streicheln. Ich gab und gebe ihnen natürlich auch Ziele. Besonders die Schwachen und Schwankenden brauchen das. Sie formulieren - mit meiner Hilfe -

diese sogar selbst und tun es heute noch so wie früher. Ihre Ziele lauten: Ein größtmögliches Stück des Kuchens durch möglichst große Mitgliedszahlen, möglichst große Einnahmen, möglichst großen Einfluß in Politik und Gesellschaft und bei einigen Kirchen eine möglichst komplizierte, spitzfindig durchkonstruierte Wissenschaft ihres Gottes, womit sie dann ihre Vermittlerfunktion begründen können. Fragt heute jemand nach geistigen Zielen - was zu meiner Freude so gut wie nie geschieht -, dann wird derart abstrakt auf den Himmel verwiesen, daß ein weiteres Hinterfragen beim Anblick des scharfen Schwertes der Theologie meist unterbleibt.

So habe ich viel Unwissenheit gesät, vermischt mit Un- und Halbwahrheiten. Die Saat ist prächtig aufgegangen. Ich brauche mir nur ab und zu die Friedhöfe anzuschauen. Ist das auf den Grabsteinen oft anzutreffende „Ruhe sanft" (natürlich am liebsten im Himmel) als Wunsch der Angehörigen für den „Toten" gedacht, dann kann ich das ja noch verstehen; mit der Realität, die so manchen erwartet hat und noch erwartet, hat das jedoch nichts zu tun.

Ich bin auf meine Leistung nicht wenig stolz.

Inzwischen war ich wieder bei meinem Wagen angelangt, schloß ihn auf und ließ mich schwer in meinen Sitz fallen. Ich war ganz schön durcheinander und wäre beinah in die Versuchung geraten, mich im Rückspiegel zu betrachten, um nach möglichen Hörnern auf meiner Stirn zu schauen. Das unterließ ich dann aber doch.

„Mußte das sein?" rief ich dafür in Gedanken meinem Licht zu. „Hättest du mir das nicht auf eine sanftere Art und Weise vermitteln können? Als ich mit meinen Überlegungen angefangen hatte, wollte ich nicht mehr als eine kleine Zusammenfassung für mich machen. 'Wie würde ich das in *wenigen* Sätzen formulieren?' hatte ich gedacht. Und nun so etwas!"

Dafür weißt du es jetzt aber ganz gewiß. Es sollte sich tief in deine Seele eingraben, um eine dauerhafte Erinnerung darzustellen, auf die du jederzeit zurückgreifen kannst. Schließe für einen kurzen Moment die Augen, laß dich von Licht einhüllen - und du bist wieder der alte.

So war es auch. Der Rest des Tages lief wie geführt.

16.

An diesem Abend kam ich erst gegen 20.00 Uhr nach Hause. Es war in jeder Hinsicht ein guter Tag gewesen. Nachdem ich eine Kleinigkeit gegessen und mich geduscht hatte, nahm ich mir in meiner Couchecke die beiden Bücher zur Hand, die ich mir von Max ausgeliehen hatte. Natürlich mußte es einen Grund dafür geben, daß mich mein Licht an die Bücher erinnert hatte. Es war im Zusammenhang mit der Aufklärung über die Wachsamkeit geschehen. *Viel Freude beim Lesen* konnte sowohl heißen „Da ist etwas Schönes, etwas Neues für dich drin", aber auch genau das Gegenteil - wenn man ein bißchen Ironie in die Worte hineininterpretierte.

Ich entschied mich, mit „Denn Christus lebt in jedem von euch" anzufangen. Der Titel sprach mich an. Ich war gespannt, unter welchen Gesichtspunkten dieses Thema dort behandelt wurde. Es war ein Buch voller Weisheit und Liebe, stellte ich nach den ersten Seiten fest. Vieles darin wurde aus ganz anderen, für mich neuen Blickwinkeln betrachtet. Es konnte einem Kraft geben.

Ich fand auf fast jeder Seite einiges, dem ich voll zustimmen konnte, z.B. „Wie willst du lernen, dich vom göttlichen Gesetz führen und tragen zu lassen, wenn du stets in sein Wirken eingreifst?" Ein wunderschöner Satz.

Oder: „Versuche nicht, vollkommen zu sein, mein Freund. Das ist ein unangemessenes Ziel ... Wünsche dir statt dessen, daß du jeden deiner Fehler erkennen und etwas daraus lernen kannst." Oder zum Leben nach dem Tod: „Wenn du deinen Körper verläßt, geht der Unterricht in einem nicht-physischen Klassenzimmer weiter ..." Oder der Gedanke: „Die meisten von euch verstehen sehr viel von Angst, aber sehr wenig von der Liebe. Ihr habt Angst vor Gott, Angst vor mir und Angst voreinander."

Was ich bis jetzt gelesen hatte, gefiel mir. So hätte „mein" Christus, falls ich Ihn jemals so klar und deutlich in mir vernehmen würde, sicher auch gesprochen. Mir fiel ein, daß ich das Vorwort nur überflogen hatte; jetzt schaute ich (warum?) hinein. Meine Augen blieben an einem Absatz hängen, der folgendermaßen begann:

„Wir sollten uns darüber im klaren sein, daß Jesus keine exklusive Stellung innerhalb des Christusbewußtseins einnimmt. Krishna, Buddha, Moses, Mohammed, Lao Tse und viele andere sind im Bewußtsein dort mit ihm vereint ... Wenn es Ihnen leichter fällt, sich an Buddha oder Krishna zu wenden, dann tun Sie es. Jesus wird nicht beleidigt sein." (Davon war ich zutiefst überzeugt.)

Das konnte man glauben oder auch nicht. Ich hatte dank der Hilfe des Lichtes *meine* Überzeugung gewonnen. War ich intolerant, wenn ich meine für die richtige hielt, ohne eine andere zu verdammen? Mir kam das Bild mit den vielen Wegweisern und unterschiedlichen Gruppen in den Sinn. Es konnte und durfte jeder seinen Weg gehen. Wenn ich aber diejenigen sah, die auf ihren christlichen Wegen stehengeblieben waren und nicht so richtig wußten, ob sie die Gruppe wechseln oder einfach warten sollten - durfte ich dann nicht, wenn ich ihnen die gebotene Freiheit ließ, in aller Liebe sagen: „Du darfst machen was und gehen wo und wohin du willst. Doch warum wendest du dich, der du dich christlich nennst, nicht an den Führer in dir - wenn du wirklich heim willst?" Hieß Toleranz wirklich: Alle Wege sind gleich leicht und alle führen direkt ins Ziel? Konnte man nicht sagen: „So ist es meiner Meinung nach nicht"? Konnte man nicht die Vertreter der unterschiedlichen Wege als seine Brüder und Schwestern lieben, ohne daß man deshalb ihre Ansichten teilen mußte? Ihre Absichten mußten ja nicht unlauter sein; sie konnten durchaus einer richtigen Motivation entspringen. Aber nicht alles, was aus einer richtigen Motivation heraus getan wird, zeitigt auch ein richtiges Ergebnis.

Deshalb lag es mir fern, meinem Bruder, der dies empfangen und geschrieben hatte, in irgendeiner Form eine böse Absicht zu unterstellen. Ganz im Gegenteil hielt ich ihn für einen bescheidenen Lehrer, der in den Mittelpunkt seiner Lehre die Liebe stellte. Das zu leben war ja auch mein Bestreben. In diesem Punkt waren wir völlig einer Meinung.

Völlig auseinander gingen dagegen unsere Anschauungen, als ich auf die Stelle stieß: „Die Liebe Jesu, Krishnas, Buddhas und aller aufgestiegenen Meister ["an deren Spitze Maitreya, der Antichrist, steht", dachte ich] umgibt uns mit unserem einsamen Gebet." Und ziemlich am Ende des Buches lernte ich einen mir völlig fremden Jesus Christus kennen:

„[Einige von euch] glauben, sie müßten ihre alten Gewohnheiten ablegen und verstehen, daß ich für ihre Sünden gestorben bin! Das, meine Freunde, ist nichts als leeres Geschwätz. Ich frage euch: Warum sollte ich für eure Sünden sterben? Ich habe sie nicht begangen! Ich glaube, ihr denkt, ich sei ein großartiger Bursche. Ich bin so ‘gut’, daß ich eure Sünden einfach wie ein Schwamm aufsaugen kann und dennoch von ihnen unberührt bleibe. Dann sind wir alle fein 'raus, nicht wahr? Wirklich? Nun glaubt ihr, eure Erlösung hinge von mir ab. Und was ist, wenn ich euch nicht erlöse? ... In Wirklichkeit sage ich eigentlich etwas ganz anderes. Ja, alles ist in Ordnung - aber nicht in irgendeiner fernen Zukunft oder durch irgendeinen Glaubensakt eurerseits. Alles ist jetzt in Ordnung, ohne daß ihr irgend etwas in Ordnung bringen müßt und ohne daß ich etwas in Ordnung bringen muß.“

So stellte ich mir meinen Bruder und Freund, der für mich die Liebe meines himmlischen Vaters verkörpert, nicht vor. Daran konnte auch der Satz nichts mehr ändern, den ich noch fand: „Das Licht des Christus ist in jedem von uns. Bringen wir es gemeinsam im Namen der Liebe zum Strahlen.“

Ich verstand auf einmal, was mein Licht mir hatte nahebringen wollen. Ich drückte es mit meinen Worten aus: „Die Fußangeln sind hervorragend getarnt. Sie verstecken sich zwischen Aussagen, denen du ohne weiteres zustimmen kannst. Hast du oft genug zugestimmt, ist die Gefahr groß, daß du auch da ja sagst, wo du eigentlich nein sagen möchtest und müßtest. [Übrigens ein alter Verkäufertrick, fiel mir ein.] Aber weil alles andere wie eine runde und schöne Sache aussieht, kann man doch über diesen einen kleinen Satz - und wenn es zwei oder drei sein sollten - hinwegsehen.“ Aber gerade wegen dieser paar Sätze waren womöglich alle anderen als verlockende Verpackung geschrieben worden.

Wenn ich es mir recht überlegte, war mit der Aussage über die Erlösung und den großartigen Burschen nichts anderes ausgedrückt worden als: „Du brauchst dich nicht an deinen Erlöser zu wenden. Es gibt gar keinen.“

Sich davon nach und nach überzeugen zu lassen, weil ja die übrigen Lehrinhalte so ansprechend und endlich einmal verständlich dargestellt präsentiert wurden, so daß nichts gegen sie einzuwenden war - das war der Sinn der Falle; es war die Falle selbst. *Das* war die große Versuchung und nicht so sehr die Tatsache, daß man als Nichtchrist, als Andersgläubiger, seinen Weg beschreiten könnte; zumal dann nicht, wenn man sich aufrichtig bemühte. Jeder, der seinen Weg tatsächlich ginge, würde die Wahrheit finden. Egal, aus welcher Richtung er käme: Ginge er unbeirrt ins Land der Liebe, würde er dort auf seinen Erlöser und seine Brüder und Schwestern treffen.

Unter dem Gesichtspunkt, daß man klar und stark genug ist, nein zu sagen zu dem, was man für sich als falsch erkennt, fand ich es gar nicht so schlimm, auch einmal solche Literatur wachsamen Auges zu lesen. „Prüfet alles! Das Gute behaltet!“, so stand es doch schon in der Bibel.

Ich legte das Buch an die Seite und nahm das zweite zur Hand: „Gespräche mit Gott - Ein ungewöhnlicher Dialog“. Auch ein Thema, das mich interessierte; zum einen wegen der bisher erhaltenen Aufklärung dazu und auch wegen meines allerallerersten Schrittes in die gleiche Richtung. Und auch ein wenig, weil dieses Buch eine Zeit lang auf der Bestsellerliste in Amerika ganz oben gestanden hatte.

Schon nach dreißig, vierzig Seiten hatte ich das Gefühl, man wollte mich in eine Diskussion voller Widersprüche verwickeln. Mal konnte ich zustimmen, Absätze oder Seiten später wurde meine Zustimmung in Frage gestellt und der gleiche Aspekt so geschickt aus einem anderen Blickwinkel betrachtet, daß ich die neue Sicht bejahen konnte. Außerdem wechselten sich Stellen, die ich aus meiner Perspektive heraus als richtig erkannte mit solchen, die mir gegen den Strich gingen, ständig ab. Als es mir zu bunt wurde, nahm ich einen grünen Filzstift für *ja* und einen roten für *nein*. Ich wollte zuerst auch noch einen gelben nehmen für „Fragezeichen, weil widersprüchlich oder unverständlich“, aber das schien mir die Sache dann doch nicht wert zu sein. Ich begann noch einmal von vorne zu lesen. Nach etwa zwei

Stunden war mir noch klarer geworden, auf was mein Licht mich hatte aufmerksam machen wollen. Und das Buch war voller farbiger Kennzeichnungen. Ich schaute sie mir nochmals an.

Grün stand zum Beispiel für „Die Frage ist nicht, mit wem ich rede, sondern wer zuhört." Oder für „Das nobelste Gefühl ist jenes, das ihr Liebe nennt." Gleich dahinter die Sätze waren rot angestrichen: „Freude, Wahrheit, Liebe. Diese drei sind austauschbar, und eines führt immer zum anderen. Die Reihenfolge spielt dabei keine Rolle."

Grün fand sich außerdem bei „Denn in Gottes Welt geschieht nichts zufällig, und so etwas wie einen Zufall gibt es nicht." (Wie wahr und wie sehr zu unterschreiben!) Grün auch an der Stelle „Doch die größte Gemahnerin ist nicht eine außenstehende Person, sondern eure innere Stimme."

Es gab noch viele grüne Stellen. Zwei seien noch besonders erwähnt. „Doch ich habe euch nie verlassen, sondern euch immer zur Seite gestanden, bereit ... euch nach Hause zu rufen." Und: „Das Versprechen Gottes ist, daß du sein Sohn bist." (Wie sicher und geborgen man sich dabei fühlen kann.) Doch schon in der nächsten Zeile eine Stelle, die ich rot markieren mußte: „ ... ihm gleichgestellt."

Die Stellen mit roter Kennzeichnung überwogen ohnehin. Ich las ein paar von ihnen.

„Indem ich 'etwas anderes' erschuf, habe ich eine Umgebung bereitet, in der ihr *wählen* könnt, Gott zu sein, statt daß euch nur einfach *gesagt* wird, daß ihr Gott seid." [1)]

„Denke, sprich und handle als der *Gott, der du bist*."

„Das ist es, was Jesus tat. Das ist der Weg Buddhas, der Weg Krischnas, der Weg jedes Meisters, der auf dem Planeten erschienen ist."

„ ... 'in den Himmel kommen' gibt es nicht. Es gibt nur ein Wissen, daß du schon dort bist. Es gibt ein Akzeptieren, ein Verstehen, es gibt kein dafür Arbeiten, kein Hinstreben."

„ Es ist pure Arroganz, wenn ihr denkt, daß ihr durch irgendwelches Handeln eurerseits 'in den Himmel kommen' könnt. Es gibt nur *einen* Weg ... ausschließlich durch die Gnade." („Wenn Luther das doch hören könnte", dachte ich. Aber vielleicht hörte er es ja.)

„Du lernst hier nichts. Du hast hier nichts zu lernen. Du brauchst dich nur zu erinnern, das heißt: mich zu erinnern."

Manches war kindisch-lächerlich: „ ... mußten die Religionen etwas erschaffen, worüber ich wütend werden könnte."

Und dann die raffinierte Verdrehung des Beispiels „Meister und Gesellen", über das ich mit Sebastian gesprochen hatte: „Und ein wahrer Gott ist nicht der mit den meisten Dienern, sondern einer, der am meisten dient und so aus allen anderen Götter macht."

Ich las noch einen letzten der rot angestrichenen Sätze, dann schlug ich das Buch zu. „Siehst du denn nicht, daß ich ebenso leicht deine Einbildungskraft wie alles andere manipulieren kann?" Und wie ich es sah!

Das war nicht mein Gott. Das war nicht der Urheber der Liebeschwingung, die ich in mir verspürt hatte. Das war nicht der, dessen Frage ich in mir vernommen hatte: „BIN ICH ES, DEN DU LIEBST?"

Es waren nur zwei Bücher von vielen, die ich gerade gelesen hatte. Ähnliche drängten zur Zeit massiv auf den Markt. Mal ging es *mit* Christus (oft vom Erlöser herabgestuft zum aufgestiegenen Meister), mal ging es *ohne* ihn. Die Seite der Dunkelheit schien eine Kampagne gestartet zu haben, um zuerst die große Verunsicherung und dann den „großen Umweg" einzuleiten. Auf der anderen Seite stand erfreulicherweise eine Zunahme aufbauender, christlicher Literatur. Aber sie beinhaltete bei aller Anschaulichkeit leider nach wie vor die gleichen, alten und nicht zufriedenstellenden Antworten, wie sie seit vielen Jahrhunderten auf die ebenfalls gleichen und alten Fragen gegeben wurden. Da war es zu befürchten, daß sie kein wirkliches Bollwerk würde darstellen können.

Auch neue Bibelausgaben - in hochwertigem Ledereinband und mit Goldschnitt für denjenigen, der es sich leisten konnte - stellten zum Aufdecken der Verfälschungen und zum Erkennen der gefährlichen Irrwege keine Alternative dar. Wenigstens dann nicht, wenn die Bibel nur als eine unterhaltsame Lektüre betrachtet würde, in der man halt liest, um den Glauben zu stärken. Als Anweisung für das Leben

---

1) Das *kursiv* Geschriebene steht so im Original. Es hat auch nicht im Entferntesten etwas zu tun mit der Wiedergabe der Weisheiten, die mir mein Licht vermittelt hat.

ja; dem würde dann aber auch das Praktizieren der Lehre folgen: die nach der Bibel *gelebte* Lehre. Und daraus würden sich schon bald Erfahrungen, Fortschritte und Einsichten ergeben.

Da tat sich für mich immer die Frage auf, ob man das Buch der Bücher dann noch regelmäßig lesen würde oder müßte. Als Trost und zur Auffrischung meiner Empfindung, in Gott geborgen zu sein, wäre die Bibel selbstverständlich jederzeit eine willkommene Hilfe. Aber war sie dafür da, um einen 1900 Jahre alten Text immer wieder auszulegen? Wie ein Schulbuch der ersten Klasse, das noch benützt wird, obwohl doch alle schon längst erwachsen geworden sind? (Waren sie erwachsen geworden?) Oder aus Tradition und Gewohnheit, nur um sich bereits bekannte Zitate, Verhaltensanweisungen, Gottesvorstellungen und Wunder ins Gedächtnis zu rufen? [1)] Da setzte ich doch einige Fragezeichen hinter. Mir kam ein solches Verhalten immer vor wie das Lesen in der Straßenverkehrsordnung, bevor sich jemand in sein Auto setzt und losfährt. Er müßte doch eigentlich wissen - und weiß es ja auch -, daß man bei Rot halten muß und bei Grün fahren soll. Zur Ehrenrettung der Autofahrer mußte ich zugeben, daß ich keinen kannte, der sich entsprechend meines Beispiels verhielt. Dann müßte das doch eigentlich - von den schon erwähnten Gründen des Trostes und der Hilfe abgesehen - auch im Falle der Bibel möglich sein. Ich würde diesen Aspekt mal mit meinem Licht besprechen.

Noch etwas kam mir urplötzlich in den Sinn, an das ich noch nie gedacht hatte. (Ich glaubte ganz sicher, daß mein Licht meinen Überlegungen die entsprechenden Impulse gab.) Ob es überhaupt ursprünglich in Gottes Plan vorgesehen war, daß die Lehre und das Wirken Jesu Christi niedergeschrieben und auf diese Weise festgehalten werden sollten? Mir schien auf einmal logischer zu sein, daß der Schwerpunkt auf dem inneren Wachstum gelegen haben muß, das sich aus der Nachfolge ergab. Wer die Liebe lebte, brauchte nicht nachzulesen, ob, daß und bei welcher Gelegenheit sein Herr und Meister Wasser in Wein verwandelt und aus zwei Fischen und fünf Broten eine Speisung für Tausende bereitet hatte. Er *wußte*, daß es so war.

Im übrigen gab es in den ersten Jahrzehnten die Bibel in der heute vorliegenden Form nicht. Erst später, als die Aufbruchsstimmung und langsam auch das Prophetentum nachließ und die Menschen sich nicht nur durch den zeitlichen, sondern auch durch einen zunehmenden inneren Abstand von Christus entfernten, entstanden die Evangelien. Erst sehr viel später wurden sie zusammen mit dem Alten Testament, den Briefes des Paulus u.a. mehr zur heute gültigen Heiligen Schrift gemacht.

Es könnte also ohne weiteres sein, war meine Überlegung, daß die geistige Übermittlung der Evangelien eine Art Notlösung darstellte, um den Menschen wenigstens einen Rahmen, ein Gerüst für ihren Glauben zu geben, wohlwissend, daß damit die Gefahr des engen Buchstabenglaubens verbunden war. Vielleicht war das das kleinere Übel?

Meine Gedanken waren für einen Moment abgeschweift. „Macht nichts", sagte ich zu mir, „irgendwie gehört das auch dazu." In den nächsten Tagen würde ich Max die beiden Bücher zurückbringen. Er würde möglicherweise überrascht sein über meine Meinung dazu. Ob er sich ihr anschließen würde war seine Entscheidung. Ich ging noch für ein paar Minuten in mein Inneres, war aber inzwischen zu müde, so daß ich nicht mehr als nur ein paar klare Gedanken fassen konnte. So ließ ich es einfach aus meinem Herzen strömen.

Es war bereits nach Mitternacht, als ich mich zur Ruhe begab. „Danke für deine Hilfe beim Lesen", dachte ich. „Bis gleich?" Ich war überglücklich, einen Freund, Lehrer und Begleiter wie mein Licht zu haben, vor allem bei dem durchaus nicht leichten Thema der Unterscheidung der Geister. Ich glaube, ich schlief mit einem Lächeln ein, weil ich mich noch erinnerte an sein *Viel Freude beim Lesen*. Ein himmlischer Humor!

*

[1)] Jakob Lorber hat dazu folgendes empfangen: „Aber das sage Ich dir auch: Mit einer bloßen Verehrung und noch so tief andächtigen Bewunderung Meiner göttlichen Vollkommenheit ist's da nichts! Solcher sogenannten frommen Christen gibt es eine Menge in der Welt, und doch erreichen sie wenig oder nichts." Aus dem „Großen Johannes Evangelium", zit. nach Coralf „Maitreya - Christus oder Antichrist?, Konny Müller Verlag, 1997

Wie erhofft, blieb ich in dieser Nacht nicht allein. Das Licht erstrahlte vor mir. Wie meistens nahm es mich auch diesmal kurz in seine Schwingung auf.

Wie ist es dir heute abend ergangen? Mir scheint, du hast dich tapfer geschlagen.

„Eine etwas komische Formulierung", dachte ich. „Wie es mir ergangen ist, mußte es wissen. Es war doch dabei." Aber vielleicht wollte es von mir noch etwas über meine tiefsten Empfindungen erfahren.

Ich sagte: „Du warst natürlich dabei, sonst wäre mir das *so* wohl nicht gelungen."

Mache dich nicht kleiner, als du bist. Meinst du nicht, du hättest nach der harten Arbeit der letzten Wochen und Monate auch mal ein bißchen Lob verdient?

War Lob nicht Gift? Heute schien mein Licht sehr großzügig zu sein. Aber ganz unrecht hatte es nicht ... „Sicher war es manchmal ganz schön haarig, und es stimmt auch, daß ich, daß wir schon ein bißchen was erreicht haben." In meiner Stimme schwang eine verschwindend kleine Portion Selbstzufriedenheit mit. Gott sei Dank wirklich nur ein Promille.

Sage ruhig „ich" und nicht „wir", und schätze deinen Anteil nicht zu gering ein. Du wirst noch viel mehr erreichen. Ich sehe voraus, daß sich dein Eifer bezahlt machen wird.

Ich wollte abwinken und etwas korrigieren, doch ich wurde unterbrochen.

Nein, nein, ich kenne deine Bescheidenheit. Sie ist sprichwörtlich. Doch jetzt laß auch einmal eine Anerkennung zu. Sicher ist die innere Bereitschaft notwendig, aber wenn der Mensch nicht auch den notwendigen Ehrgeiz entwickelt, wird er kaum vorankommen.

Ich runzelte meine Stirn bei diesen Worten.

Weißt du eigentlich, daß du schon seit langem vielen Menschen und Seelen als Vorbild dienst?

Ich riß Augen und Ohren weit auf. War heute der Tag, Lob- und Fleißkärtchen gleich doppelt und dreifach zu verteilen?

Du bist verdattert und kannst kaum glauben, was ich dir sage. Doch es ist so. Du kennst nur diese großzügige Seite meines Wesens noch nicht. Ich hatte bisher wenig Gelegenheit, sie dir zu zeigen. Doch auch das gehört zu einem Engel Gottes und zu seiner Liebe, daß er Beifall und Wertschätzung dort zollt, wo sie angebracht sind.

Mein Licht hatte recht: Diese Seite kannte ich wirklich nicht. Gab es sie überhaupt? Aber wie sollte es sie nicht geben, da ich sie doch gerade erlebte? Das Licht ließ mir kaum Zeit zum Nachdenken. Es legte heute eine gewisse Hektik an den Tag, so als ob etwas eile, als ob es etwas hinter sich bringen müßte. „Ferdinand, da muß was mit dir nicht stimmen", sagte ich mir. „Du hast zuviel gelesen."

Das mit dem Vorbild meine ich ernst. Die Menschen um dich herum beobachten dich sehr genau. Denk doch nur an deine Eva. („Es ist doch nicht *meine* Eva!" stellte ich sofort richtig.) *Gut, vielleicht habe ich es ungenau formuliert.*

„Dann hast du aber auch zuviel gelesen", dachte ich. Und als keine Reaktion darauf erfolgte: „Heute bist du aber wirklich nicht besonders in Form." So hatte ich das Licht noch nicht erlebt.

Es sprach mitten in meine Gedanken hinein: *Was ich meine ist, daß du dich freuen kannst, weil deine Arbeit endlich die ersehnten ersten Früchte zeigt. Besonders im Unsichtbaren sind viele Seelen ständig um dich herum, die sich nach dir richten und versuchen, die Liebe so zu leben wie du. Wenn das kein Grund zur Freude und ein großer Tag für dich ist!*

Mir fiel auf, daß die Strahlung des Lichtes immer dann, wenn es das Wort „Liebe" aussprach, auf eine bisher von mir noch nie wahrgenommene Art und Weise flackerte, was mich an meine Neonröhre im Keller erinnerte, die ich unbedingt ersetzen mußte.

Was sagst du dazu?

Ich sagte gar nichts dazu. Hier stimmte was nicht.

Hat es dir die Sprache verschlagen?

Plötzlich kam mir ein schrecklicher Verdacht. Ob er sich als richtig erweisen würde, das würden die nächsten Momente zeigen. Weil mir aufgefallen war, daß das Licht (ich dachte nicht mehr *mein*, sondern *das* Licht) heute nicht auf meine Gedanken reagierte, ließ ich meinen Verdacht - unausgesprochen, aber in Gedanken und ganz vorsichtig - zu und wartete ab, was passieren würde. Es passierte nichts.

Dann ließ ich meine Gedanken massiv hinaus - wieder keine Reaktion. Jetzt war ich fast sicher. Nein, ich war sicher! *Mein* Licht konnte in alle Bereiche meines Denken und Fühlens eintauchen. Dieses Licht vor mir nicht. Es war also nicht *mein* Licht. Wenn es aber nicht mein Licht war, dann war es kein richtiges Licht, denn ein solches würde sich nicht als meines ausgeben. Wenn es aber kein richtiges war, dann war es ... ein *dunkles* Licht!

Ich war über mich selbst erstaunt, daß ich nicht in Panik geriet; auch keine Angstzustände überkamen mich. Wenn alles stimmte, was ich bisher gelernt hatte, dann gab es nichts, wovor ich mich fürchten mußte. Denn meine Sehnsucht und meine Liebe waren zwar noch klein, aber ehrlich. Ich war deshalb sicher, daß *mein* Licht in der Nähe war und mich schützte und mir Kraft spendete.

„Also gut, auf in den Kampf", dachte ich. Das Licht vor mir mußte etwas ahnen oder etwas bemerkt haben. Es flackerte jetzt stärker und zog ganz leicht, wie in einer Abwehrhaltung, seine äußersten Strahlen ein.

„Hat dir die Liebe Gottes deinen heutigen Auftrag gegeben, oder handelst du aus deinem Eigenwillen heraus?" fragte ich.

Die Liebe Gottes? Die Stimme hatte einen leicht schrillen Klang angenommen, was mich an die Begegnung mit dem älteren und jüngeren Mann im Tal der Wegweiser erinnerte.

„Ja, die Liebe Gottes! Wie oft hast du von ihr gesprochen! Weißt du es noch?" Ich fand es an der Zeit, die Sache zu beenden. „Liebst du Ihn noch?" Eine häßliche Stille herrschte. „Soll ich dich mit Seiner Kraft segnen?"

Unter Zischen und Sprühen brach die Strahlung zusammen. Im selben Augenblick war ein anderes, *mein* Licht, da und hüllte mich ein, so wie eine Mutter ihr erschrockenes Kind liebevoll und tröstend in den Arm nimmt. Jetzt, da alles vorbei war, merkte ich doch, daß mich das Erlebnis nicht kaltgelassen hatte. Es saß mir tatsächlich ein Schrekken, wenn auch kein großer, in den Gliedern. Ich gab mich deshalb nur zu gerne dieser göttlichen Liebe hin, die ich um nichts auf der Welt gegen weltliche Wertschätzung eingetauscht hätte. „Das ist wahre Geborgenheit", empfand ich.

Und sofort kam die Antwort. *Was wirst du erst empfinden, wenn du wieder eingetaucht bist in die Geborgenheit Gottes.*

Ich genoß noch eine Zeit lang die Nähe und Wärme. Dann richtete ich mich langsam wieder auf. „Du hättest mich auch warnen können."

Zum einen wäre ein aktueller Hinweis nicht im Sinne der Übung gewesen. Und zum anderen: Wenn ich mir unsere letzten Gespräche betrachte, scheint es mir schon, daß mehr als genug Warnungen ausgesprochen worden sind.

Jetzt verstand ich. Die Versuchung hatte sich schon vor Tagen herangeschlichen und in Warteposition aufgestellt. Es mußte sich nur noch der richtige Zeitpunkt ergeben. Der schien in dieser Nacht gekommen zu sein. Deshalb vorher noch der „Schnellkurs im Durchblicken"! Ein wahrhaft fehlerfrei arbeitendes Uhrwerk, das nur durch mich, dem es diente, beeinträchtigt werden konnte, indem *ich* Sand ins Getriebe warf. Diese Regel galt für alle Menschen.

„Aber mußte es gleich eine *solche* Prüfung sein? Hätte es auch nicht eine weniger große getan?" wollte ich wissen.

Dazu kann ich nur etwas wiederholen, das du vor ein paar Minuten schon erfahren hast; diesmal fehlt allerdings der falsche Zungenschlag: Mache dich nicht kleiner, als du bist. Erkenne die Kindschaft Gottes in dir und damit die Fähigkeit, eine Gefahr rechtzeitig wahrnehmen und ihr erfolgreich entgegentreten zu können. Zumindest solltest du dies grundsätzlich als eine in dir und in jedem angelegte Kombination aus Weisheit und Kraft akzeptieren, wenn sie auch noch nicht voll entwickelt ist. Ich akzeptierte.

Wer sich auf den Weg in seine ewige Heimat macht, wird stark und stärker. Entsprechend darf sich die Finsternis an ihm messen. Sie ist zwar immer der Urheber einer Versuchung oder eines Angriffs, doch manchmal bedienen sich auch höhere Kräfte ihrer, ohne daß die Dunkelheit es bemerkt.

Das verstand ich nicht. Vielleicht aber war ich auch noch nicht wieder voll da. Mein Licht half mir.

Würdest du als Mensch etwas lernen, wenn du nicht gefordert würdest? Würdest du jemals über das kleine Einmaleins hinauskommen, wenn du dich nicht irgendwann einmal an das große heranwagen wür-

dest? Irgend jemand müßte dir, falls du es nicht selber tust, schwierigere Aufgaben als bisher vorsetzen, wolltest du dich nicht auf Dauer in deinem kleinen Einmaleins bewegen. Einverstanden?

„Aber sicher. So wie du einem das erklärst ..."

Also läßt Gott es zu, daß dich jemand mit einer Aufgabe konfrontiert, deren Lösung du zwar theoretisch schon kennst, praktisch aber noch nicht erprobt hast. Denn du hast durch dein Ja zum Ausdruck gebracht, daß du dich auf den Heimweg gemacht hast. Und indem du nun Wissen über Wissen ansammelst, wird die Notwendigkeit immer größer, dieses Wissen in praktische Erfahrung umzusetzen. Denn du sollst ja nicht nur Wissen anhäufen, sondern mit diesem Wissen endlich losmarschieren. Das ist der Hintergrund deines Ja's zu Gott. Also läßt Er zu, daß die Kräfte, die die Absicht haben, dich zu halten und dir zu schaden, sich mit dir messen. Er bedient sich ihrer. Hast du nicht nur Wissen angesammelt, sondern auch ... [„trainiert, würde ich sagen", dachte ich] *... also gut, trainiert, dann macht dich jeder Wettkampf mit dem Gegner stärker. Die nächste Aufgabe wird dann ein klein wenig schwieriger, aber nie so schwierig, daß du unterliegen mußt.*

Hast du jedoch nicht trainiert ...

„ ... dann wird es mir wie jemandem ergehen, der immer mehr Gewichte auf seine Hanteln gelegt bekommt - das war sein Wunsch; mit seinem Ja hatte er zugestimmt - und dann mangels Training unter dem Gesamtgewicht schließlich zusammenbricht." Ich verstand.

Und auch dein Inneres, das Göttliche in dir, fordert das Äußere, deinen Menschen. Das heißt: Du forderst dich selbst! Denn du - dein Inneres - willst heim und regst dich - dein Äußeres - an, die nächsten Anstrengungen zu unternehmen. Dein höheres Selbst, wenn dir dieser Ausdruck besser gefällt, kann so an der Entstehung von Situationen beteiligt sein, die du dir als Mensch in dieser Form niemals gewünscht oder geschaffen hättest. Du hättest sie sogar gemieden. Doch die seelische Evolution - merkst du, wie sich wieder ein Kreis schließt? - ist nicht aufzuhalten. Auch hierbei hilft die Finsternis, ohne daß sie es weiß, und ohne daß es ihre Absicht ist. Denn jede bestandene Prüfung bringt dich voran.

Hatte ich nicht vor kurzem gedacht: „Und ständig pfuscht der eine dem anderen ins Handwerk 'rein, indem er versucht, das, was der Gegner gerade ankurbelt, zu unterminieren"? Das war's doch - wenn auch nicht so elegant formuliert wie durch mein Licht. Diesmal wurde ich nicht korrigiert. Vielleicht aus Nachsicht, wegen meines Gegenlicht-Erlebnisses.

Und um das Thema abzuschließen: Da du schon seit geraumer Zeit Wissen über Wissen erhältst und dich auch bemühst, es deinem Vermögen entsprechend ... [„schrittchenweise", sagte ich] ... *genau das meine ich, also schrittchenweise umzusetzen, durften die Aufgaben ein wenig anspruchsvoller werden.*

Oh, wie ich mein „altes", echtes und vertrautes Licht mochte!

17.

Es war ein paar Tage später. Ich hatte wieder einmal einen mit Terminen vollgepackten Tag hinter mir, war auf dem Weg nach Hause und freute mich auf den Abend daheim. Peter wollte vorbeikommen; vielleicht würden wir wieder einmal Schach spielen. Diesmal hätte er einen stärkeren Gegner vor sich als beim letzten Mal.

Kaum hatte ich meine Wohnung betreten, klingelte das Telefon. Ich nahm den Hörer ab, ehe sich der Anrufbeantworter einschalten konnte. Maria Gollberg war am Apparat.

Als ich Marias Stimme hörte, machte mein Herz plötzlich ein paar Schläge mehr. Das überraschte mich. Nicht so sehr der Grund für die außerplanmäßigen Herzschläge; den hatte ich schon vor Tagen erkannt. Nein, es waren mehr körperlichen Begleiterscheinungen selbst, die ich auf einmal mit knapp 56 Jahren noch - oder wieder - empfand. Wann hatte ich so etwas zuletzt erlebt? Vor 27 Jahren, damals, als ich Judith kennenlernte.

Maria hatte sich entschlossen, in die Wohnung ihrer Mutter zu ziehen. Der Vermieter war einverstanden, einen Nachmieter für ihre jetzige Wohnung würde sie finden. Da war sie absolut sicher. Wenn ihre neue Wohnung auch mit einem längeren Anfahrtsweg zu ihrer Arbeitsstätte verbunden war, so lagen für sie doch die Vorteile auf der Hand: eine ruhige Lage, eine bessere Aufteilung, etwa 10 qm mehr Wohnfläche, aber eine kaum höhere Miete.

Im Zusammenhang mit dem Umzug und möglichen Renovierungsarbeiten sowohl in ihrer alten als auch in ihrer neuen Wohnung taten sich für sie viele Fragen auf. Sie sei, so sagte sie mir, die kleine Liste ihrer Bekannten durchgegangen, ohne auf jemanden zu stoßen, dem sie wirklich zutraute, ihr mit Rat und Tat zur Seite stehen zu können. Ihr Bruder Volker wäre zwar willig, aber er hätte zwei linke Hände und gehöre eigentlich mehr an den Schreibtisch als sonstwohin. Da wäre als letzte Möglichkeit ich übriggeblieben. Und obwohl wir uns ja so gut noch nicht kennen würden, hätte sie das Gefühl, mich bitten zu dürfen ...

Wir vereinbarten, uns am Sonntag nachmittag in der Wohnung ihrer Mutter zu treffen.

*

Während der letzten Tage war ich auf die verschiedenste Weise immer wieder mit dem Thema „freier Wille" konfrontiert worden. Zum Teil waren es eigene Erlebnisse, die mich veranlaßten, gedanklich in diesen Komplex einzusteigen, zum Teil aber auch Meldungen aus der Tagespresse. Passierte ein größeres Unglück - so war mir aufgefallen -, dann wurde regelmäßig in Ansprachen die Frage nach dem Warum? gestellt. Beantwortet werden konnte sie nicht, denn zum einen wußte keiner die Antwort - was zu verstehen war -, und zum anderen suchte man ohnehin nicht ernsthaft danach. Schicksal ...

So manche Gespräche ergaben sich in der letzten Zeit ohne mein Zutun. (Nur sehr selten noch machte ich versuchsweise eine ganz kleine Bemerkung, mehr nicht; denn ein bißchen was hatte ich schon gelernt.) Im Mittelpunkt stand oft die Frage, wie man sich frohen Herzens einer höheren Macht nähern könnte, die doch augenscheinlich soviel Leid entweder auf die Erde schickte oder es zumindest zuließ. Ich gab dann, so gut ich es vermochte, aus meiner Sicht die Antwort. Anscheinend fehlte zu meinem richtigen Verständnis aber noch manches, denn mein Licht nahm ein abends geführtes Telefongespräch mit einem alten Bekannten zum Anlaß, meine Auffassung zu vertiefen.

Mache, wie schon erprobt, e i n e Annahme zum Fundament deiner Überlegungen. Behalte dir vor, diese Annahme jederzeit zu widerrufen, wenn sich herausstellt, daß du mit deinen Folgerungen in eine Sackgasse gerätst. Widerrufe sie n i c h t , nur weil dir die Antworten nicht passen. (Darüber hatten wir schon gesprochen, aber es schien angebracht, diesen Punkt zu wiederholen. Nun gut.) *Suche dir also einen Aspekt heraus, den du zu einem vorläufigen Fundament machst. Ob es ein endgültiges sein kann, wird sich später herausstellen.*

Ich dachte kurz nach. „Schutz und Führung? Erweckung der Liebe? Leben im eigenen oder im göttlichen Gesetz? Wie Vertrauen entsteht?" Was sollte ich nehmen?

Es spielt nur eine untergeordnete Rolle, wofür du dich entscheidest. Du wirst sowieso immer zur selben Antwort finden.

„Dann entscheide ich mich für 'Leben im eigenen oder im göttlichen Gesetz'."

Dann fang an.

„Wer? Ich?"

Wer denn sonst? Ich kenne die Antwort schon.

War das eine Liebe! Ich begann.

„Du hast mir einmal ausrichten lassen: NICHTS IST, DAS AUSSERHALB VON MIR IST. Da Gott auch das Gesetz ist, müßte man daraus folgern können, daß es nichts außerhalb Seines Gesetzes gibt.

Man müßte nicht nur können, man kann.

„Das würde dann ... das bedeutet dann, daß auch das menschliche Gesetz, der Eigenwille, Teil des übergeordneten Gesetzes des göttlichen Willens ist. Also gibt es doch nur ein Gesetz. Aber dann hätte ich ja keinen eigenen Willen." Jetzt wurde es schwierig für mich. „Du siehst ja", sagte ich nach einer Pause des Nachdenkens, „daß ich mir Mühe gebe, aber viel kommt dabei nicht heraus."

Eigentlich hätte ich es nicht besonders zu betonen brauchen. Und natürlich bekam ich Hilfe.

Gott ist alles. Damit ist Er auch Liebe und auch Gesetz. Oder anders ausgedrückt: Seine Liebe ist Sein Gesetz - oder umgekehrt. Wie du magst. In eine absolute Freiheit hineinzuwachsen - was du dir ja wünscht, wenn es hier auf Erden auch nur in unvollkommener Weise möglich ist - bedeutet, sich freiwillig der großen Liebe Gottes hinzugeben. Eine freiwillige Hingabe kann aber nur auf der Grundlage der Sehnsucht und Liebe erfolgen.

Mir kam gerade ein Gedanke, ein *anderer* Gedanke. Aber so anders war er vielleicht doch nicht, auch wenn er das Thema „Wiederverkörperung" betraf. „Wir haben schon des öfteren darüber gesprochen, daß es einen Sinn hat, über seine früheren Leben nichts zu wissen. Zu den bereits bekannten Argumenten kommt für mich nun noch eines hinzu."

Und das lautet?

„Das einzig richtige Motiv, den Himmeln näherkommen und frei werden zu wollen, kann nur die freiwillige Hinwendung zu Gott sein, die aus Liebe zu Ihm erfolgt. Das bedeutet, ein Ja zu Ihm hat wenig Sinn, wenn es beispielsweise - in Kenntnis meiner Vorleben - gegeben wird, um mögliche Auswirkungen früherer Verfehlungen in diesem Leben zu vermeiden. Also kann ich mir schon aus diesem Grund ein Nachforschen ersparen. Ein dem Buchstaben und Gesetz nach 'richtiges' Handeln aufgrund solcher Erkenntnisse hätte sowieso kaum einen positiven Einfluß auf meinen Weg, weil als einzige Beweggründe die Sehnsucht und Liebe zu Ihm zählen. Sind die aber vorhanden, werden sie geweckt oder vermehrt, spielt ein Wissen über meine Vorleben keine Rolle mehr."

Wenn wir nun festhalten, daß nur die Liebe zählt, tut sich dann nicht die Frage auf: Trage ich diese Liebe schon in mir? Wenn ja, wie ist sie zu wecken?

„Und: Warum überhaupt soll ich sie wecken? Ich lebe doch recht gut so, wie ich lebe."

Womit wir zu deinem Fundament „Leben im eigenen oder göttlichen Gesetz" zurückgekehrt sind.

Ich sah den Zusammenhang noch nicht.

Gottes Gesetz ist Liebe. Es führt absolut präzise jeden Menschen und jede Seele. Fälschlicherweise wird manchmal formuliert: „Der Mensch hat sich aus dem Gesetz der Liebe entfernt." Das kann er nicht. Er kann nur innerhalb des großen Gesetzes sein kleines, eigenes Gesetz schaffen, das aber auch nach genau festgelegten Richtlinien arbeitet ...

„Was aber keiner weiß."

Das ändert nichts daran, daß die Rädchen des Gesetzes wirkungsvoll ihre Arbeit leisten. Der Mensch, der gegen die Gebote der Liebe verstößt, hat sich zwar sein eigenes Gesetz geschaffen; den Mechanismus aber, der sein Gesetz steuert, hat er nicht konstruiert. Der ist Teil der göttlichen Liebe, weil nichts außerhalb dieser Liebe existiert.

Wenn das, was den Menschen in seinem eigenen Gesetz trifft, auf die Regeln des großen Gesetzes Gottes zurückzuführen ist, dann muß alles, was dem Menschen widerfährt - Liebe sein. Eine Liebe, die ihr Kind - das geistige Wesen, nicht den Menschen - zurückholen will. Das wäre logisch, revolutionär und provozierend. Es hätte, würde es morgen über alle Medien verbreitet, weltweit bei den meisten Menschen einen Aufschrei der Empörung zur Folge.

„Aber noch einmal meine Frage: Warum überhaupt soll ich die Liebe in mir wecken? Ich lebe doch recht gut so, wie ich lebe."

Weil dein eigenes Gesetz dir entweder Unpäßlichkeiten oder Schmerzen zufügt und du irgendwann - wenn deine Schmerzgrenze erreicht ist - die Frage nach dem Warum? stellst. Damit hast du den ersten Schritt getan.

Es gibt noch einen Grund ...

„Wenn das kleine Feuer der Liebe in mir größer wird. Wenn der kleine Ruf in mir lauter wird: 'Bitte komm auf meinem Weg an meine Seite'. Auch dann habe ich einen Schritt getan.

Beide Schritte führen dich über kurz oder lang aus dem kleinen, menschlichen Gesetz in das große Gesetz der Liebe hinein. Aus menschlicher Sicht hast du damit schon halb, aus geistiger Sicht schon ganz gewonnen.

Ich schaute fragend. Das allein reichte schon; zu sagen brauchte ich nichts. Die Antwort kam auch so.

Halb gewonnen, weil dir natürlich noch dieses oder jenes vorgesetzt wird, das es anzuschauen, zu bereuen und nach Möglichkeit wiedergutzumachen gilt. Vielleicht auch einiges, das noch abzutragen ist. Da kann es schon sein, daß der Mensch wieder ins Zweifeln verfällt, ob es denn wirklich eine so gute Idee war, sich Gott zuzuwenden.

Ganz gewonnen deshalb, weil du - wenn deine Absicht und dein Bemühen ehrlich sind - vom Augenblick deiner Entscheidung an in einem andern Maße als zuvor geschützt bist. Du hast deine Willensfreiheit dazu benutzt, dein eigenes Gesetz zu verlassen, um dich dem göttlichen anzuvertrauen. Damit kann Gottes Schutz, der auf diese Entscheidung nur gewartet hat, wirksam werden.

„In der gleichen Sekunde?"

In der gleichen tausendstel Sekunde. Würde nicht schon dein Bemühen vielfach unterstützt werden, kämst du nicht von der Stelle. So aber legt Gott auf den Seine Hand, der sich aus Liebe zu Ihm für Ihn entscheidet. Denke an das Bild, in dem das Böse von den vergeblichen Versuchen sprach, die Lichtgeschützten anzugreifen.

„Du hast von zwei Schritten gesprochen“, sagte ich. „Entweder der Schritt durch Schmerzen, Fragen und Einsicht oder durch die Stärkung der Liebe. Gibt es nicht noch viele andere Wege bis zu dem Punkt der Entscheidung?“

Es gibt so viele Wege, wie es Menschen gibt. Ich habe zwei Hauptwege aufgezeigt. Genaugenommen ist es nur einer: der Weg, auf dem die Liebe mehr und mehr zunimmt. Der Weg des Schmerzes und der Erkenntnis mündet in ihn ebenso ein wie alle anderen.

Das brachte mich zu einer Überlegung. Niemand würde gerne Not, Leid, Krankheit und vieles mehr verspüren. Man könnte diesen Weg doch meiden, indem man schon bei den Kindern so früh wie möglich die Liebe weckt. Am besten natürlich durch das Vorbild. Taufe, Kommunion, Firmung, Konfirmation und vieles mehr weckten ja nicht die Liebe. Sie machten die Kinder zu Kirchenmitgliedern. Auf einem ganz anderen Blatt stand, ob sie jemals erkennen würden, daß es nur um die Liebe geht. Den Erwachsenen ging es mit Sakramenten, Gottesdienst und Abendmahl ebenso. Auch bei ihnen wurde dadurch nicht die Sehnsucht gestärkt - *die* Antriebskraft überhaupt - und die Liebe nicht belebt ...

„Wie ist das Fundament anzulegen? Wie ist es zu erweitern?“ fragte ich.

Muß die Antwort jeder verstehen können? Und müssen alle das Fundament, das ja schon in ihnen ist, freilegen können?

„Aber gewiß, Gott ist doch die Gerechtigkeit.“

Kann es unter diesen Umständen Voraussetzungen, Bedingungen oder Techniken geben, die man erst erfüllen oder beherrschen muß? Das konnte natürlich nicht sein. *Dann gibt es nur einen Weg: bewußt die Sehnsucht in sich zuzulassen. Oder - wenn man sie noch nicht verspürt - in freier Willensentscheidung um ihr Wachstum zu bitten.*

Vier Zeilen eines Gedichtes gingen mir durch den Kopf: „Die Sehnsucht ist der Schlüssel, der dich finden läßt, und Ich Bin es in dir, der dein Bemühen trägt. Ich Bin es, der sich stark und tröstend in dir regt, und wenn du schwankend wirst, dann halte Ich dich fest.“ 1)

„Nun gibt es aber viele“, warf ich ein, „die möchten schon, aber sie können oder schaffen es nicht. Oder sie trauen sich nicht, weil sie vielleicht zu stark in eine Gemeinschaft und deren Denken eingebunden sind.“

Du hast die Antwort schon vor dir liegen. Gerade eben hast du sie ausgesprochen.

Ich schaute verblüfft. Was hatte ich gerade gesagt?

Hast du nicht von einge-bunden gesprochen? Wer das Gefühl hat, nicht das tun zu können oder zu dürfen, was er sich von Herzen ersehnt, hat sich von Kräften binden lassen, die verhindern wollen, daß er seinen nächsten Schritt tut. Irgend etwas fesselt ihn und hält in bewegungslos auf der Stelle. Gott ist dies sicher nicht. Wer also eine Bindung verspürt, der könnte sich fragen, wer oder was ihn hält.

„Ich glaube, er kann sich glücklich schätzen, wenn er überhaupt noch in der Lage ist, eine Bindung zu erkennen. Denn das gehört auch zur Raffinesse der Täuschung, daß ich eine Bindung dann nicht mehr wahrnehme, wenn ich mich nur lange genug habe fesseln lassen.“

Ich nahm mir vor, künftig noch wachsamer zu sein als bisher und bei nächster Gelegenheit in alle Ecken meines Ichs hineinzuleuchten, um nach möglichen Bindungen zu suchen. Denn diese waren ja nicht auf die Gebiete der Religion und Weltanschauung beschränkt. Sie fanden sich überall, in jeder Gewohnheit, Bequemlichkeit, Tradition, Sturheit, ängstlichen und eingefahrenen Verhaltensweise und vielem mehr.

Hatte ich eine oder mehrere der Bindungen erkannt, konnte ich mit freiem Willen oder in freier Wahl ... Das war's! Das war *der* Punkt, den ich irgendwo im Hinterkopf gehabt und nach dem ich die ganze Zeit gesucht hatte: Hat der Mensch den freien Willen, oder hat er die freie Wahl? Die Antwort darauf mußte ich unbedingt noch mit meinem Licht finden.

Ich vergesse den Punkt nicht; wir kommen nachher darauf zurück.

„Danke.“ Wo war ich stehengeblieben? ... Bei der Überlegung, was mit einer erkannten Bindung zu tun ist. Ich dachte kurz nach. Es mußte, wenn eine Lösung herbeigeführt werden sollte, eine Entscheidung getroffen werden.

Plötzlich wurde mir klar, daß ich dem Schritt, der „Entscheidung“ hieß, in meinem bisherigen Leben wenig Bedeutung beigemessen bzw. überhaupt nicht über ihn nachgedacht hatte. Ich war sicher, daß dies den meisten Menschen so ging.

„Entschuldige, bitte. Laß mich für einen Moment mal über etwas nachdenken, das mir gerade in den Sinn gekommen ist“, bat ich mein Licht. „Ich halte das für wichtig. Achte du bitte darauf, daß wir den roten Faden nicht verlieren. Ich bin gleich wieder da.“

Also: Es tritt ein Ereignis ein. Man nimmt es hin oder regt sich auf oder verzweifelt. Oder man fragt sich, warum das passieren konnte. Nicht immer, aber doch recht oft, findet man eine Antwort, wenn sie auch noch nicht die letze Weisheit darstellt; aber das spielte jetzt keine Rolle. Und was geschah dann in der Regel? Man hatte den Auslöser - und man hatte das Ergebnis. An was man nicht dachte, was man nicht kannte, war das Zwischenstück. Ein solcher Komplex bestand nämlich immer aus *drei* Teilen: der Ursache, der Entscheidung und der Wirkung. Da in vielen Fällen gar nicht die Möglichkeit in Betracht gezogen wurde und somit auch wahrgenommen werden konnte, durch das *Fällen einer Entscheidung die Wirkung zu verändern*, wurde die anscheinend nicht zu beeinflussende Wirkung gottergeben und mit gesenktem Kopf hingenommen. Achselzucken, Schicksal, nichts zu machen! Keine Kenntnis darüber oder auch nicht der Wille, eine Entscheidung fällen zu können oder zu müssen. Also keine Entscheidung. Oder? Lag wirklich keine Entscheidung zwischen dem ersten und dem letzten Glied der Kette? War nicht eine Entscheidungsunterlassung auch eine Entscheidung? Egal, ob sie aus Unkenntnis, Angst, Eigenwillen oder aus welchen Gründen auch immer unterblieb?

Doch! Auch keine Entscheidung war eine Entscheidung, denn die Zahnräder des Gesetzes würden nicht stille stehen, nur weil ich (noch) keine Entscheidung treffen würde.

---

1) Das ganze Gedicht befindet sich am Ende des Buches.

„Ich bin wieder da“, sagte ich. „Es hat nicht lange gedauert, und ich habe mich auch nicht weit entfernt.“

Du hast dich überhaupt nicht entfernt. Dir scheint es nur so, weil du die vielen Gesichtspunkte, die das Thema hat, noch nicht alle siehst. In Wirklichkeit bist du ganz eng an unserem roten Faden geblieben. Wir können, wenn du möchtest, an dieser Stelle mit „freier Wille“ oder „freie Wahl“ weitermachen. Auch das paßt. Deshalb sagte ich dir auch eben, daß es nur eine untergeordnete Rolle spielt, für welches der vier Themen du dich entscheidest. Du wirst stets immer zu denselben Antworten finden.

„Dann ist das ja wie in einem Trichter: Alles führt auf einen Punkt. Dieses Bild finde ich überhaupt passend. Es gilt auch für die seelische Evolution. Wenn ich mich dazu entschließe, nicht an der Trichterwand kleben bleiben zu wollen (weil ich meine Position irrigerweise schon für die endgültige halte), wenn ich also weitersuche und nicht zu früh aufhöre, gelange ich immer ins Zentrum.“

Das ist das Gesetz. Auf diese Weise finden alle Kinder heim. Denn keiner will und kann für immer „an der Trichterwand kleben bleiben“ - wenn ich deine Worte gebrauchen darf.

Ich dachte: „Wenn ich mal wieder ‘oben’ bin, werde ich mich bestimmt auch gewählter ausdrücken. Hoffe ich wenigstens.“

Da bin ich mir nicht so sicher.

Hatte ich mir das gerade nur eingebildet? Da war ich mir auch nicht sicher.

„Er wird sich also eines Tages entscheiden“, nahm ich nach diesem kleinen Zwischenspiel den Faden wieder auf. „Aus freien Stükken? Hat er eine andere Wahl? Womit wir bei diesem Thema wären.“

Du bist einmal im Freibad vom 5-Meter-Turm gesprungen. Erinnerst du dich daran?

„Nicht so gerne.“ Ich hatte damals gewaltige Angst gehabt. Gesprungen war ich nur, weil ich vor den Mädchen angeben wollte.

Während du zwischen Turm und Wasseroberfläche unterwegs warst, hättest du am liebsten den Sprung rückgängig gemacht. „Das ging natürlich nicht mehr.“ *Warum nicht? Du hast doch den freien Willen. Du konntest doch jederzeit „nein“ sagen.* „Aber doch nicht mehr, nachdem ich mich entschieden hatte. Da steckte ich doch mitten in den Folgen meiner Entschei ...“ *Siehst du, so einfach kann das sein mit Wille und Wahl.*

Du hattest zuvor die Wahl zwischen springen und nicht-springen. Du hast dich mit deinem freien Willen für den Sprung entschieden. Du würdest mitten im Flug nicht sagen: „Weil ich meinen Sprung nicht mehr unterbrechen kann, ist mein Wille eingeschränkt.“

„Unter diesem Gesichtspunkt“, sagte ich, als ich mich von meinem Aha-Erlebnis erholt hatte, „ist die Bezeichnung ‘freier Wille’ aber nicht ganz richtig. Denn ich wurde ja von meiner Angeberei getrieben, fast gezwungen. Mein Wunsch nach Bewunderung war so stark, daß ich gar nicht anders konnte, als auf den Turm zu klettern. Wo war denn da mein freier Wille? Er war doch eingeschränkt, also war er gar nicht so frei.“

Wer hatte denn den starken Wunsch nach Bewunderung in dich hineingelegt? Gott?

„Natürlich nicht.“ Wieder aha. Wenn Gott es nicht war, dann war es wohl mein Ego, das ... *Gott genährt hat?*

„Nein, das ich selbst genährt habe; bzw. habe ich zugelassen, daß es genährt wurde. Aus Minderwertigkeitskomplexen heraus.“

Die aber auch nicht aus oder von Gott sind. Entstehen sie nicht durch falsche Maßstäbe, die du an dich anlegst, und die du nicht erfüllen kannst, nämlich so sein zu wollen wie andere? Dabei bist du einmalig, geschaffen nach dem Ebenbild Gottes. Legst du diesen Maßstab an, kannst du keine Minderwertigkeitsgefühle entwickeln, weil deine Unvollkommenheit keine Schande, sondern der Grund dafür ist, daß dir in Christus die Liebe entgegenkommt, die mit dir gemeinsam deinen nächsten Schritt tun möchte.

Wer sich dafür entscheidet, nutzt seine Wahlmöglichkeit. Das, was ihm zuvor in den engen Grenzen seiner inneren Gebundenheit kaum Spielraum gelassen hat, tritt zurück. Die Freiheit, gleichzusetzen mit dem freien Willen, tut sich wie ein Tor jetzt wieder vor ihm auf. Er alleine hatte es geschlossen, aber er muß es nicht alleine wieder öffnen. Beginnt es sich zu öffnen, dann kann er seinen freien Willen wieder bewußt einsetzen. Das ist ein Geschenk, sein Erbanteil. Er wird nicht mehr getrieben von Kräften - auch nicht von seinen eigenen -, die seine Willensentscheidungen steuern, die unter diesem Gesichtspunkt alles andere als souverän waren.

Die W a h l „Ich will frei werden" hat er jederzeit. Darauf hat die Gegenseite keinen Einfluß, das heißt, sie kann diese Entscheidung nicht verhindern. Seinen W i l l e n wirklich frei einsetzen kann er nicht, bevor nicht sein Entschluß für die Freiheit gefallen ist, weil er, wie du bei deinem Sprung, Sklave seiner früheren Entscheidungen ist.

„Ich will frei werden" bedeutet: „Ich entscheide mich für die Liebe Gottes."

„Und das Abenteuer kann beginnen." Wie Schall und Rauch würde bald das alte Leben erscheinen. Wir schwiegen eine Weile. Es war viel heute, was mir vermittelt wurde.

Weißt du einen Grund, der dagegensprechen würde, sich der Liebe zumindest einmal „probeweise" anzuvertrauen? Ich wußte keinen. *Was könnte passieren? Würde es demjenigen an Gottes Hand schlechter ergehen als zuvor? Wäre ein Risiko für ihn damit verbunden? Daß Gott keinem etwas nimmt, das hatten wir schon.*

Dann könnte aus einem anfänglichen „Ich liebe Dich, weil Du mein Leben ordnest" das viel größere „Weil ich Dich liebe, ordnest Du mein Leben" werden. Diese letzte Formulierung, spürte ich, war ein Schritt hin zur Hingabe. Er enthielt keine Bedenken, Erwartungen und Bitten um Vorleistungen mehr, kein „wenn du" und „weil du". Das Vertrauen war aufgebrochen.

Ich hatte mich der Liebe Gottes in der letzten Zeit anvertraut. Die ersten Schritte auf festem Boden hatte ich gemacht. Ich hatte sie nicht allein tun müssen.

Keiner muß sie allein tun.

Mich bewegte noch etwas.

Formuliere deinen Gedanken. Er enthält einen wunderbaren Ansatzpunkt.

Ich konzentrierte mich. „Du hast eben, als du von 'halb gewonnen' sprachst, unter anderem gesagt: *Da kann es schon sein, daß der Mensch wieder ins Zweifeln verfällt, ob es denn wirklich eine so gute*

Idee war, sich Gott zuzuwenden. Warum könnten Zweifel aufkommen? Das verstehe ich nicht ganz."

Du wirst dich gleich wundern, warum du nicht selbst darauf gekommen bist. Ich stelle mal ein paar Thesen auf, und du sagst mir, ob du ihnen zustimmen kannst oder nicht.

Ich nickte.

Jeder Mensch hat seine eigene Vergangenheit. „Richtig." *Damit hat jeder Mensch seine eigene Zukunft.* „Richtig." *Evolution geht schrittweise vor sich.* „Auch richtig." *Jeder kann nur den nächsten Schritt tun, niemals den übernächsten.* Ich nickte nur noch, denn ich ahnte schon, wie unser „Spiel" ausgehen würde. *Kennst du deinen nächsten Schritt?* Ich schüttelte den Kopf. *Kennst du den Schritt, den dein Nächster für seine Entwicklung machen muß?* Mein Kopfschütteln war nicht mehr sehr ausgeprägt. *Glaubst du, es gibt jemanden, der sowohl den nächsten Schritt kennt als auch die Kraft verleihen kann, diesen Schritt zu tun?* Kopfnicken meinerseits. *Meinst du, du wärst nicht selbst darauf gekommen?* Nicken und Kopfschütteln zugleich.

„Gegen dich kann man nie gewinnen", sagte ich. „Ich weiß auch, warum das so ist."

Da bin ich aber gespannt.

„Weil du in die Tiefe meines Bewußtseins schaust. Deshalb weißt du schon immer alles im voraus."

Genau in dieser Antwort liegt der Schlüssel zu deiner Frage. Da du nichts dagegen hast, wenn ich ein bißchen in dich „hineinschaue" [„im Gegenteil"] *schlage ich dir vor, daß du die Antwort in Form des Bildes gibst, das du soeben vor deinen Augen hattest.* (Es war wirklich völlig ausgeschlossen, jemals gegen mein Licht gewinnen zu können. Vielleicht später einmal, wenn wir wieder „gleichberechtigt" sein würden ...)

Ich begann. „Ich sah einen Irrgarten mit beinahe mannshohen Hekken und mich dazwischen, der sich vergeblich bemühte, den Ausgang zu finden. Da erblickte ich über der Hecke links neben mir den Kopf eines Bekannten, der mir zurief: 'Ferdinand, mir scheint, hier um die Ecke ist der Ausgang. Komm.' Das nützte mir nichts, ich konnte ja nicht über die Hecke. Ich mußte meinen Weg finden. Da wurde ich aufmerksam auf einen Mann in einer weißen Kleidung, der - ähnlich wie der Schiedsrichter eines Tennismatches - auf einem hohen Stuhl saß und als einziger den Überblick hatte.

'Soll ich Sie führen?' fragte er. Ich nahm das Angebot an; schlechter als meine Suche konnte es mit seiner Führung auch nicht werden. 'Dann gehen Sie jetzt erst einmal nach rechts, dann geradeaus, wieder zweimal rechts, nach einer scharfen Kurve ein paar Meter zurück ...'

'Moment mal.' Ich war ärgerlich geworden. 'Der Ausgang war doch eben ganz nah, direkt links neben mir, einen Meter von mir entfernt. Warum soll ich jetzt nach rechts und zurück?'

Der Mann war die Ruhe selbst. 'Wollen Sie hier 'raus?'

'Aber sicher.'

'Kennen Sie den kürzesten Weg?' wollte er wissen. Wenn ich ihn kennen würde, hätte ich sein Angebot nicht angenommen. 'Glauben Sie, daß ich ihn kenne?' fragte er.

'Also gut.' Ich war bereit, noch einen Versuch zu wagen.

'Zweimal links, dann rechts, Achtung, nicht stolpern ...'

Auf einmal hörte ich meinen Bekannten. 'Ferdinand, wo bleibst du denn? Du läßt dich ja im Kreis 'rumführen. Ich kann dich von hier aus sehen. Ich bin gleich draußen. Du bist auch bald da, nur noch ein paar Schritte rechts.'

Auch von der anderen Seite rief mir jemand etwas zu. 'Sie müssen Ihre Sonnenbrille abnehmen, so sehen Sie ja gar nichts. Dann müssen Sie sich auf Ihr Sonnengeflecht konzentrieren und ständig 'Ausgang, Ausgang, Ausgang' vor sich hinmurmeln. Und dann immer rechts halten.'

Und einer, der mit mir durch das Labyrinth irrte, aber anscheinend so etwas wie einen Plan gefunden hatte, riet mir, mit ihm zu gehen: 'In zwei Minuten sind wir draußen.'

Ich war stehengeblieben. Vor lauter Zurufen und guten Ratschlägen wußte ich nicht mehr, was ich machen sollte. Der Mann auf dem Stuhl, der hier so etwas wie ein Führer war, hatte die ganze Zeit geschwiegen.

'Ich will hier 'raus', schrie ich.

'Dann gehen Sie bitte links und noch einmal rechts. Jetzt müßten Sie den Ausgang eigentlich schon sehen können.'

Nichts konnte ich sehen. Da entsann ich mich meines Taschenmessers und holte es 'raus. Jetzt würde *ich* die Sache in die Hand nehmen. Mühsam schnitt ich ein paar kleine Löcher in das zähe Heckengestrüpp und versuchte schließlich, mich da durchzuzwängen, obwohl ich hätte erkennen müssen, daß ich da nicht durchkommen würde. Ich kam auch nicht durch. Ein paar Meter rechts und links neben mir waren andere Besucher des Irrgartens ebenfalls dabei, sich eigene Wege zu suchen. Sie waren ebenso wie ich enttäuscht. *So* hatten auch sie sich die Führung nicht vorgestellt.

Nach einer halben Stunde gab ich verschwitzt, schmutzig, verschrammt und blutend auf. Ich setzte mich völlig erschöpft in eine Ecke, schaute zu dem Mann hoch und sagte: 'Bitte.'

Da stieg er von seinem Stuhl, nahm mich auf den Arm und trug mich in Richtung Ausgang.“

*

So, wie es mir zur lieben Gewohnheit geworden war, morgens in mein Inneres zu gehen, ebenso versuchte ich dies auch abends. Nicht immer fand ich die nötige Zeit und Ruhe dafür; auch fehlte zu später Stunde oft die nötige geistige Frische. Heute war es nicht zu spät für meine inneren Gespräche geworden.

In der Zwischenzeit hatte ich die Erfahrung gemacht, auf die mich mein Licht vorbereitet hatte. Es war keineswegs so, daß es nach dem Wahrnehmen der ersten klaren Impulse nun regelmäßig zu einem ausführlichen Austausch kam, wie ich das von der Kommunikation mit meinem Licht her kannte. Ich mußte noch in Geduld lernen, wirklich stille zu werden. Einige Male jedoch hatte ich es in kleinen Ansätzen schon so erlebt, wie es später - wenn ich Ihm näher gekommen war - sein würde. Dies war mir Ansporn, mich immer wieder zu bemühen, in die Stille zu finden. Ob ich Ihn vernahm oder nicht, das spielte nicht die Rolle. Ich stand ja nicht unter Erfolgszwang.

Ich schloß die Augen und dachte kurz über den Tag nach. In Gedanken gab ich noch in einige Situationen der letzten Stunden meine Liebesempfindungen hinein. Dann entstand noch einmal das Bild des Irrgartens vor mir, vor allen Dingen mein „bitte“. Danach war die Liebe gekommen, hatte mich aufgehoben und hinausgetragen. „Die Liebe“, dachte ich. „Meine Liebe, deine Liebe.“

Nach wie vor hatte ich die Frage vor Augen: BIN ICH ES, DEN DU LIEBST?

Als die Frage gestellt war, hatte ich die Antwort schon gewußt. Sicher hatte ich sie in der Zwischenzeit auch schon ein paarmal in kleinen Empfinden gegeben. Doch die Frage war so gewaltig für mich, daß sie mehr verdiente als nur ein rasch empfundenes Ja. Für mich war sie mit einer Grundsatzentscheidung verbunden, die ich bewußt treffen wollte. Und ich wollte mir auch sicher sein - so sicher wie möglich, mußte ich einschränken -, daß die Antwort aus dem allertiefsten Grund meines Herzens kam, freiwillig und freudig gegeben. Ich hatte diesen Grund erforscht und meine Antwort gefunden.

„Ja, du bist es, den ich liebe“, sagte ich und verspürte etwas in mir, das ich nur mit den Worten „positive Erschütterung“ beschreiben kann. Lange Zeit war es still in mir. Schließlich kam die Antwort.

DANN TRITT DEIN ERBE AN.

18.

In dieser Nacht war der Besuch meines Lichtes kurz. Es fragte mich: *Was macht unser Puzzle?*

„Ich glaube, es ist vorerst komplett. Ich danke dir für deine Liebe und Mühe.“ Ein Lichtstrahl umarmte mich.

Ich habe ein Geschenk für dich - einen Traum, sagte es dann. *Du wirst erkennen, was er dir vermittelt. Dein Herz wird aufgehen, und deine Freude wird groß sein.* Mein Licht überreichte mir ein Blatt Papier. *Nimm dies mit auf deine Traumreise, vielleicht wirst du es brauchen können.*

Dann war unsere Begegnung auch schon beendet. Ich fiel in einen tiefen Schlaf und träumte.

Wieder war es das gleichmäßige, leise Rattern der Räder, das mich hatte einschlafen lassen. Und es war das Kreischen der Bremsen, das mich weckte. Wir Reisenden wurden ein bißchen durcheinandergerüttelt, dann stand der Zug. Diesmal waren wir nicht nur zu zweit. Alle sechs Plätze des Zugabteils waren belegt. Auf den Gängen saßen und standen dichtgedrängt weitere Fahrgäste.

Ein Blick durch das Fenster zeigte mir, daß es draußen dunkel war. Das überraschte mich ein bißchen. Hatte ich wirklich viele Stunden bis in die Nacht hinein geschlafen? Ich öffnete das Fenster und stellte fest, daß wir in einem Tunnel stehengeblieben waren. Am Zuganfang blitzten einige Taschenlampen auf.

Wir schauten uns ratlos an. Keiner konnte sich einen Reim auf unseren Halt machen. Ich beschloß, mich in Geduld zu üben. Anderes blieb mir ohnehin nicht übrig. Dann ging das Licht aus, und wir saßen im Dunkeln. Lautes Stimmengewirr erhob sich überall. Im Nachbarabteil fing eine Frau an zu schreien, auf dem Gang machten sich erste Anzeichen von Panik bemerkbar.

Ich wartete ein paar Minuten, dann fällte ich eine Entscheidung: Ich würde den Zug verlassen. So etwas wie eine Notbeleuchtung war inzwischen angegangen. Viel Licht gab sie nicht ab, aber es reichte, um Umrisse zu erkennen. Als ich aufstand, um meine beiden Koffer aus dem Netz über mir zu holen, entstand vor dem Nachbarabteil ein

Tumult. Ein Blick auf den Gang überzeugte mich davon, daß hier ein Tohuwabohu herrschte.

„Sie wollen doch nicht da 'raus?" fragte mich einer der Mitreisenden, wobei er nicht klar zum Ausdruck brachte, ob er das Gewimmel im Gang meinte oder die kalte Dunkelheit außerhalb der Sicherheit des Zuges. „Eine trügerische Sicherheit", dachte ich.

Doch, ich mußte mich aus dieser Enge befreien. Ich spürte es. Da es aussichtslos war, mit den Koffern an den aufgeregten Menschen vorbeizukommen, blieb mir nur das Fenster. Dann aber mußte ich die Koffer zurücklassen. „Was soll's." Ich überlegte, was darin war und kam zu der Überzeugung, daß es nichts *so* Wichtiges war, daß es meinen Verbleib im Zug gerechtfertigt hätte. Also würde ich sie da lassen.

Ich öffnete das Fenster, warf einen Blick auf die unmittelbare Umgebung und versuchte, zumindest den Boden vor dem Fenster zu erkennen. Nichts, tiefe Dunkelheit hüllte alles ein. Ich stieg auf die Lehne meines Sitzes und schwang ein Bein nach draußen.

„Sie sind ja verrückt", rief einer und wollte nach mir greifen, doch ich saß inzwischen schon auf dem Fensterrahmen und sprang. Die Landung verlief gut, kein Umfallen, kein Umknicken, ich stand. Ich orientierte mich kurz und ging dann in Richtung Zuganfang. Schon nach zwei Minuten hatte ich ihn erreicht. Keiner von denen, die mit ihren Taschenlampen zwischen den vorderen Waggons hantierten, bemerkte mich. Ich ging ich an der Lok vorbei. In der Ferne hatte ich etwas Helles gesehen, wohl das Ende des Tunnels. Darauf marschierte ich schnurstracks zu. Es ging viel schneller und viel besser, als ich es mir vorgestellt hatte.

„Siehst du, Ferdinand, es ist immer dasselbe", dachte ich. „Wenn du weißt, was du willst, hast du schon halb gewonnen." Noch ein paar Meter, und ich hatte den Tunnel verlassen. Frische Luft und Sonnenschein begrüßten mich. Ein ganzes Stück vor mir sah ich jemanden, der auf die gleiche Idee gekommen war wie ich. Vielleicht würde ich ihn einholen können; zusammenzugehen wäre viel interessanter.

Nach einigen hundert Meter konnte ich die Geleise verlassen und einen Hang hinaufklettern. Oben traf ich auf einen Weg. Ein Blick zurück zeigte mir, daß auch nach mir noch einer oder eine - so genau konnte ich das nicht ausmachen - sich auf eigene Faust auf den Weg gemacht hatte.

Ich fühlte mich wohl, war mit mir und meiner Entscheidung zufrieden und schritt flott voran. Da sah ich, daß mir zwei Männer, ein älterer und ein jüngerer, entgegenkamen. Ich hatte das Gefühl, sie zu kennen und wollte sie, als wir auf gleicher Höhe waren, grüßen und ansprechen. Doch sie sahen weder nach rechts noch nach links. Die Augen fest auf den Boden gerichtet gingen sie vor sich hinmurmelnd an mir vorbei. Der Ältere schüttelte gerade heftig den Kopf. „Hat keine Lizenz und will in den Himmel! Wo sind wir eigentlich hingekommen!"

Ich schaute ihnen noch eine Weile nachdenklich hinterher, drehte mich dann um und konzentrierte mich auf meinen Weg, der jetzt meine ganze Aufmerksamkeit erforderte. Aus dem breiten Feldweg war ein interessanter Lehrpfad geworden. Was gab es da nicht alles zu sehen, anzufassen, auszuprobieren. Ich kam aus dem Staunen nicht mehr heraus.

Nach vielleicht zwei Kilometern kam ich an eine Weggabelung. „Und jetzt?" dachte ich. Ich schaute mir beide Wege in Ruhe an, versuchte zu erkennen, ob sie nach oben oder unten führten, ob ich in feuchte Niederungen gelangen, vielleicht gar in einem Sumpf landen würde oder auf sicherem, festen Boden weitergehen könnte. Der linke schien mir eher künstlich angelegt, zwar einladend gemacht, aber doch nicht ganz echt zu sein. Der rechte dagegen war irgendwie ehrlicher. Er lag im Sonnenlicht, war klar zu erkennen und schlängelte sich zuerst durch Obst- und Blumenwiesen, um dann weit hinten bergauf zu weisen. Das gab den Ausschlag.

Als es wenig steinig wurde und ich umknickte, machte ich eine Pause. Ich war mir plötzlich nicht mehr ganz so sicher, ob ich den richtigen Weg gewählt hatte. Da erinnerte ich mich daran, daß mir mein Licht etwas mit gegeben hatte. War es vielleicht eine Wegbeschreibung? Ich holte den Zettel aus meiner Brusttasche hervor und las.

FÜR MEINEN VATER

Geliebter Vater, ewig hehres Licht.
Ich knie vor Dir in meinem inneren Altar,
in dem das Wort der Liebe zu mir spricht,
das oft von mir geschmäht und dennoch immer war.

Ich trete nicht als Bettler vor dich hin,
denn Du hast mich geschaut in Herrlichkeit und Macht.
Ich weiß nun, daß ein Königskind ich bin,
das viele Jahre in der Fremde zugebracht.

Doch nicht allein in mir brennt Deine Glut -
nicht einer ist, der nicht Dein Liebesiegel trägt!
Wo er auch sei, und was er immer tut,
sein Königtum ist seiner Seele eingeprägt.

Du lehrtest mich: So richte deinen Blick
zwar auf die Schwäche, wenn du fehlst, doch zög're nicht
und komm zu Mir und schaue nicht zurück,
denn vor dir liegt - mit Meiner Kraft - der Weg ins Licht.

Ich mußte nichts erheischen, nichts erfleh'n,
Dir reichte, wenn ich reuig meinen Kopf geneigt.
Und fiel ich, half Dein Arm mir aufzusteh'n;
ja, g'rade dann hast Du Dich tief zu mir gebeugt.

Ich lernte, selbst zu schauen und zu geh'n,
ein freies Kind - und doch an deiner lieben Hand.
Du gabst mir, was ich brauchte, um zu seh'n,
bis daß ich schließlich Dich in meinem Herzen fand.

Du siehst mich dankbar steh'n vor Deinem Thron;
auf eines, Vater, will ich mich mit allen freu'n:
Der Tag, da jede Tochter, jeder Sohn
Dich in sich selber findet, wird der größte sein.

Ja, es war eine Wegbeschreibung.

Mit neuem Schwung und frischer Kraft erhob ich mich und machte mich wieder auf den Weg. Als ich das Blatt Papier zusammenfaltete, um es in meine Brusttasche zurückzustecken, bemerkte ich den fein gesponnenen Faden, der wie reines Gold schimmerte. Er ging von meinem Herzen aus und verlor sich in der Unendlichkeit vor mir.

Danke.

Und hier das Gedicht, auf das im vorletzten Kapitel hingewiesen wurde.

Die Sehnsucht ist der Schlüssel, der dich finden läßt

Du möchtest wirklich finden, Kind? Dann mach' dich auf
und gehe suchend Schritt für Schritt auf deinem Weg.
Und du wirst finden! Denn die Spur, die Ich dir leg',
führt dich zurück zu Mir. Du wartest noch? Worauf?

Die Suche scheint nicht leicht, oft voller Müh' und Last?
Wie willst du finden, wenn du zweifelnd stille stehst?
Wenn du, statt Mich zu suchen, deine Wege gehst,
für die du freien Willens dich entschieden hast?

Ich sprach, daß jeder, der Mich sucht, Mich finden wird.
So kann kein Zweifel daran sein, daß dies geschieht,
und daß Mein Herz auch dich und jeden an sich zieht,
der liebt und voller Sehnsucht sich an Mich verliert.

Die Sehnsucht ist der Schlüssel, der dich finden läßt,
und Ich Bin es in dir, der dein Bemühen trägt.
Ich Bin es, der sich stark und tröstend in dir regt,
und wenn du schwankend wirst, dann halte Ich dich fest.

Du willst Mich finden, Kind? Dann komm und tu den Schritt,
laß deiner Sehnsucht freien Lauf und zög're nicht
und finde so zu dir und Mir zurück - ins Licht.
Und sei, was auch geschieht, gewiß: Ich gehe mit!

Alles endet im Licht

Die Suche nach der Wahrheit

In dem Jesus-Film *Die größte Geschichte aller Zeiten* hadert Petrus mit Gott und der Welt, weil man ihm seinen Mantel gestohlen hat. Jesus fragt ihn schließlich: „Petrus, was ist ein Mantel wert, den man dir stehlen kann?"

Jeder von uns war schon oft in der Situation des Petrus. Was ist ein Glück wert, das man dir stehlen kann? Ein Besitz? Eine Freiheit? Eine Liebe?

Was ist eine Hoffnung wert, die zerbrechen kann? Ein Glaube, der nicht zum Wissen wird, weil er noch nicht gefestigt ist? Was ist das Vertrauen in das eigene Können, in die eigene Kraft wert, wenn du dich vor dem „Schicksal" und dem „Zufall" beugen mußt?

Was ist eine Vorstellung von Gott wert, die nicht deine ureigene, tief in dir verwurzelte ist, so daß sie dir keiner mehr nehmen kann?

Es gibt eine Wahrheit, die sich mehr und mehr Bahn bricht, und die dir - wenn du sie zu *deiner* Wahrheit gemacht hast - keiner mehr stehlen kann:

Gott ist die Liebe, Er wohnt in dir,
und jeder wird zu Ihm zurückfinden.

Davor verblassen alle Theologien, alle Glaubensgebäude, alle Dogmen, Vorschriften, Ängste und Gebundenheiten. Diese Wahrheit ist die Antwort auf das Suchen, Fragen und Rufen unzähliger Menschen. Die Zeit der unbefriedigenden und längst überholten Antworten ist vorbei.

Es gibt nur einen Sinn unseres Lebens, nur ein Ziel unseres ewigen Daseins, nur eine Liebe, die - ohne Ausnahme - alle wieder zu sich zurückholt. Von der Suche nach dieser Wahrheit, die sich finden läßt und schließlich zur Gewißheit wird, erzählt der Roman **Alles endet im Licht.** Hier werden die „Grundbausteine" gelegt, auf denen das vorliegende Buch aufbaut.

Hans Dienstknecht, Alles endet im Licht
ISBN 3-00-002287-2, 192 Seiten, DM 19,80 / EUR 10,15

Verlasse dich auf deines Herzens leisen Klang

Vom Erblühen der Seele - Gedichte

Lassen Sie sich berühren von Texten ...

... die man nicht nur einfach lesen und dann an die Seite legen wird. Denn sie können, wenn man es zuläßt, die Seele zum Erblühen bringen. Sie machen Mut, spenden Trost, geben Antworten - und sie erzählen von der großen Liebe Gottes.

Was Sie erwartet? Unter anderem die „kleine Serie"

Nimm dir, geliebtes Kind, für Mich ein wenig Zeit

Nimm dir, geliebtes Kind, für Mich ein wenig Zeit,
setz dich zu Mir, und laß uns überlegen.
Du mußt nichts tun. Sei einfach still, doch sei bereit;
dann kann Mein großer Geist sich in dir regen ...

mit z.B. den Themen:

- Die Größe Meiner Liebe ist nicht zu ergründen
- Wo suchst du Mich und hast Mich nicht gefunden?
- Hast du einmal bedacht, was deines Lebens Sinn?
- Nie wird ein Schatten je aus Meiner Liebe sein
- Nur einen Weg sah Ich in Meiner Weisheit vor

Außerdem lesen Sie:

In mitternächtlich stiller Stunde
Ob du hier lebst oder drüben
Mein kleines Ja
Die Trauerreden sind gehalten
Der Weg zu Gott besteht aus kleinen Schritten
Die Seele führt Soll und führt Haben
Ein Lied aus alten Zeiten
Ich grüße Euch, Ihr Freunde aus dem Licht
Die Ballade vom Gottsucher und dem Räuber
Muß ich wissen, wer ich früher war?